Cosy Weekend Knits

CHRISTINE PAXMANN

Cosy Weekend Knits

STRICKEN, GENIESSEN
ENTSPANNEN –
PROJEKTE FÜR EIN
PERFEKTES
WOCHENENDE

CV

Inhalt

Inhalt 4

Vorwort 8

Almtrost in Mohair 10

Philosophie und bunte Blätter 24

Rezept zum Wohlfühlen 38

Warme Füße an Weihnachten 48

Sehnsucht in Weiß 56

Schlupf und Mütze mit Großvater 66

Ein Plaid fürs Land 76

Kissen fürs Strandhaus 84

Streifenlook 94

Spätsommerkuchen mit Freunden 106

Eine Jacke für eine liebe Freundin 116

Frühstück mit Stola 128

Impressum 144

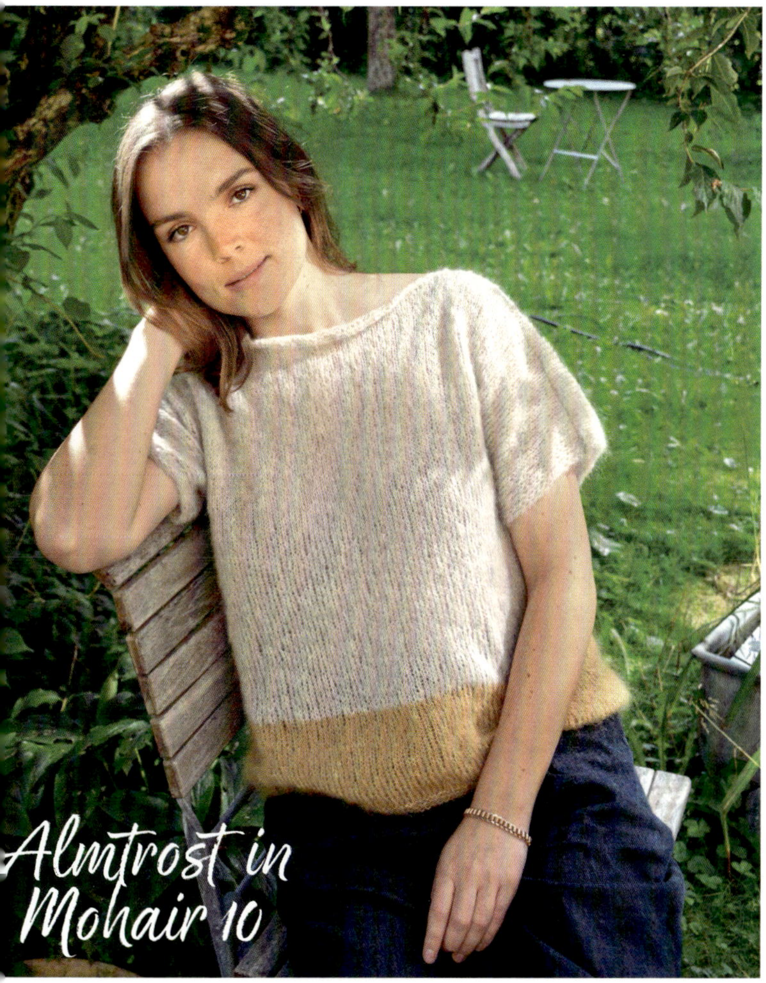
Almtrost in
Mohair 10

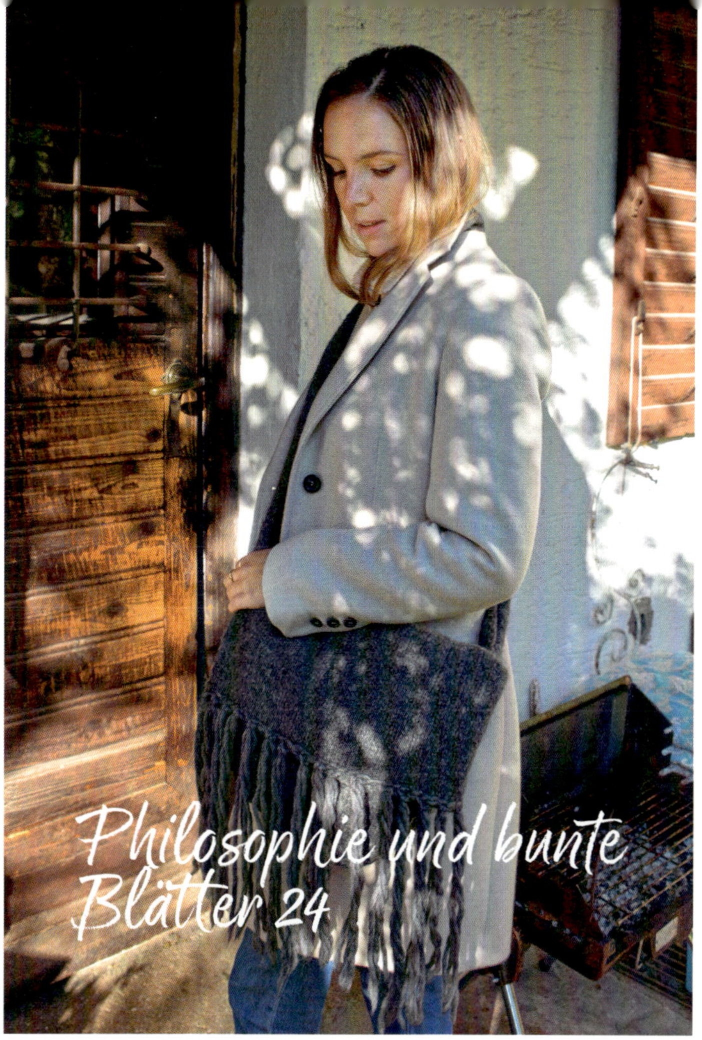
Philosophie und bunte
Blätter 24

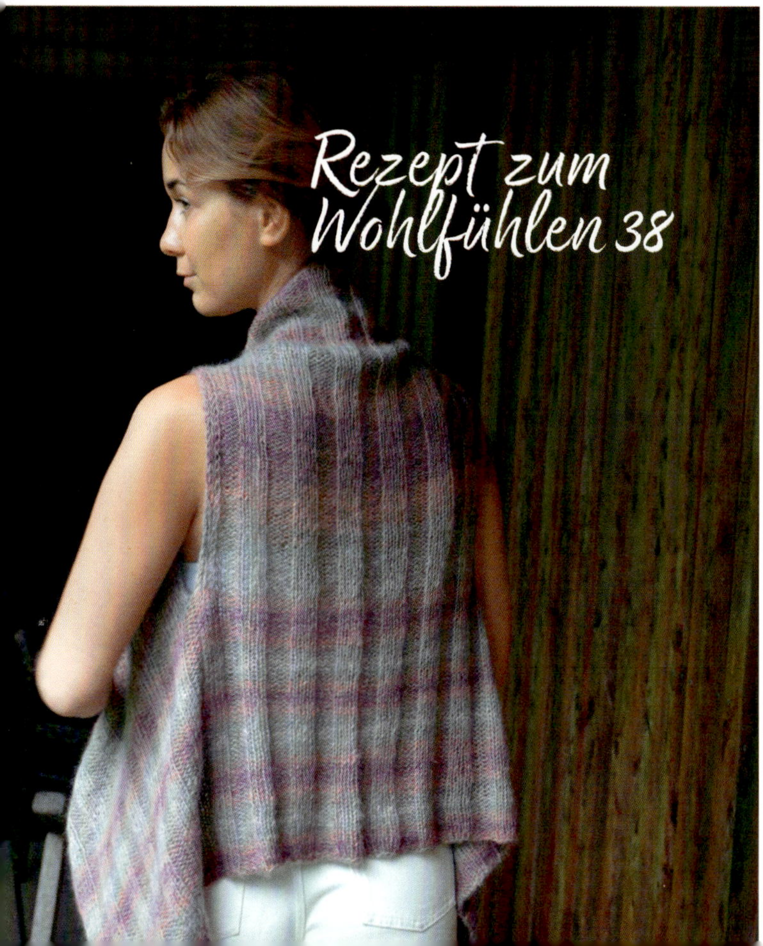
Rezept zum
Wohlfühlen 38

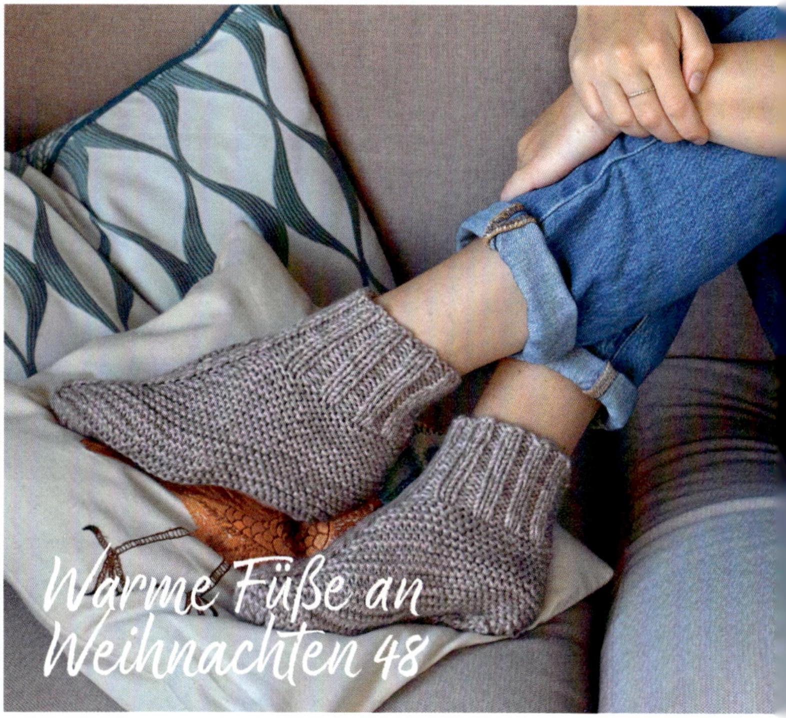
Warme Füße an
Weihnachten 48

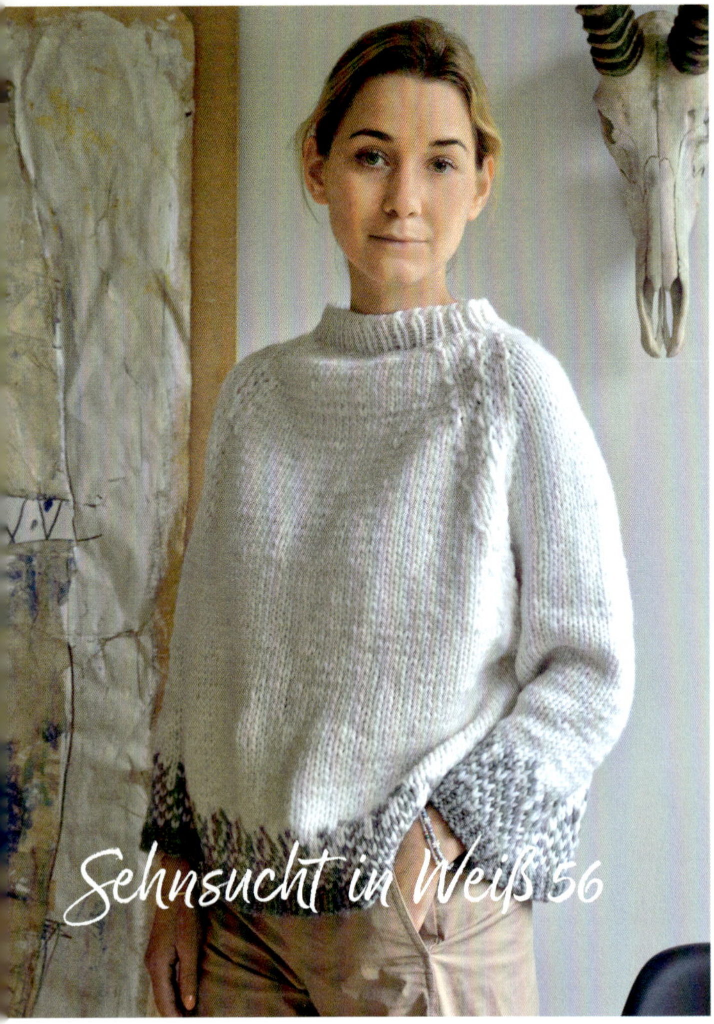
Sehnsucht in Weiß 56

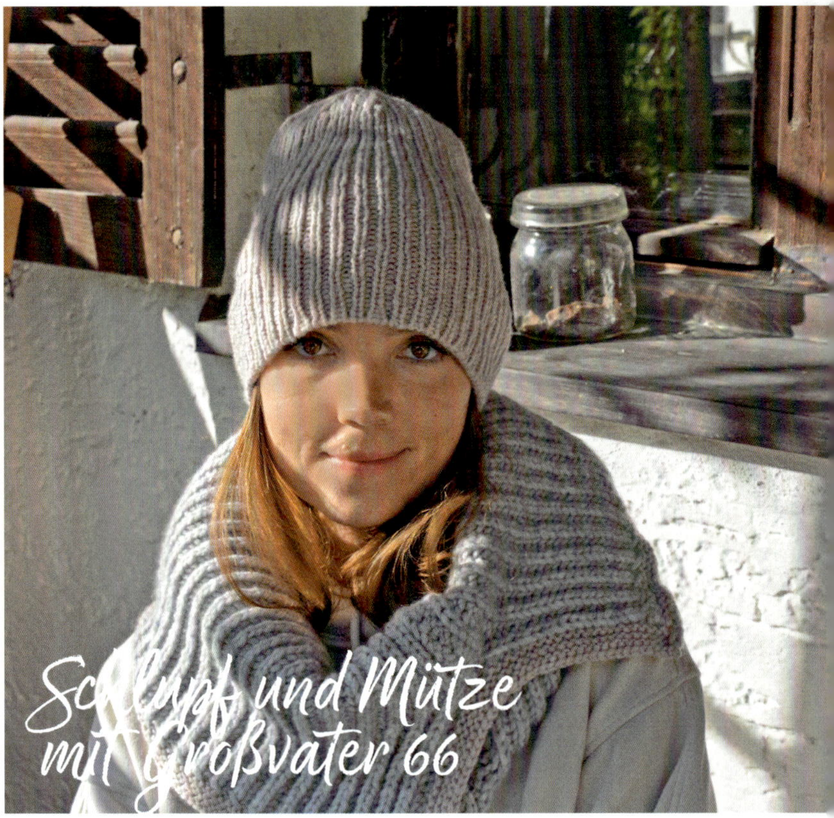
Schlupf und Mütze
mit Großvater 66

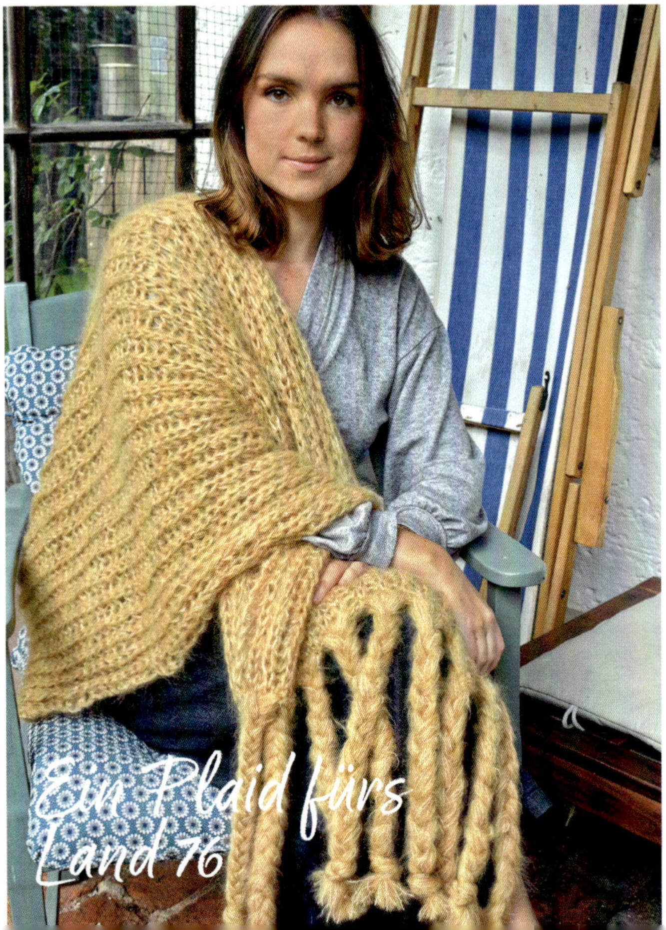
Ein Plaid fürs
Land 76

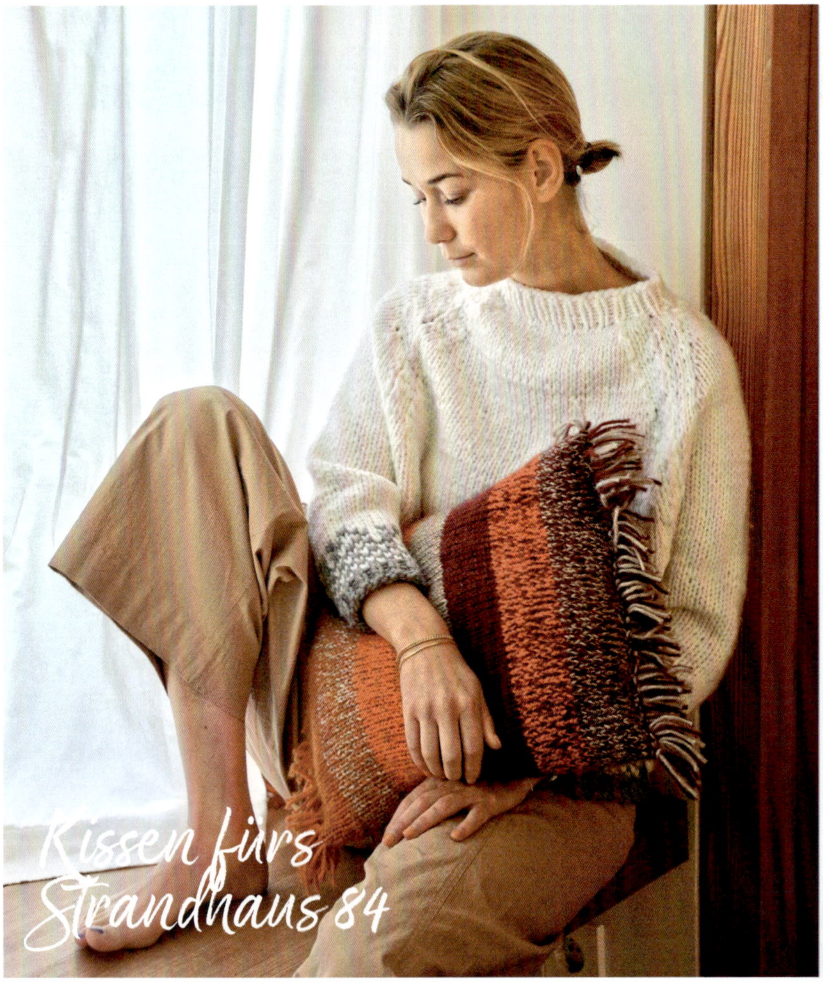
Kissen fürs
Strandhaus 84

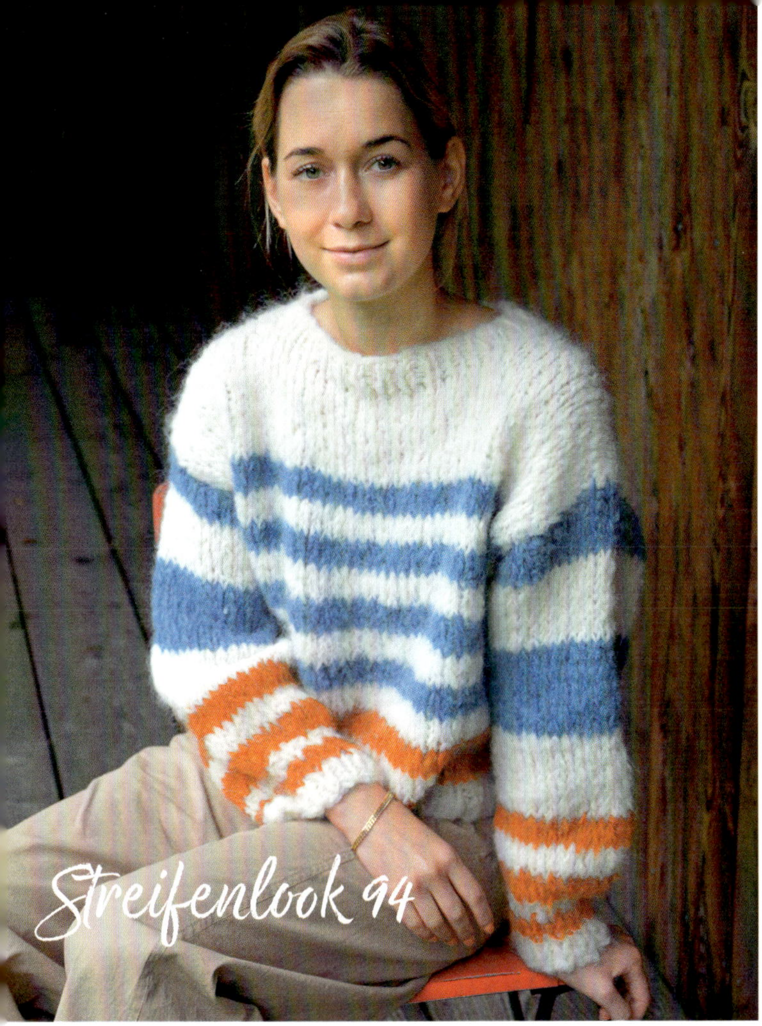

Streifenlook 94

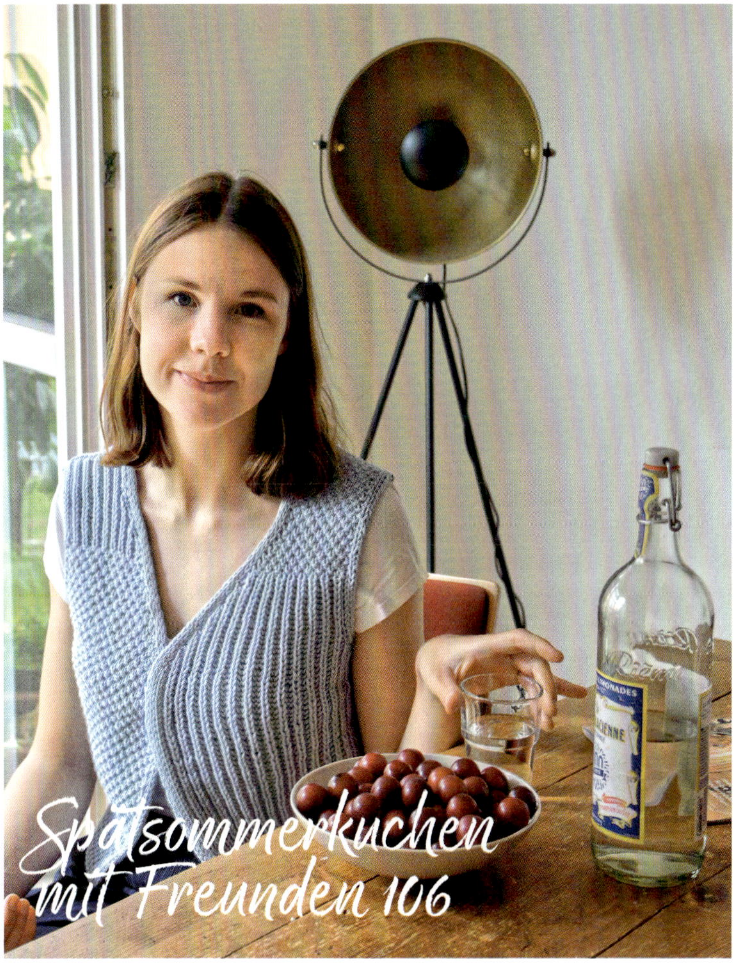

Spätsommerkuchen mit Freunden 106

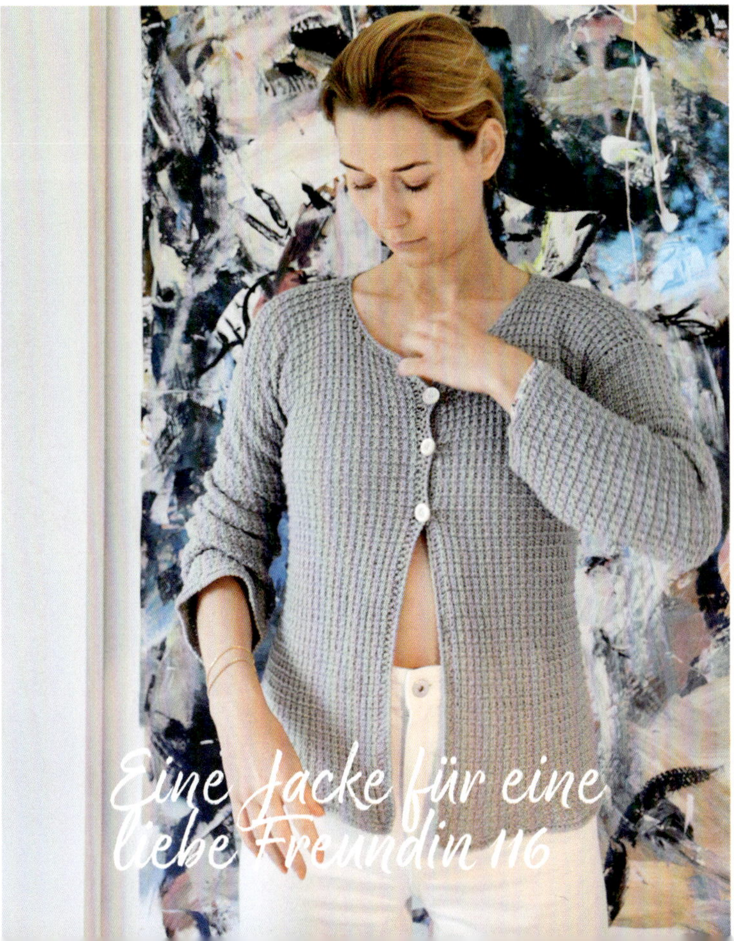

Eine Jacke für eine liebe Freundin 116

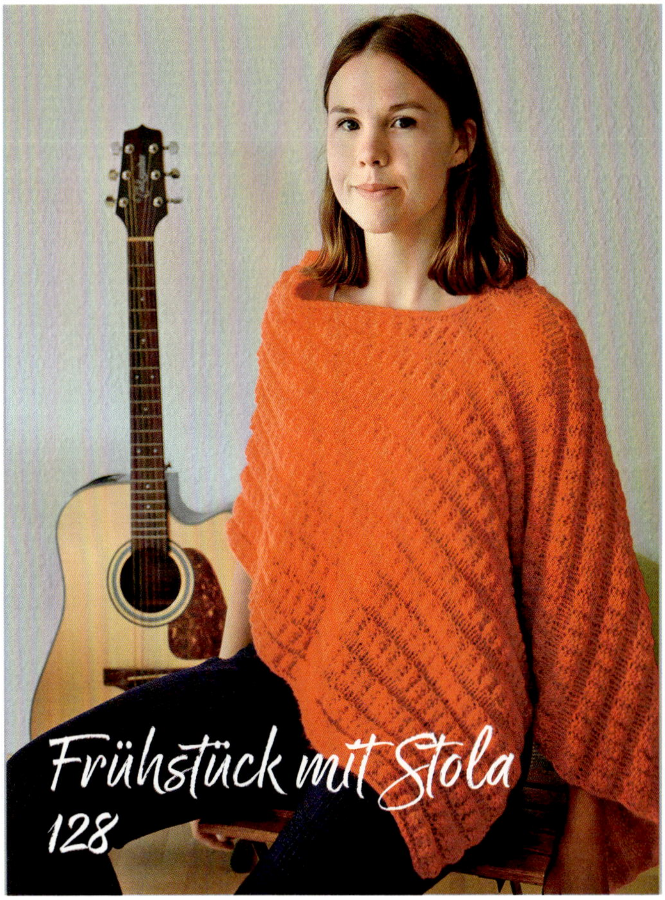

Frühstück mit Stola 128

Liebe Leserinnen, liebe Leser,

Träumen Sie auch immer wieder einmal von einem völlig freien Wochenende in wundervollem Ambiente? Einem Geschenk an Zeit und Muße, das Sie mit einer kreativen Arbeit unvergesslich machen möchten? Oder mit einem Gericht, das sie immer schon einmal kochen wollten? Einem Bild, das gemalt werden will? Vielleicht alles noch unterlegt mit Musik, ganz nach Geschmack? Oder eben einem Strickprojekt, das diese besonderen Momente festhält?
Wir haben uns hier 12 verschiedene *Weekend-Stories* ausgedacht, die so oder ähnlich vielleicht ablaufen könnten. Was sie alle eint: Es entsteht immer ein gestricktes Modell aus wertvollen Wollen in schicken Mustern.
Unsere Protagonistinnen Maya, Nina und Katja sind Freundinnen. Eine von ihnen erzählt immer ihr besonderes Wochenende und jede bringt dabei ihre ganz eigene Geschichte mit. Dabei gelingen ihnen zauberhafte Handarbeiten, die mal kinderleicht, mal mit ein wenig mehr Aufwand zu meistern sind.
Vielleicht schaffen Sie, liebe Leserinnen, liebe Leser, es nicht, diese Lieblingsstücke an einem Wochenende zu stricken. Dann machen Sie sich nichts draus – eines will dieses Buch nämlich sicher nicht: Stress erzeugen. Ganz im Gegenteil. Das wundervolle schwedische Wort *hyggelig*, das einen Zustand zwischen „nichts müssen, nichts wollen, alles zulassen und genießen“ beschreibt, hat oberste Priorität. Wenn Sie drei Wochen für eine Mütze brauchen – auch gut! Irgendwann ist sie fertig und Sie haben Masche für Masche ein gutes Gefühl gehabt. Stricken macht nämlich nachweislich glücklich, fördert die Konzentration und verbindet. Treffen Sie sich zum entspannten Zusammensein und genießen Sie ein *Cosy Knit Weekend!*

Sie werden sehen: Das ist bestrickend!
Ihre
Christine Paxmann

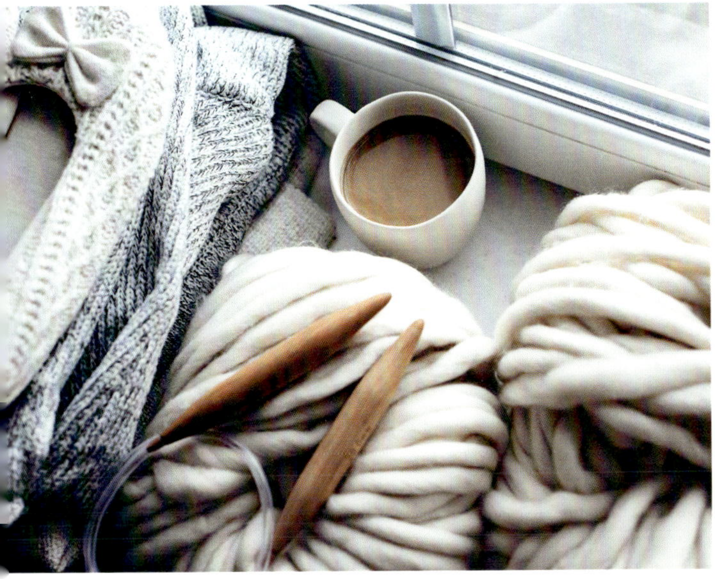
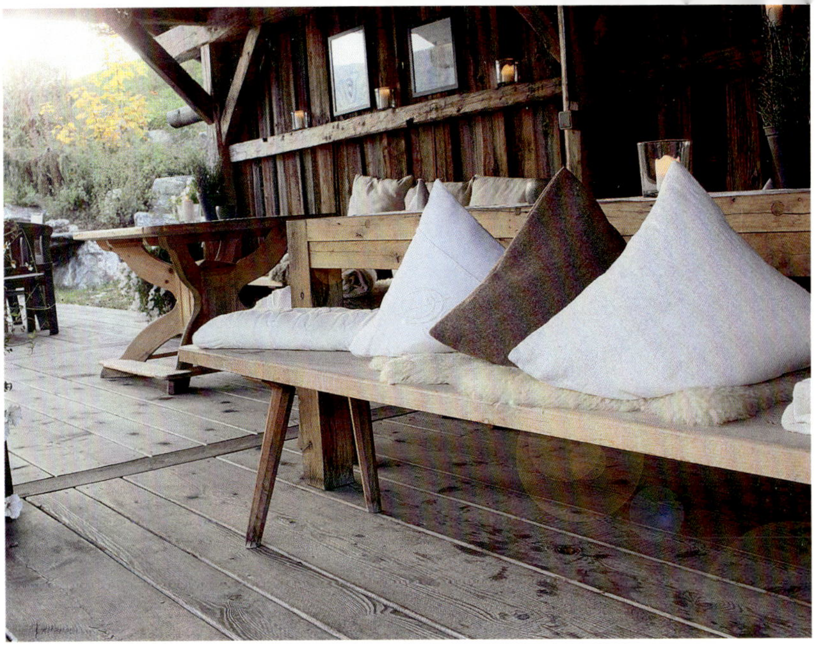
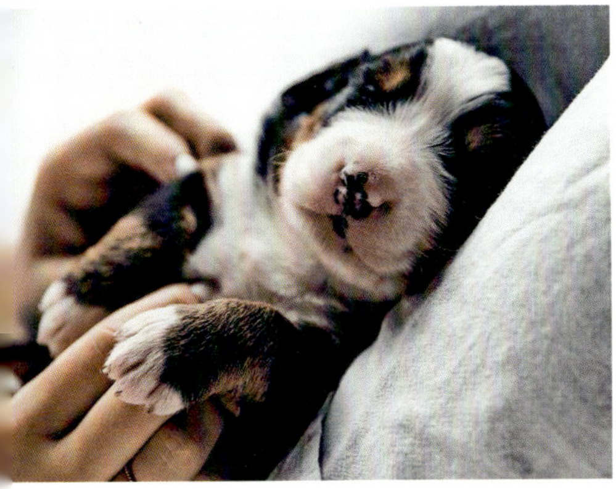
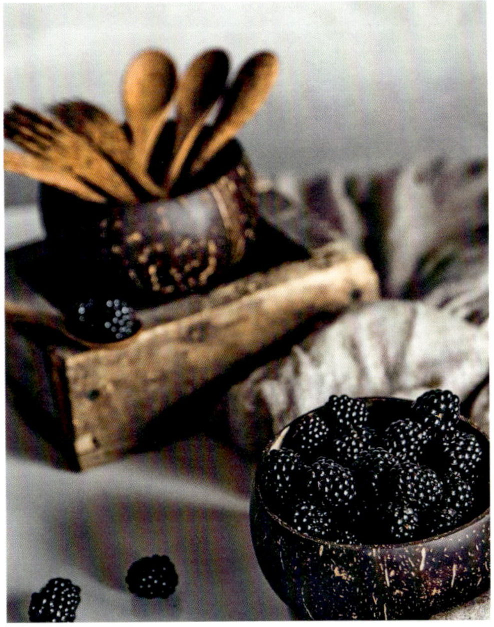
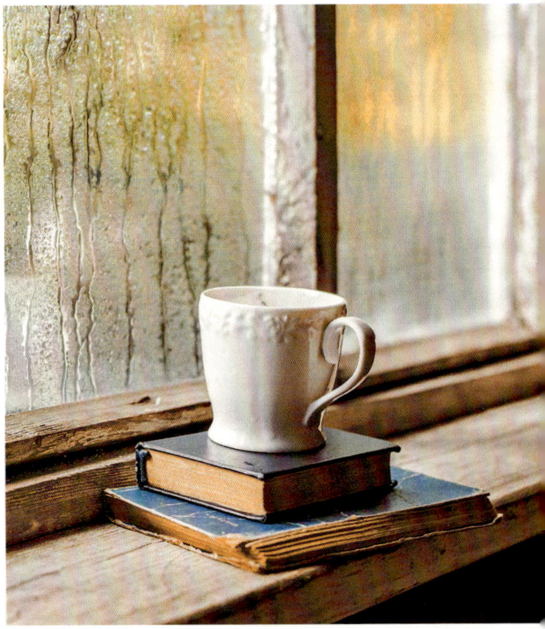
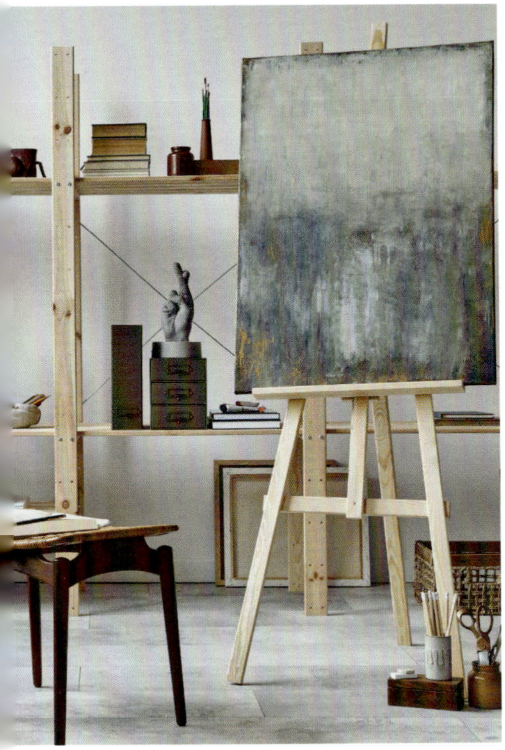
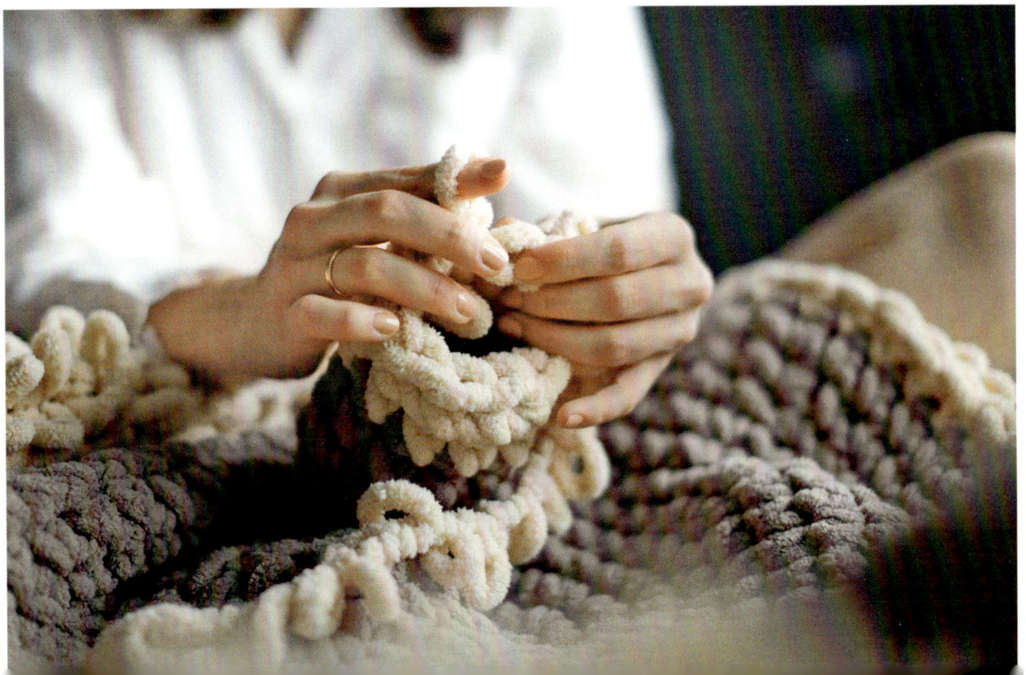

Almtrost in Mohair

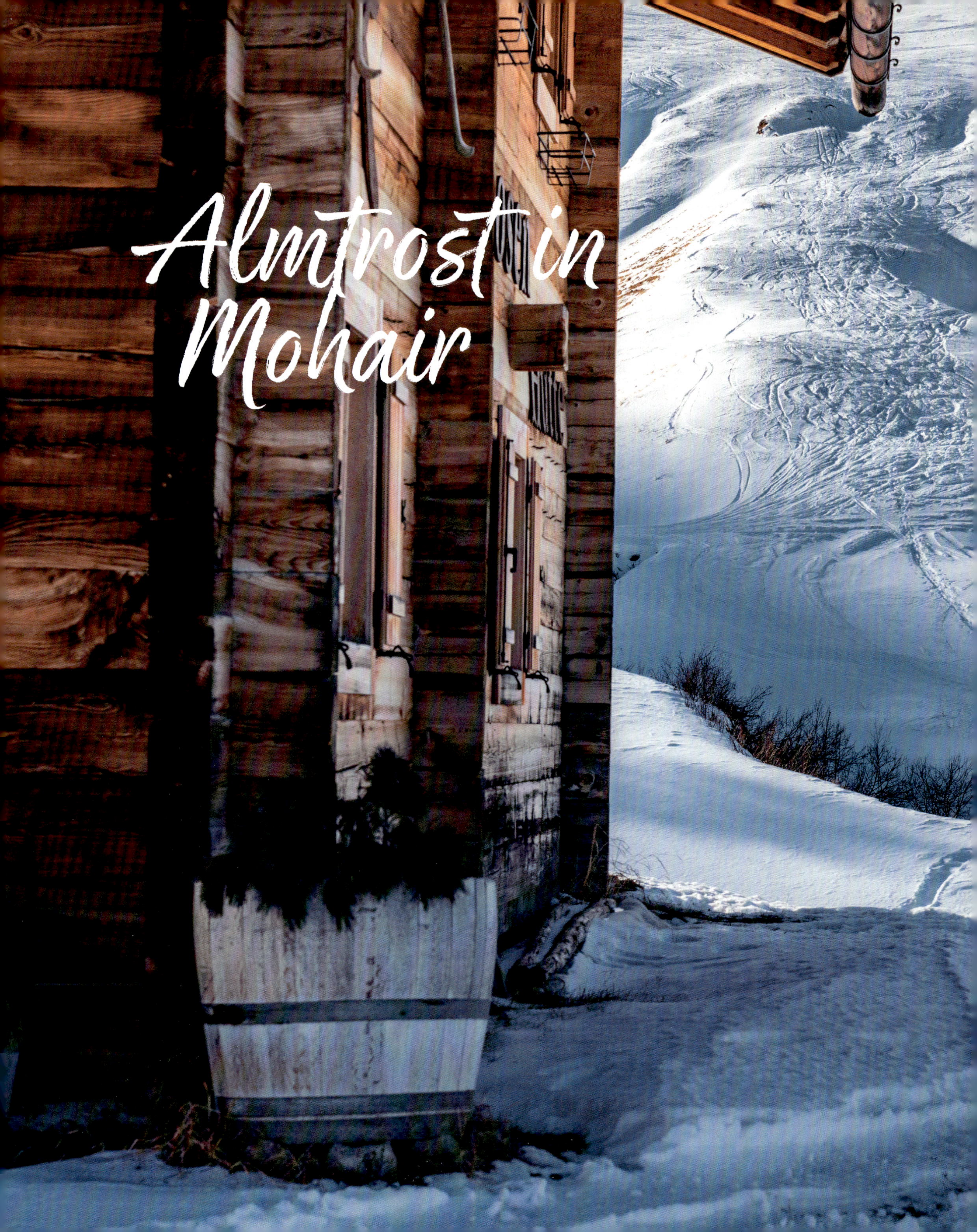

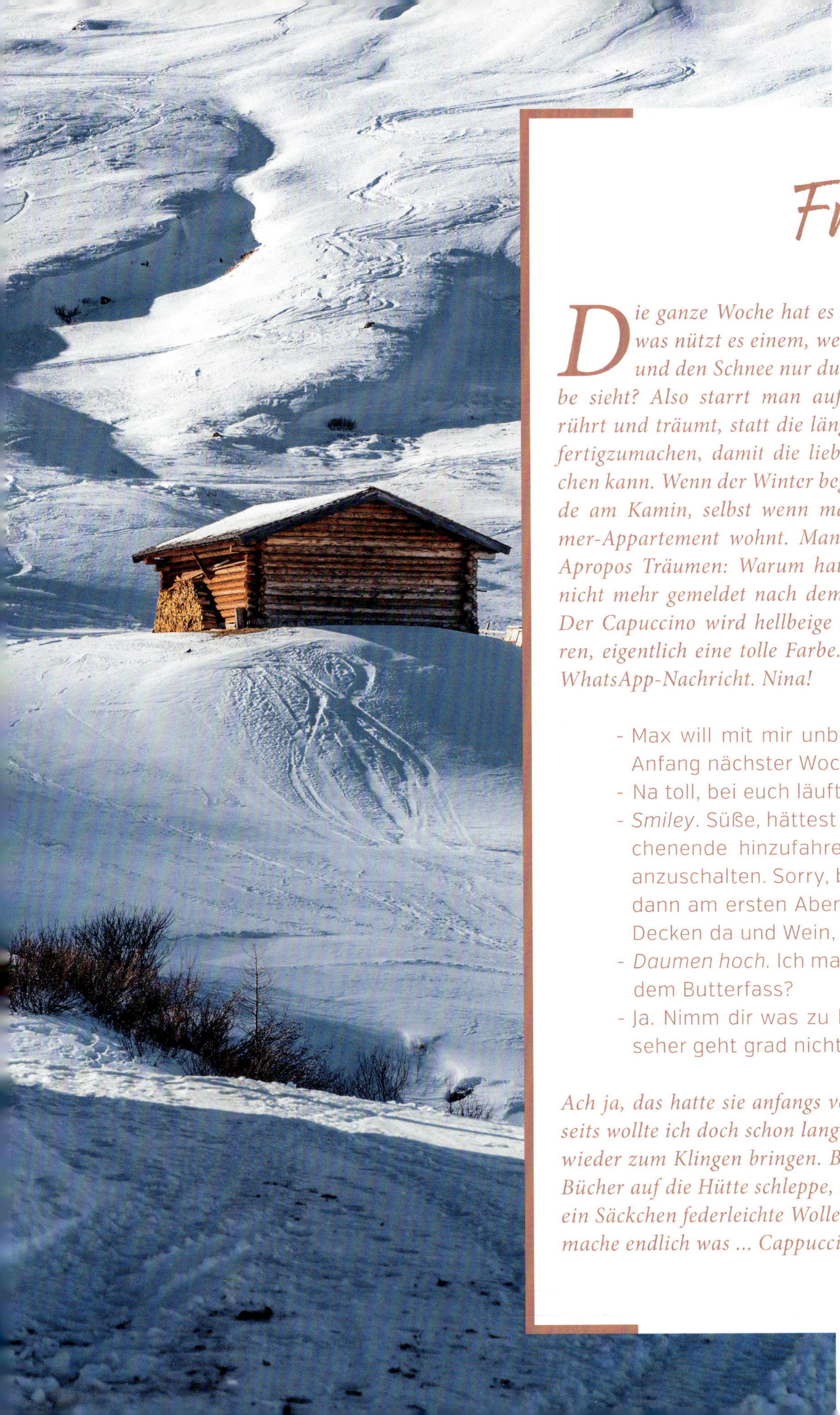

Freitag

Die ganze Woche hat es schon geschneit, aber was nützt es einem, wenn man im Büro sitzt und den Schnee nur durch eine Fensterscheibe sieht? Also starrt man auf Cappuccinoschaum, rührt und träumt, statt die längst fällige Aufstellung fertigzumachen, damit die liebe Kollegin weitermachen kann. Wenn der Winter beginnt, will man Abende am Kamin, selbst wenn man in einem Einzimmer-Appartement wohnt. Man darf doch träumen? Apropos Träumen: Warum hat sich eigentlich Andi nicht mehr gemeldet nach dem letzten Abendessen? Der Capuccino wird hellbeige durch das viele Rühren, eigentlich eine tolle Farbe. Ein Bing verrät eine WhatsApp-Nachricht. Nina!

- Max will mit mir unbedingt in die Hütte, Anfang nächster Woche
- Na toll, bei euch läuft es?
- *Smiley*. Süße, hättest du Lust, dieses Wochenende hinzufahren und die Heizung anzuschalten. Sorry, blöd, weil du hast es dann am ersten Abend kalt, aber es sind Decken da und Wein, *smiley*, *zwinker*.
- *Daumen hoch*. Ich machs, Schlüssel unter dem Butterfass?
- Ja. Nimm dir was zu lesen mit, der Fernseher geht grad nicht.

Ach ja, das hatte sie anfangs verschwiegen, andererseits wollte ich doch schon lange meine kreative Saite wieder zum Klingen bringen. Bevor ich jetzt schwere Bücher auf die Hütte schleppe, nehme ich doch lieber ein Säckchen federleichte Wolle mit auf den Berg und mache endlich was ... Cappuccinofarbenes!

Freitagnachmittag

Im Auto liegt die entzückende Tüte des Wollladens, der dieses kleine Café nebendran hat. Wie oft war ich schon in dem Laden und konnte mich nicht entscheiden? Aber nach ein paar Clicks im Netz und wieder einmal einem Cappuccino in dem kleinen Café war klar, der zweifarbige Pullover soll es sein. Und weil das Glück ein bisschen zur Regie passen muss, habe ich mich für ein Modell entschieden, das ruckzuck an einem Wochenende zu schaffen ist. Anleitung ausgedruckt, die Rundstricknadeln passen gut in den Rucksack und der restliche Platz wurde mit Skiwäsche, Büchern und Leckereien gefüllt. Außerdem wollte ich doch schon so lange Polenta mit Rehgulasch essen? Das Wild muss ich noch besorgen, aber beim Förster vor Ort sollte es das geben. Es ist Freitagnachmittag und das Wochenende gehört mir und meinem Projekt.

Freitagabend

Der Aufstieg war herrlich, das Auto durfte beim Förster stehen bleiben, das Rehfilet kam im Rucksack mit. Bei Vollmond und Neuschnee zwischen den tiefhängenden Zweigen aufsteigen, ein Traumweg. Ich bin im Flow geblieben, nachdem ich den Ofen angeschürt, den Heizkörper mit der Verbindung zu den Solarspeichern aufgedreht, die Wärmflasche ins Bett gelegt und die Luft von wochenlangem Stillstand befreit habe. Jetzt sitze ich mit angezogenen Knien auf einer Bank mit kuscheligen Schaffellen. Vor mir ein heißer Punsch. Morgen fange ich mit dem Cappuccino-Pullover an. Milchschaum mit Espresso – so soll er werden.

Wildgulasch

für 1 Person

500 g Rehschlegel, Zwiebeln und 1 Apfel würfeln, 1 Knoblauchzehe, 1 cm Ingwerwurzel kleinhacken, alles zusammen in einem Topf goldbraun anbraten. Tomatenmark, Salz, Pfeffer hinzufügen, mit Rotwein bedecken und ca. 2 Std. köcheln lassen. 1 EL Preiselbeeren hinzufügen, mit Gewürzen und Schmand abschmecken.

Samstagmorgen

Hatte ich vergessen die Vorhänge zuzuziehen? Um kurz nach 8 Uhr kommen die ersten Sonnenstrahlen über den Bergkamm, der Himmel wolkenlos. Schnell den Kamin anheizen, Kaffeewasser aufstellen, die CD mit Kaleo einlegen. Mit angezogenen Knien sitze ich nah dem Kamin, die Anleitung vor mir und um mich die vielen jungfräulichen Knäuel Wolle, immer ein magischer Moment. Man mag gar nicht die Banderolen lösen.

Der Kaffee, der dank Sahne nun dieselbe Farbe hat wie das untere Stück des Pullovers, ist kalt geworden, auch deswegen, weil ich schon vor der Hüttentüre in der Sonne sitze. Das Winterlicht gleißt über die Weiten, aus denen Tannenspitzen ragen. Krumme Wipfel mit Schneemützen, von denen feinster Schnee-

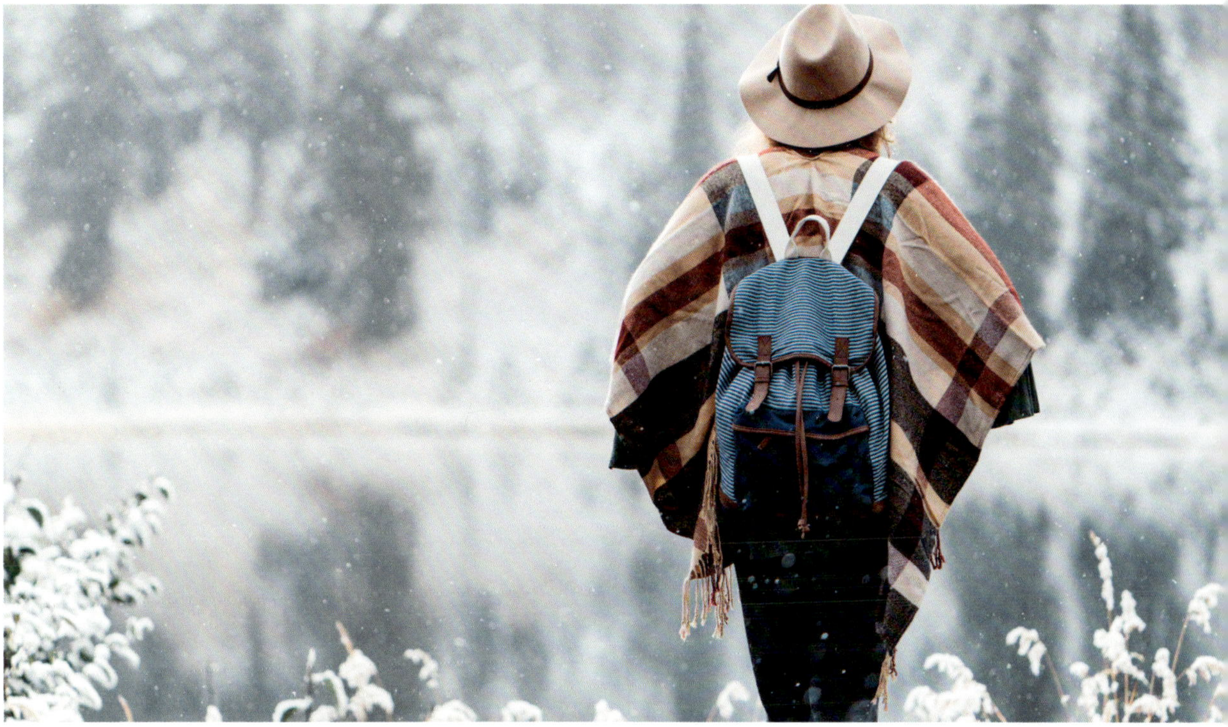

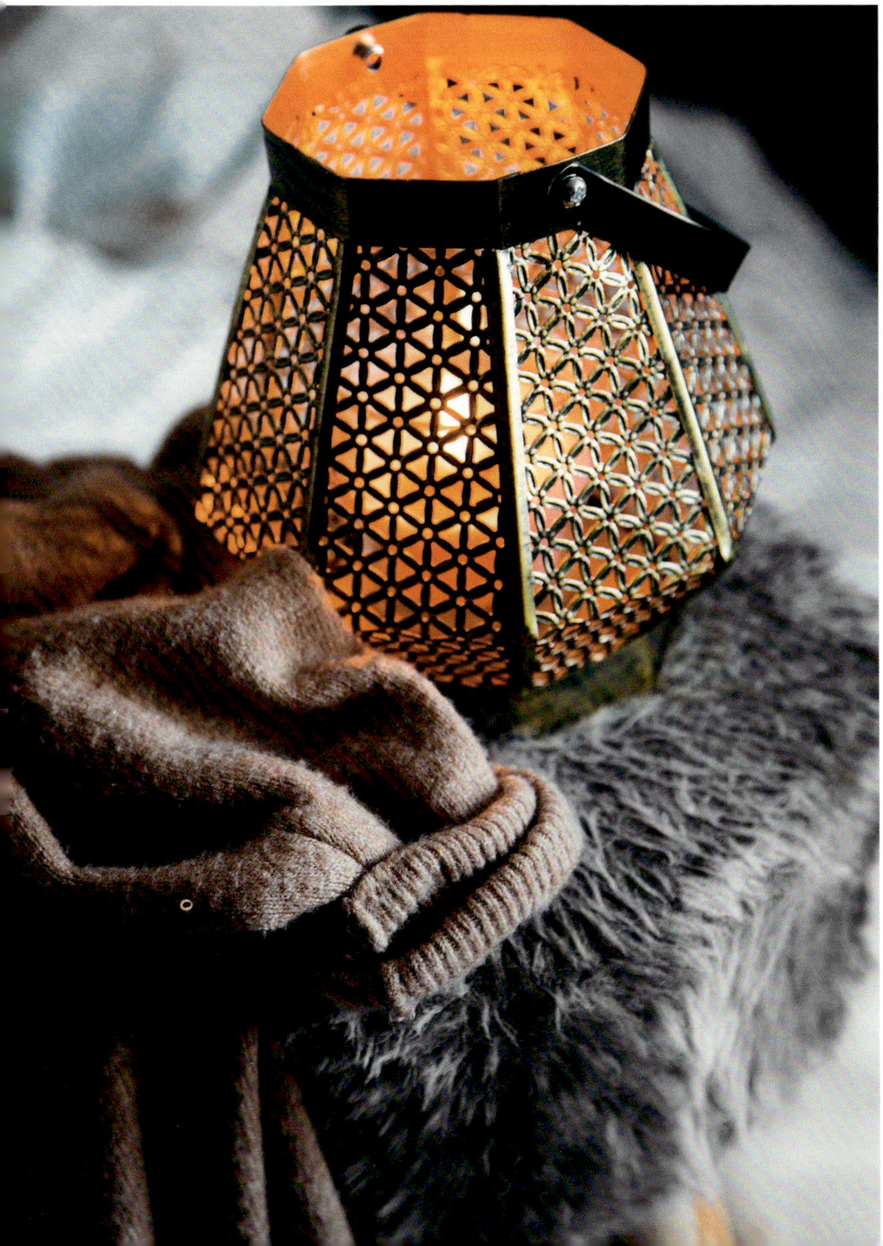

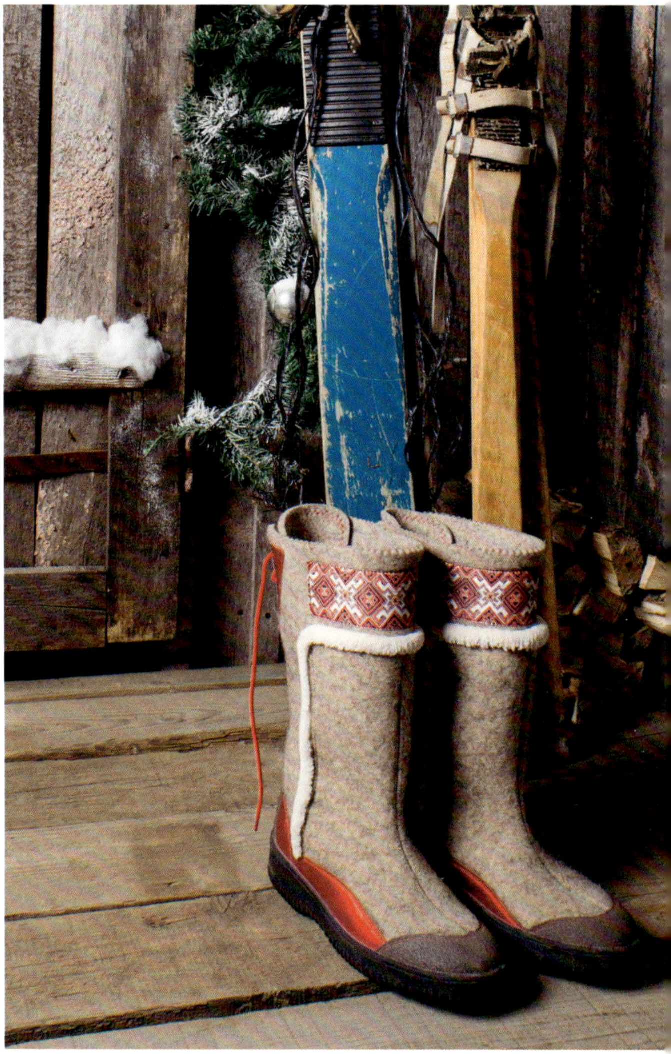

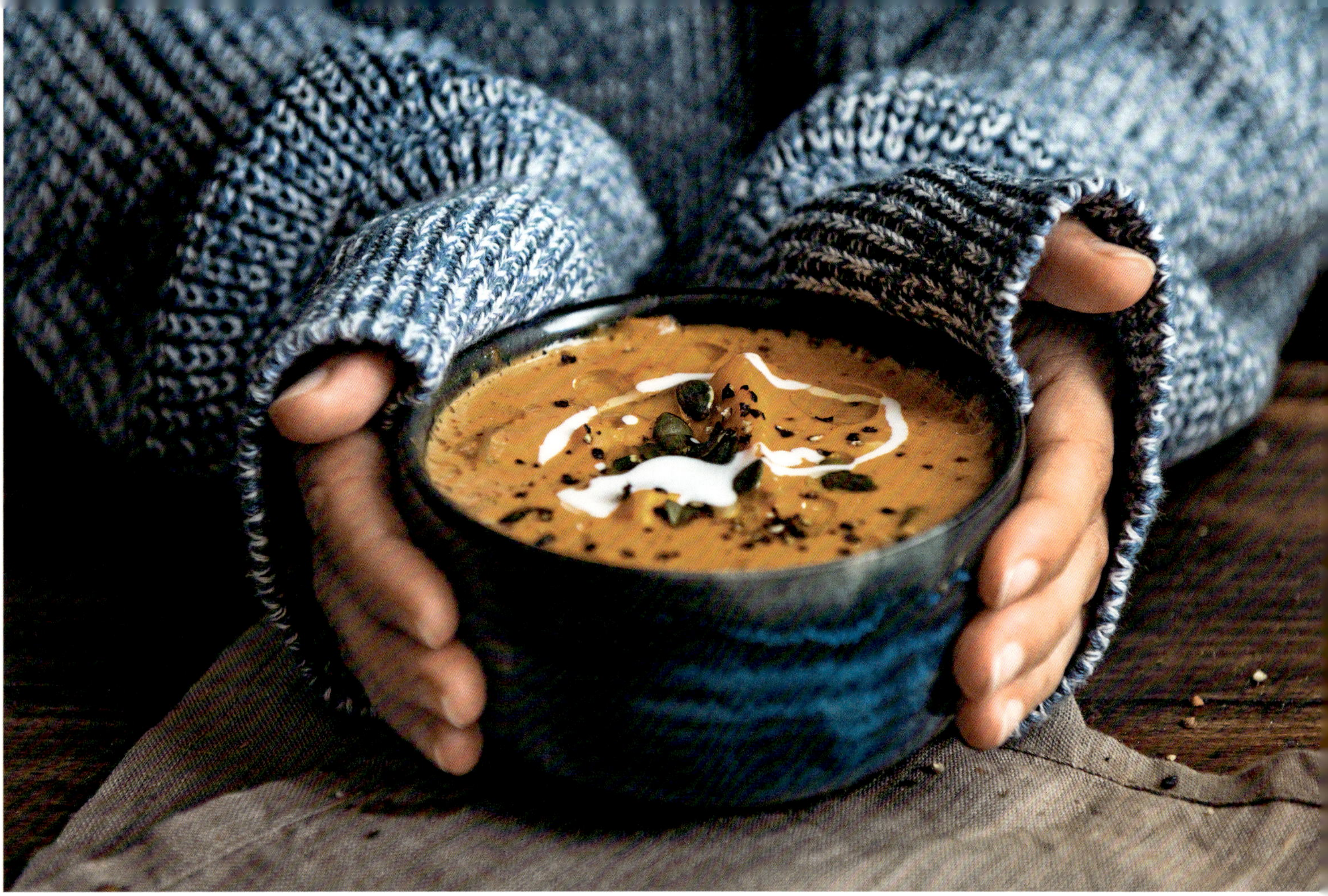

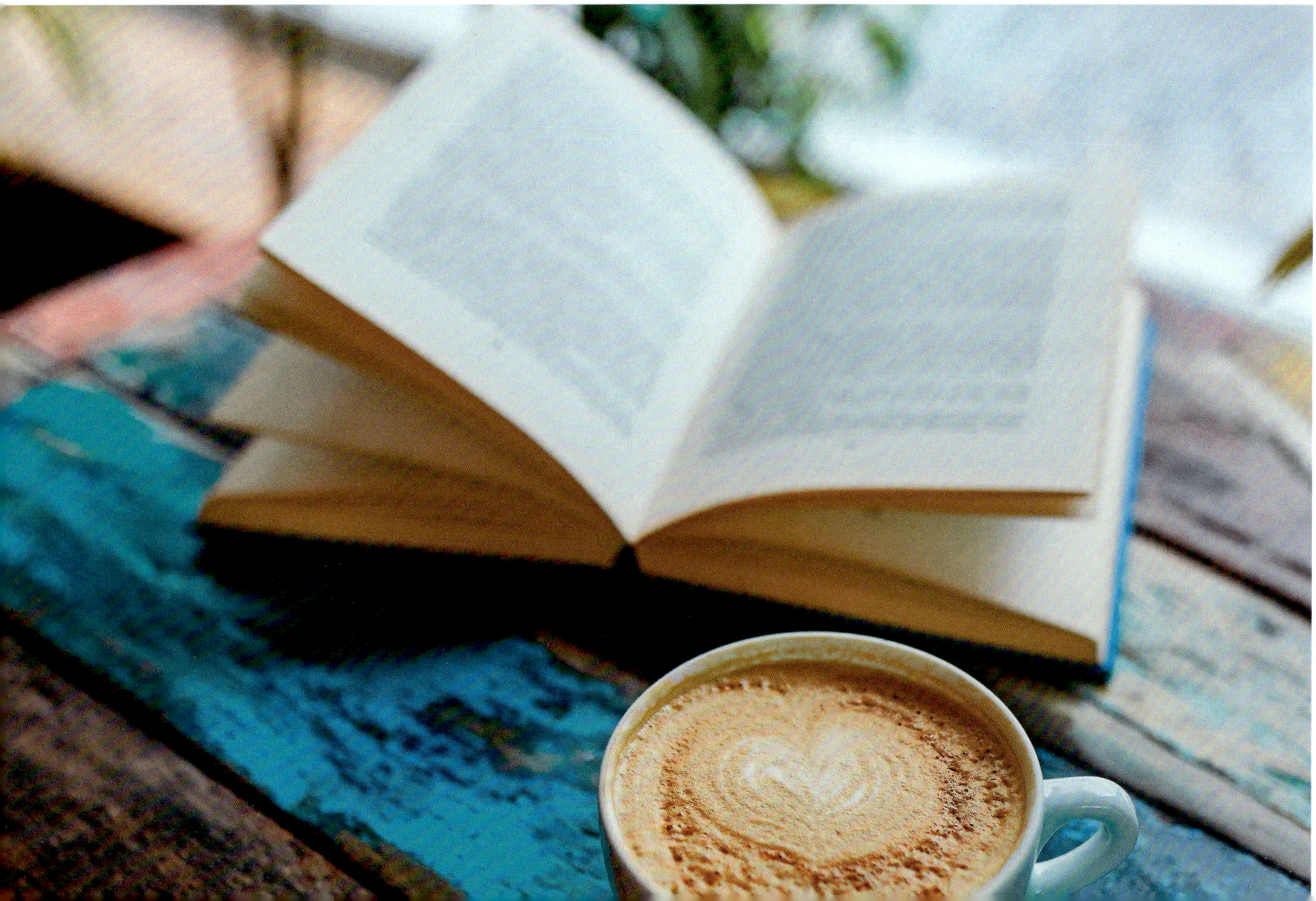

staub sprüht. Die ersten Runden auf der Nadel fliegen dahin. Jetzt die CD Amy Macdonald. Hohes Tempo, Gitarre, ehrliche Handarbeit, auch die Musik.

Samstagmittag

Mit dem Vorderteil sieht es gut aus, der kleine Halsausschnitt ist schon abgekettet. Und das, obwohl ich meinen Strickflow für das Ansetzen des Rehgulaschs unterbrochen habe. Während ich vor der Tür stricke, brodelt es auf kleiner Flamme und kommt eine Weile ohne mich aus.

Samstagnachmittag

Ich habe mir einen Mittagsschlaf gegönnt, nach einem kleinen Teller Gulasch nur mit einem Kanten Brot und einem Gläschen Rotwein. Am Abend gibt es die große Portion mit der Polenta. Als Belohnung, wenn Vorder- und Rückenteil fertig sind und eventuell schon feucht gespannt auf dem Sofa festgesteckt sind. Ich gehe eine Runde durch den frischen Schnee über die Lichtung. Ein Bing, Hurra, das Handynetz wird immer besser und lässt auch Nachrichten in die Einsamkeit durch. Nina meldet sich.

- Alles gut, Süße? Oder bist du schon erfroren?
- *Ich bin fein und fühle mich reich beschenkt durch dieses Winterwochende. Kussi*
- Du bist ein Schatz. Hoffentlich liebt es Max auch so wie du?
- *Max soll dich lieben! Und froh sein, dass er mitdarf!*
- Du bist süß, aber es fühlt sich seit langem einmal richtig gut an mit diesem Mann.
- *Das hast du verdient, Nina,*
- Smile, Kuss, Smile

> ### Winter
> *Songtext von Unheilig*
>
> [...] Schneit der Himmel
> weiße Sterne
> Werden Wünsche
> wieder wahr
> Liegt die Welt im
> Silberschnee
> Fängt die Zeit zum
> Träumen an [...]

Ich freue mich für Nina, doch es bringt mich an meinen eigenen Schmerzpunkt. Andi. Was war schiefgelaufen nach dem letzten Gespräch? Während ich darüber grüble, bin ich tief in den Wald spaziert. Vielleicht hätte ich ihn zu so einem Hüttenwochenende überreden sollen. Warum sind so einfache Dinge so schwer? Aber ich merke, wie mir das regelmäßige Masche für Masche, Reihe für Reihe unheimlich Kraft gibt. Die Sonne geht jetzt früh unter und ich sollte das Restlicht nutzen, um den Weg zurückzufinden. Meine eigenen Spuren sind mein Ariadnefaden. Die frische Luft macht hungrig.

Samstagabend

Ich habe mich festgehört auf meiner Playlist, die auch ziemliche Dramatik bereithält. Unheilig mit seiner tiefen wuchtigen Stimme und den Hymnenmelodien. Auf diese Stimmung kann man sich hier gut einlassen. Vorder- und Rückenteil habe ich fertig, habe sie sogar schon zusammengenäht. Morgen nur noch der Halsabschluss, das Projekt Weekendpullover würde gelingen! Ein Bing, ich wollte doch schlafen gehen! Soll ich oder soll ich nicht aufs Handy gucken, würde es mich aus der neu gewonnenen Ruhe bringen? Ich bin zu neugierig. Andi!

- Hast du mal an uns gedacht, Maya?
- *Mehr als mir lieb ist, Andi*
- Dann geht's dir wie mir. Ich glaube, ich hab mich blöd benommen.
- *Weil du dich nicht mehr gerührt hast oder wegen des Vorschlags, zu deinen Eltern zu fahren. Smiley*
- Beides! Aber irgendwie wollte ich uns besiegeln. Mit diesem Ichstelldichmeinenelternvor. Bisschen old school. Und nicht zu Ende gedacht.
- *Das läuft uns doch nicht weg. Aber die erste Zeit des Kennenlernens schon, wenn wir uns nicht sprechen und treffen.*
- Wann kann ich dich sehen, Maya, morgen?
- *Bin auf Ninas Hütte!*
- Oops, hm. Allein?
- *Mit ca. 5000 rechten und linken Maschen*
- ?
- *Hab in meiner Trauer über dich einen Pullover gestrickt.*
- Ok, was ihr Mädels nicht alles macht! Smiley
- *Morgen Abend? Nach meiner Rückkehr?*
- Ja, ja und nochmals ja. Mond-Smiley, Kuss-Smiley

Sonntagmorgen

Rascheln rund ums Haus hat mich geweckt. Das Licht ist noch fahl, ganz entfernt erinnere ich mich, wo ich bin. Und taste neben mich in die rosa karierte Bettwäsche. Andi? Ach nein, er war ja nur per WhatsApp da, schade. Aber gut zu wissen, wir würden uns wiedersehen.
In dicken Socken und noch in die Decke eingewickelt, mache ich Wasser heiß, brühe Kaffee auf, röste das Brot auf dem Ofen. Vor der Türe in einer Blechdose habe ich Butter, Milch und Marme-

Kaiserschmarrn

Für 1 Person

2 Eier
1 EL Mehl
1 TL Zucker
1 TL Wasser
1 EL Milch
2 EL Butter

Alle Zutaten verquirlen, 1/4 Stunde ruhen lassen. Butter in einer Pfanne schmelzen lassen, die Eimasse hineingeben, anbacken lassen, dann wenden, schließlich teilen. Puderzucker darüber und karamellisieren lassen. Mit Zwetschgenkompott servieren.

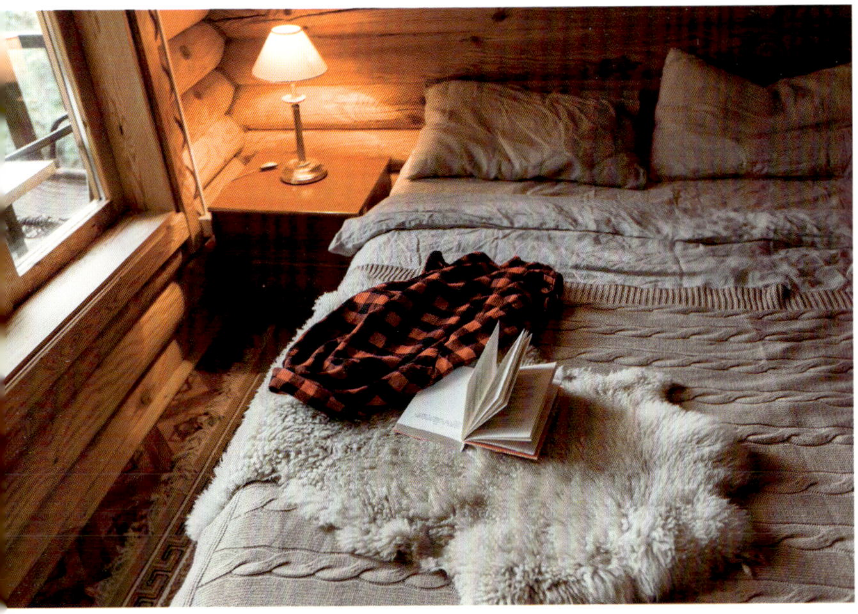

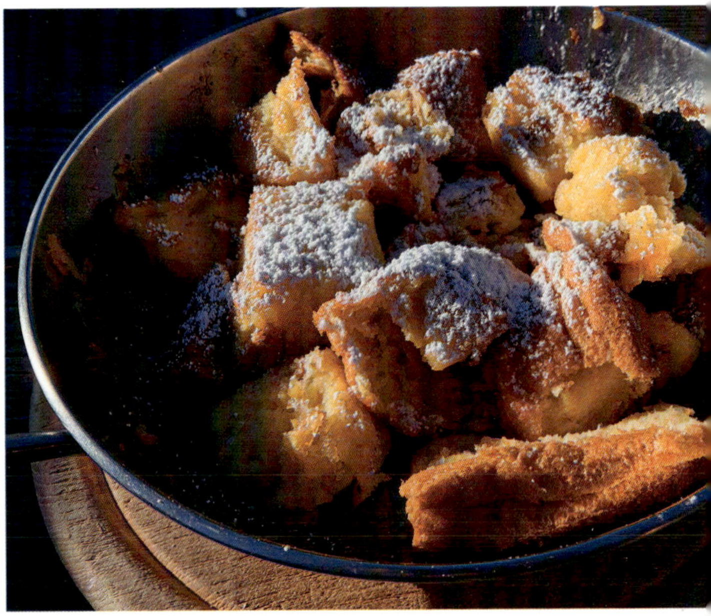

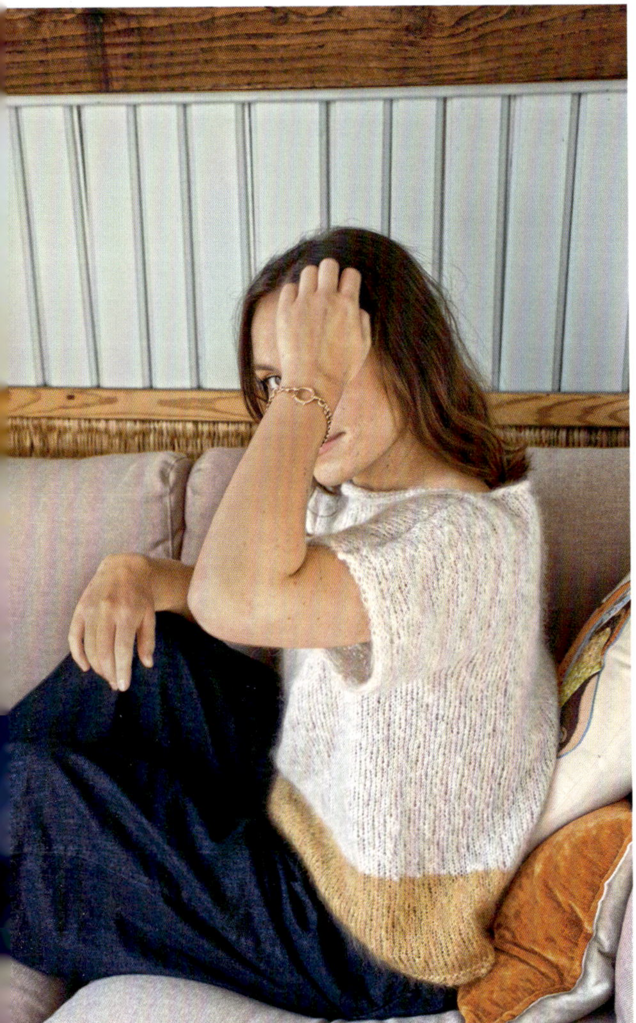

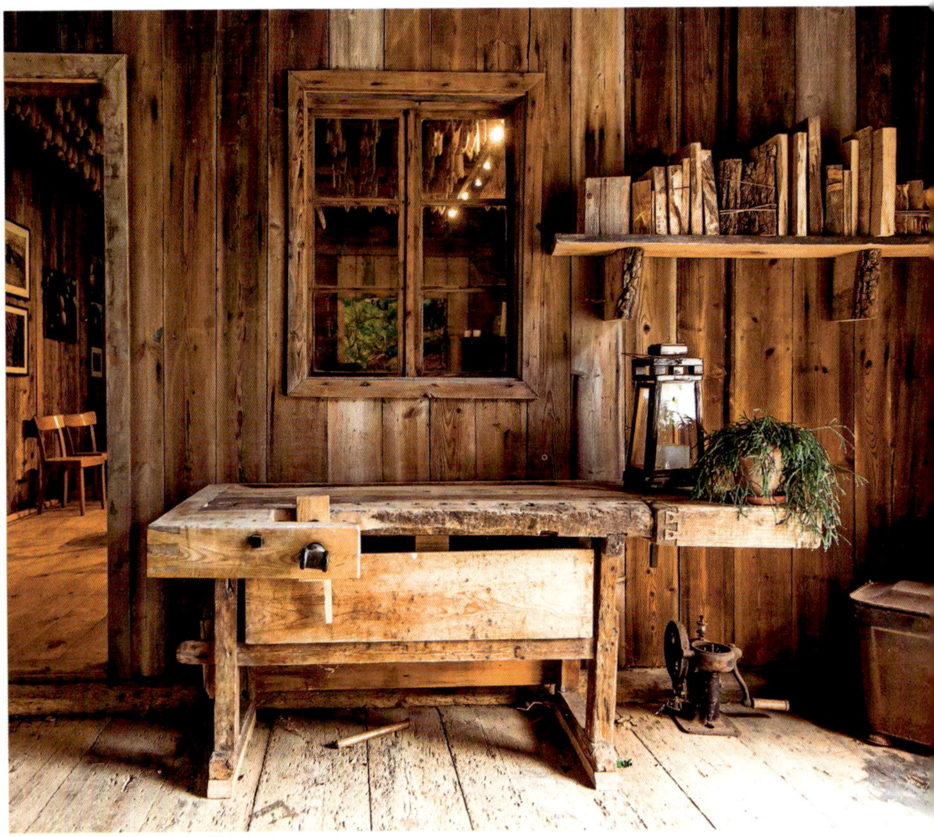

lade gelagert, einbruchsicher vor Marder, Fuchs und Mäusen. Vor dem Haus durchziehen Pünktchenspuren die Lichtung wie die gestrichelten Linien einen riesigen Schnittmusterbogen. Mit angezogenen Knien kauere ich auf der Ofenbank und nadle schon am ersten Ärmel. Vielleicht wäre jetzt Beistand von Mascha Kaleko gut, die große Gefühleverarbeiterin, die Meisterin des Liebeskummers.

Sonntagmittag

Man sollte nicht zwei Portionen Kaiserschmarrn und noch mehr Zwetschgenröster dazu essen. Bleierne Müdigkeit überfällt mich, so wird der Pullover nie fertig. Mit einem Milchkaffee und einem Spaziergang versuche ich Herrin der Lage zu bleiben. Was fehlt, ist der Halsabschluss. Aber das muss jetzt noch sein. Ich werde danach sofort aufbrechen, will Andi nicht warten lassen, nicht an unserem quasi zweiten ersten Abend.

Zu Bachs *Toccata und Fuge* fliegen die Nadeln dahin. Vernähen, fertig. In der Hütte ist kein Spiegel, also kann ich nur anprobieren und spüren, ob die Passform die richtige ist. Fühlt sich gut an, das neue Stück. Masche für Masche hat es mich Andi wieder nähergebracht. Ich werde den Pullover heute Abend tragen.

Zu Tash Sultanas Stampfmusik packe ich zusammen, stelle die Solarheizung auf eine hohe Stufe, damit es Nina und Max morgen schön kuschelig haben, sie werden sicherlich nicht die Zeit mit Stricken verbringen …

Sonntagabend

Ohne Stau, was für ein Wunder, zurück in die Stadt. Ich bin die Treppe zu meiner Wohnung hochgeflogen, weil ich trotz allem viel zu spät dran war. Jetzt sehe ich den Pullover das erste Mal vor dem Spiegel. Cappuccino mit Caramel. Sehr, sehr schmeichelhaft und dazu leichte Bräune auf den Wangen. Ja, das war ein gutes Wochenende, das vielleicht noch besser werden würde. Das kleine Gedichtbändchen habe ich bereitgelegt. Vielleicht würde der Einstieg über Lyrik die richtige Stimmung bringen? Es klingelt. Andi.

Sehnsucht nach dem Anderswo

Mascha Kaleko

Drinnen duften die Äpfel
im Spind,
Prasselt der Kessel im Feuer.
Doch draußen pfeift
Vagabundenwind
Und singt das Abenteuer!

Der Sehnsucht nach dem
Anderswo
Kannst du wohl nie entrinnen:
Nach drinnen, wenn du
draußen bist,
Nach draußen, bist du
drinnen.

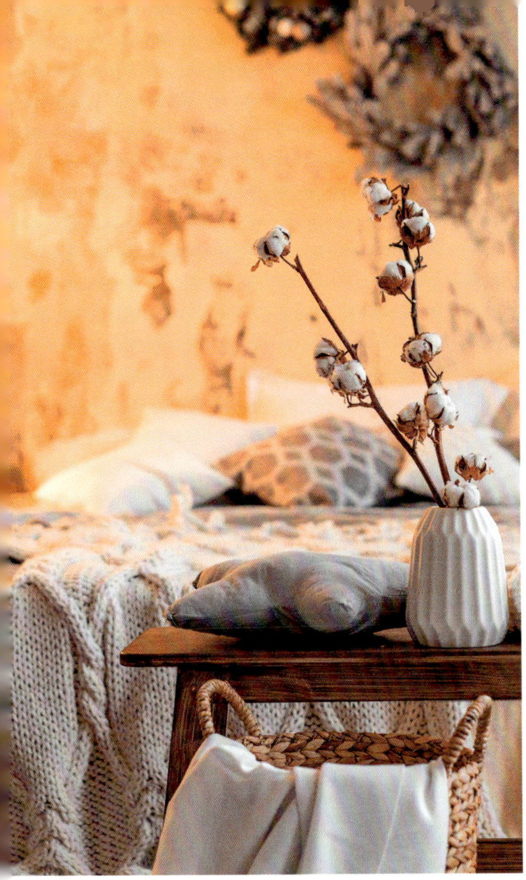
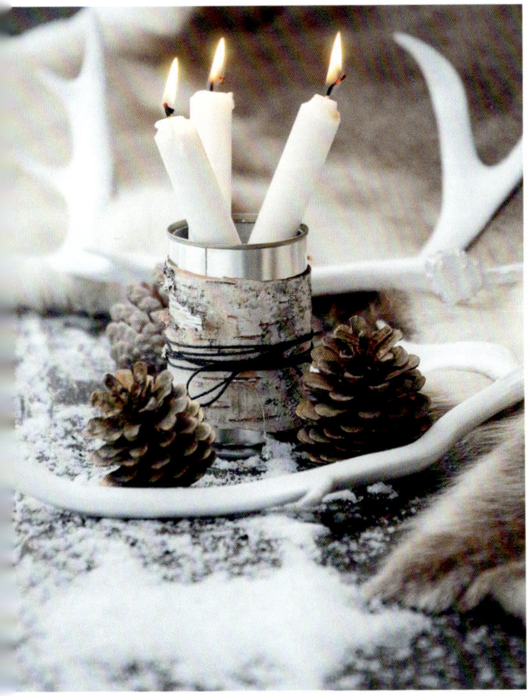
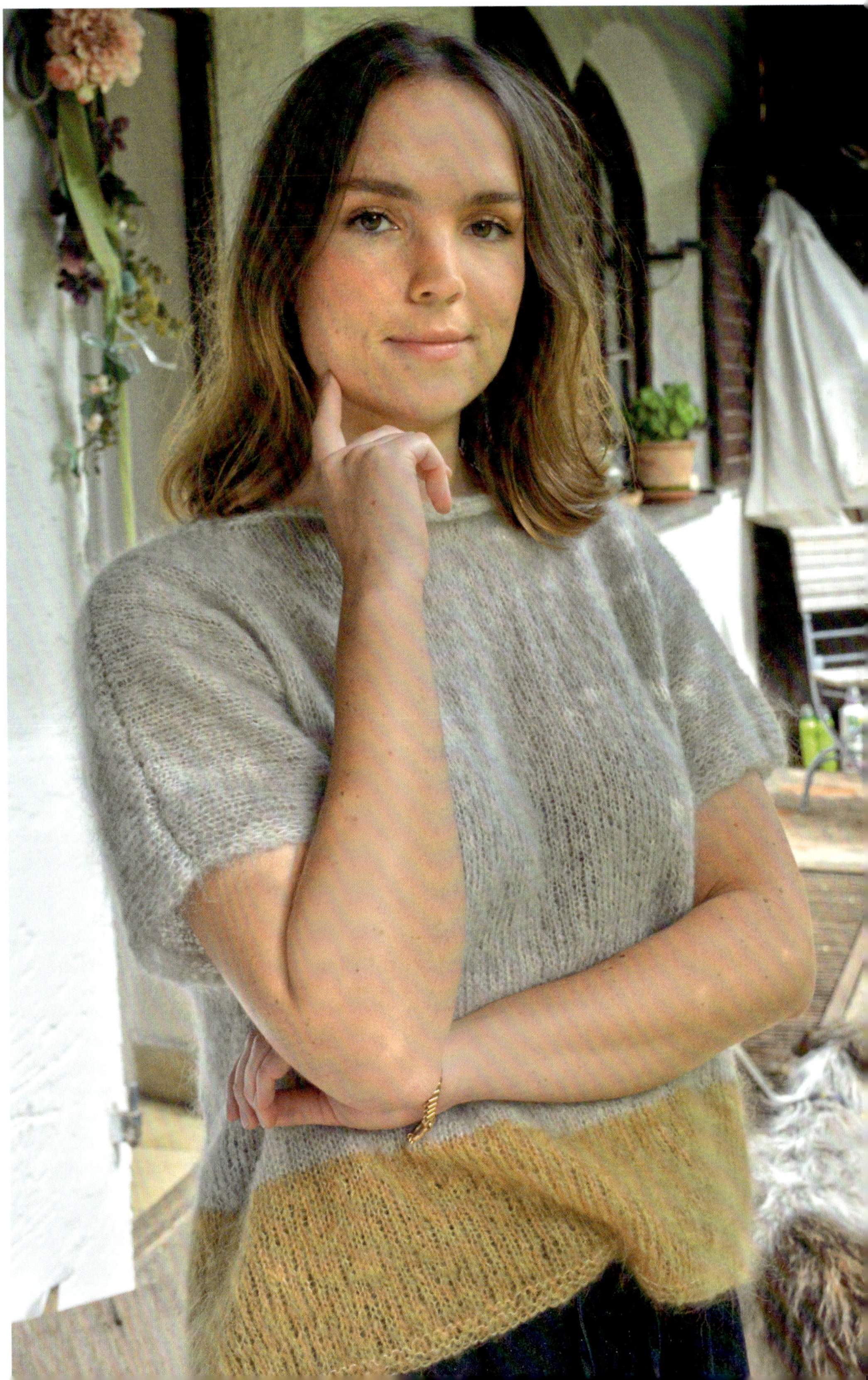

Almtrost in Mohair

Warmer, leichter Pulli

GRÖSSE:
36–40 (42–46), Länge 55 (57) cm. Die Angaben für Größe 36–40 stehen vor der Klammer, die Angaben für Größe 42–46 in der Klammer. Ist nur eine Angabe gemacht, so gilt diese für beide Größen.

MATERIAL:
Lana Grossa-Qualität **„Brigitte No. 3“** (40% Mohair, 37% Schurwolle, 23% Polyamid, Lauflänge 100 m/25 g): ca. **100 (100) g** Beige **(Fb 18)** und **25 (50) g** Camel **(Fb 19)**
Stricknadel Nr. 4,5; 2 Hilfsnadeln Nr. 4,0;
Häkelnadel Nr. 4,0.

MASCHENPROBE:
Mit Nadel Nr. 4,5 glatt rechts gestrickt ergeben 17 M und 25 R 10 cm x 10 cm.

GLATT RECHTS:
In Hin-R alle M rechts stricken, in Rück-R alle M links stricken.

KRAUS RECHTS:
In Hin- und Rück-R alle M rechts stricken.

RANDMASCHE:
Glatter Rand: In den Hin-R die erste M wie zum Rechtsstricken abheben, die letzte M rechts stricken, In den Rück-R die erste M wie zum Linksstricken abheben, die letzte M links stricken.

RANDMASCHE AM ÄRMELSAUM:
Doppelte Randmasche: Am Anfang jeder R 1 M wie zum Linksstricken abheben, der Faden liegt dabei vor der Arbeit, dann 1 M rechts stricken. Am Ende der R die vorletzte M wie zum Linksstricken abheben, der Faden liegt vor der Arbeit, und die letzte M rechts stricken.

ANFERTIGEN:

RÜCKENTEIL:
Mit Nadel Nr. 4,5 und dem Faden in Camel 92 (106) M anschlagen und 3 R kraus rechts stricken. Danach zwischen den Rand-M (= glatter Rand) glatt rechts stricken. In 15 cm Gesamthöhe die Farbe wechseln und das Top in Beige beenden. In einer Gesamthöhe von 36 cm alle M stilllegen.

ÄRMEL:
Auf 2 Hilfsnadeln Nr. 4,0 je 23 M in Beige anschlagen und 1 Rück-R linke M stricken. In der folgenden R die M der 1. Hilfsnadel,

die stillgelegten M des Rückenteils und die M der 2. Hilfsnadel auf 1 Nadel stricken = 138 (152) M. Die ersten und letzten beiden M nun als doppelte Rand-M arbeiten und zwischen den Rand-M weiter glatt rechts stricken. Nach 19 (21) cm bei einer Gesamthöhe von 55 (57) cm die mittleren 50 (56) M abketten. Es verbleiben je Schulter 44 (48) M.
Die Schulter-M stilllegen.

VORDERTEIL:

Das Vorderteil wie das Rückenteil stricken.

SCHULTERN:

Vorder- und Rückenteil rechts auf rechts aufeinanderlegen, die Nadeln mit den Schultermaschen liegen jeweils hintereinander. Nun die Schultermaschen zusammenstricken. Hierzu mit einer Hilfsnadel immer 1 M des Rückens und des Vorderteils zusammenstricken und die M nacheinander abketten.

FERTIGSTELLEN:

Den Halsausschnitt mit 1 Rd feste M umhäkeln. Die Seitennaht vom Saum bis zum Ärmelsaum schließen. Alle Fäden vernähen.

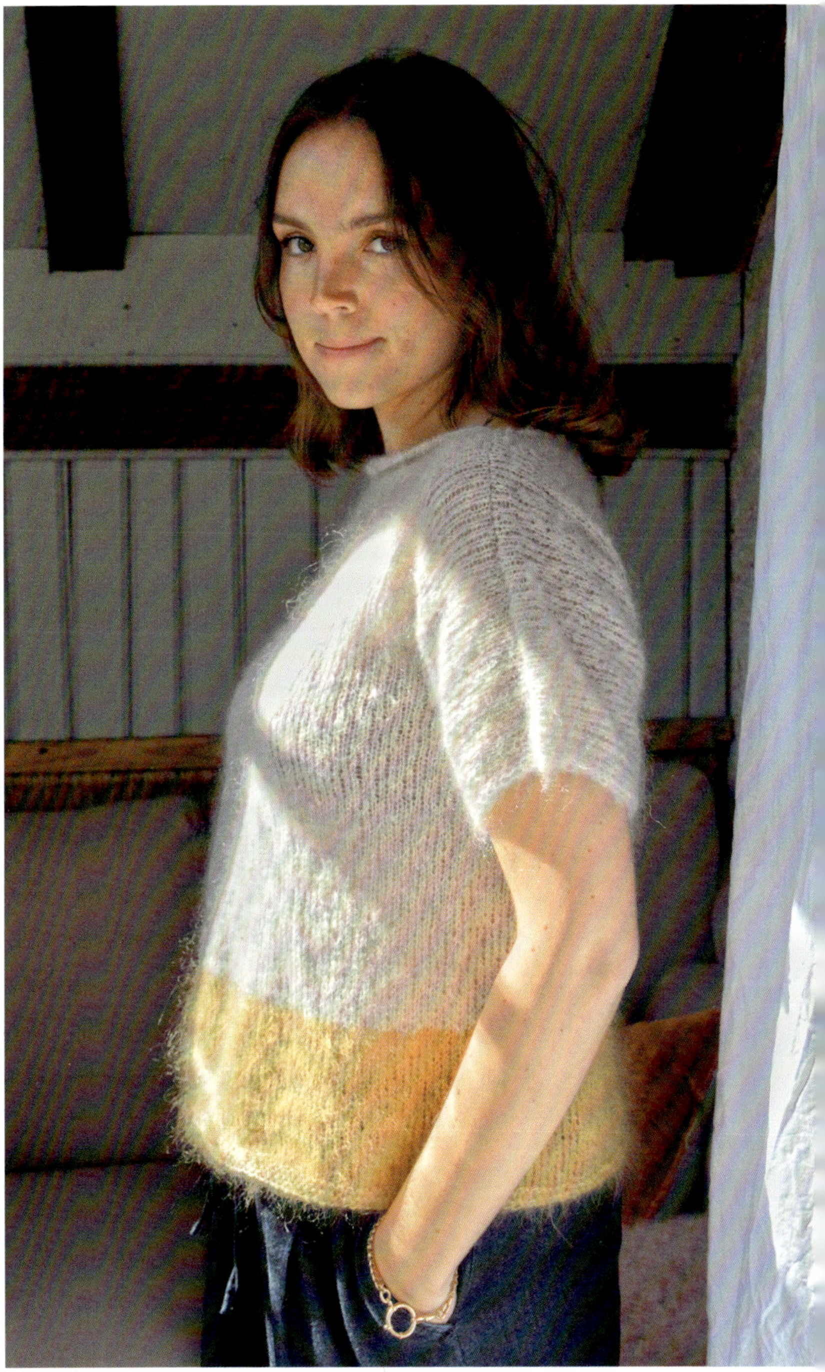

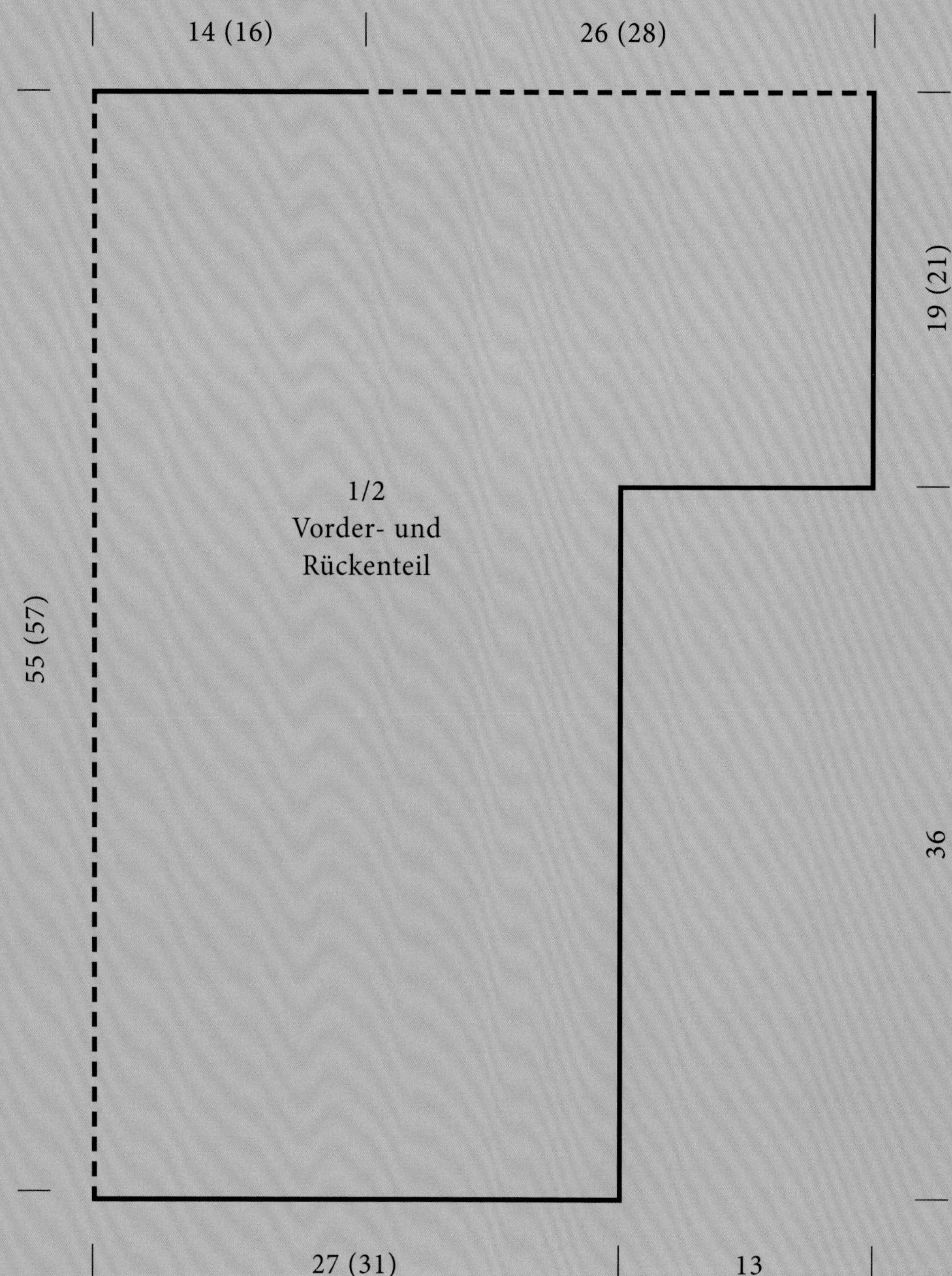
14 (16)
26 (28)
19 (21)
1/2
Vorder- und
Rückenteil
55 (57)
36
27 (31)
13

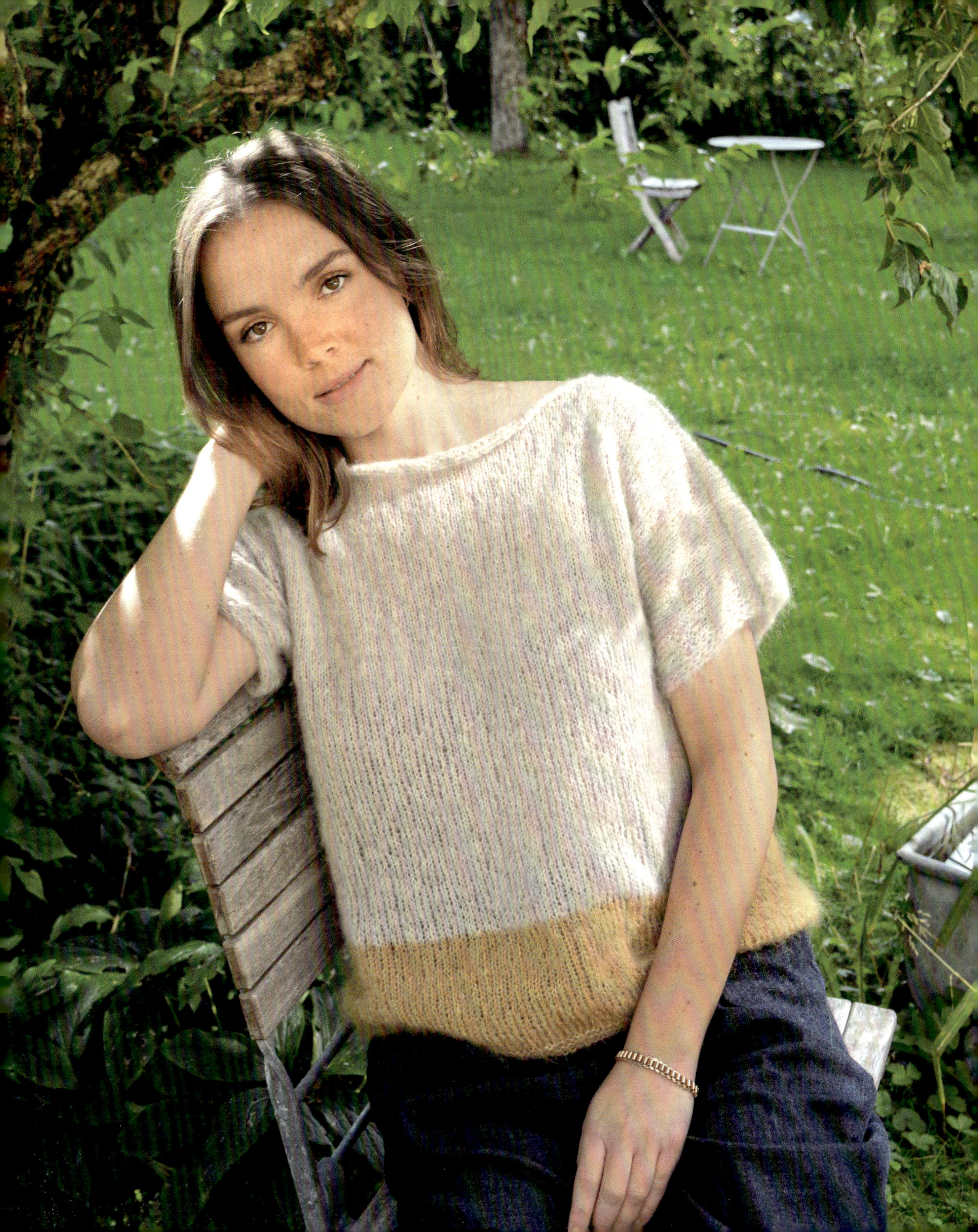

Philosophie & bunte Blätter

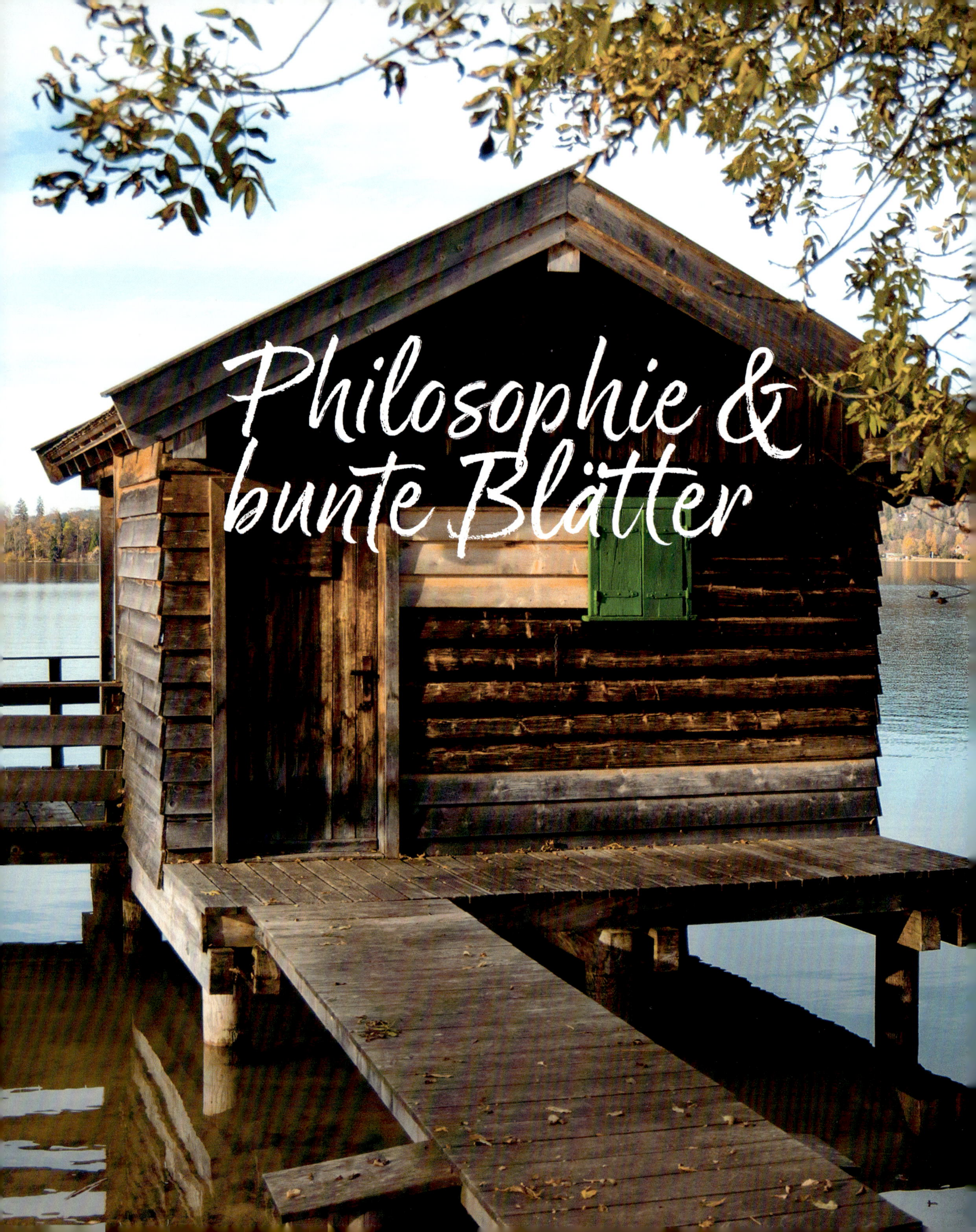

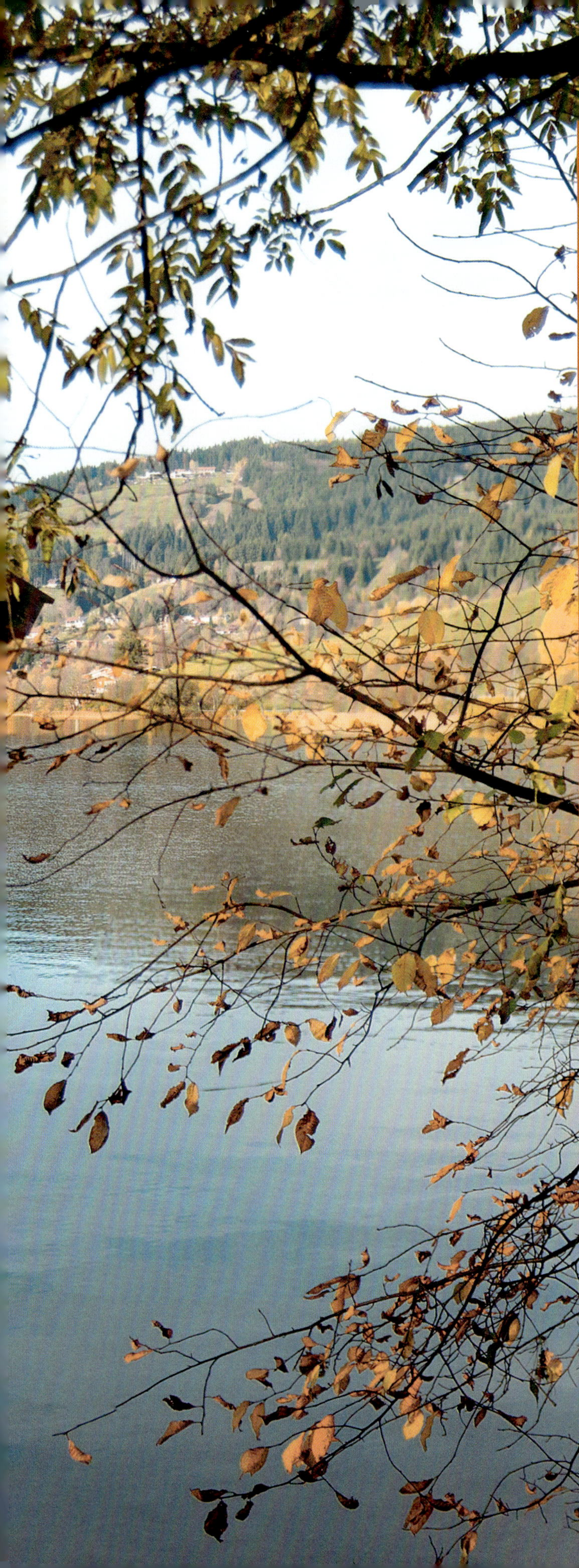

Freitag

Es war so weit, wir hatten es hingekriegt, ein Mädelswochenende in Katjas kleinem Bootshaus. Gut, es würde sicher ein wenig frisch werden, aber wir waren ja alle nicht aus Zucker. Maya wollte genügend Wolldecken mitbringen, Holz und Pappe zum Einheizen lag bereit, und was man auf einem kleinen Elektrogrill und einem Bullerofen mit Herdplatte alles zaubern konnte, das konnte ich beitragen. Mein Weekender steht gepackt bereit, Socken, dicke Mütze, aber auch Badeanzug. Irgendwie will ich es einmal versuchen, im Herbst noch einmal in den See zu springen. Eigentlich kann es losgehen. Ich warte auf Katjas Anruf, sie will mich abholen, Nina fährt direkt an den kleinen verwunschenen See im Wald hinter dem Kloster, in das man zu aller Not auch einkehren könnte, um sich aufzuwärmen – im Klosterwirt wird gut gekocht. Ah, da ruft Katja schon an.

- Hi, Maya, pass auf, es ist was dazwischengekommen, du musst alleine fahren, Nina kommt ja direkt. Ist das ok für dich? Ich schick dir die Daten fürs Navi.
- *Ach nö, jetzt haben wir so lange nach einem Datum für alle gesucht, das ist aber schade.*
- Ich weiß, aber meiner Mutter geht's nicht so gut, ich muss mich kümmern.
- *Klar, das verstehe ich doch, liebe Grüße*
- Danke dir und macht es euch gemütlich. Zum Waschen müsst ihr Seewasser in dem großen Topf erwärmen.
- *Ok, das klingt urig.*
- Das wird es sicher, aber unvergesslich. Ciao
- *Ciao, Katja!*

Das ist wirklich schade, aber mit Nina würde es sicher auch lustig werden.

Freitagabend

Nina und ich sind zur selben Zeit angekommen. Nebel liegt schon über dem dem See. Jetzt versuchen wir den Ofen anzukriegen und stellen uns ziemlich dämlich an. An der Beleuchtung müssen wir auch noch arbeiten. Aber der Geruch von nassem Moos und den Zitronennoten der Nadelhölzer ist umwerfend. Ich habe frische Birnen mitgebracht und einige Käsesorten. Zusammen mit Bauernbrot und einem ziemlich schweren Rotwein, geht es uns nach wenigen Minuten ausgezeichnet, als Nina plötzlich fragt:

- Wollen wir an dem Wochenende ein Projekt machen?
- *Was meinst du, Nina?*

Ich sehe Nina ratlos an. Sie steckt immer voller Energie und muss ständig in Bewegung bleiben. Das kenne ich schon von früher. Wir sind zusammen in die Schule gegangen, eine gute Voraussetzung für ewige Freundschaften. Nina zupft einen gebatikten Jutebeutel aus ihrem Seesack und lässt unendlich weiche, warmgraue Wolle auf den Tisch rollen.

- Wollen wir uns Taschen strickfilzen? Und dann Blätter und Pilze sammeln? Dann hätte das Wochenende so etwas Ganzheitliches?

Ich schaue sie groß an. Nein, einfach stillsitzen und auf den Seespiegel starren, das ist nicht Ninas Ding. Schon hat sie mir dicke Nadeln in die Hand gedrückt und eine Anleitung auf den Tisch geblättert. Zwischen einem Käsehappen und einem Schluck Rotwein fangen wir an, Maschen anzuschlagen.

Filzen

Es heißt, das Filzen wurde erfunden, als man Schafe schor und sie eine Nacht auf der herabgefallenen Schur stehen ließ. Durch den von den Schafen abgesonderten Urin und das darauf Herumtrampeln wurden die Wollfasern gewalkt und schließlich gefilzt. Heraus kam der erste Filzteppich der Welt!
Warmes Wasser, ca. 50 Grad, und ein wenig Kernseife ergeben die ideale Lauge zum Filzen. Mit Bewegung und Reiben verfilzen sich die Wollfasern, je länger, desto fester wird das Gewebe.

Freitagnacht

Keine Ahnung, wie ich bei dem Schummerlicht schon die halbe Tasche geschafft habe. Aber der Rotwein ist leer, ziemlich viele Banderolen der Wolle liegen verstreut herum. Nina ist über dem Stricken eingenickt und lümmelt in ihrer Schlafecke. Ich gehe noch einmal auf den Steg. Der Mond spiegelt sich darauf und Geräusche, die ich nicht zuordnen kann, durchdringen die Nacht. Die Arbeit mit der weichen Wolle hat mich friedlich gestimmt. Masche für Masche etwas wachsen zu sehen, das auch noch an dem Wochenende zum

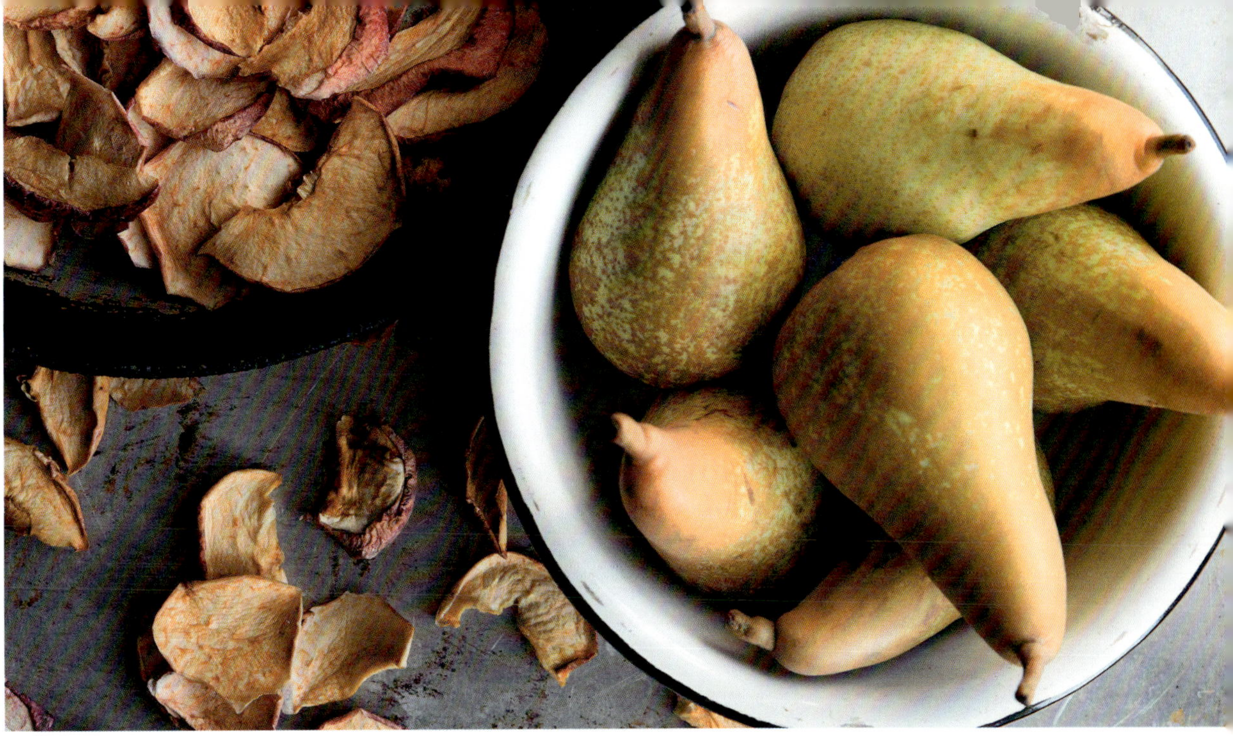

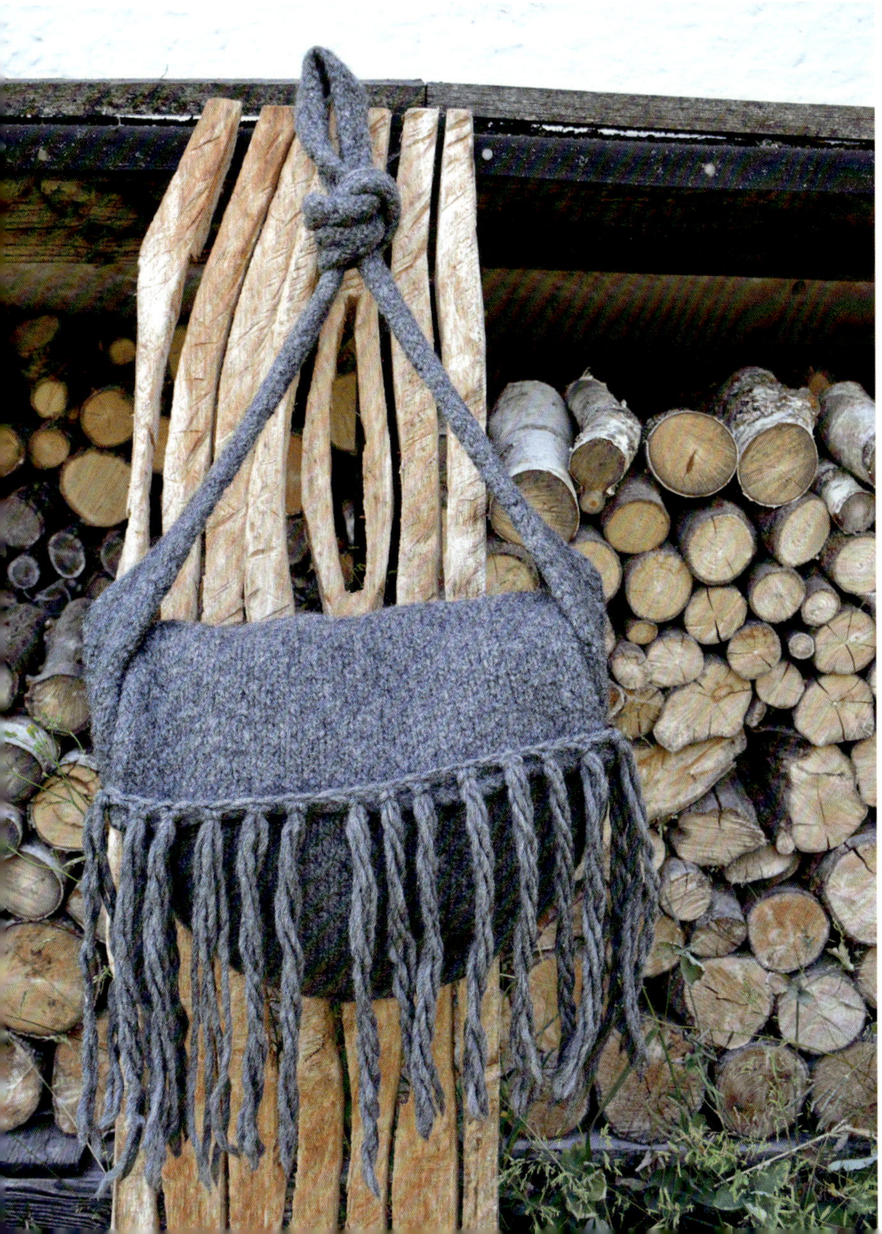

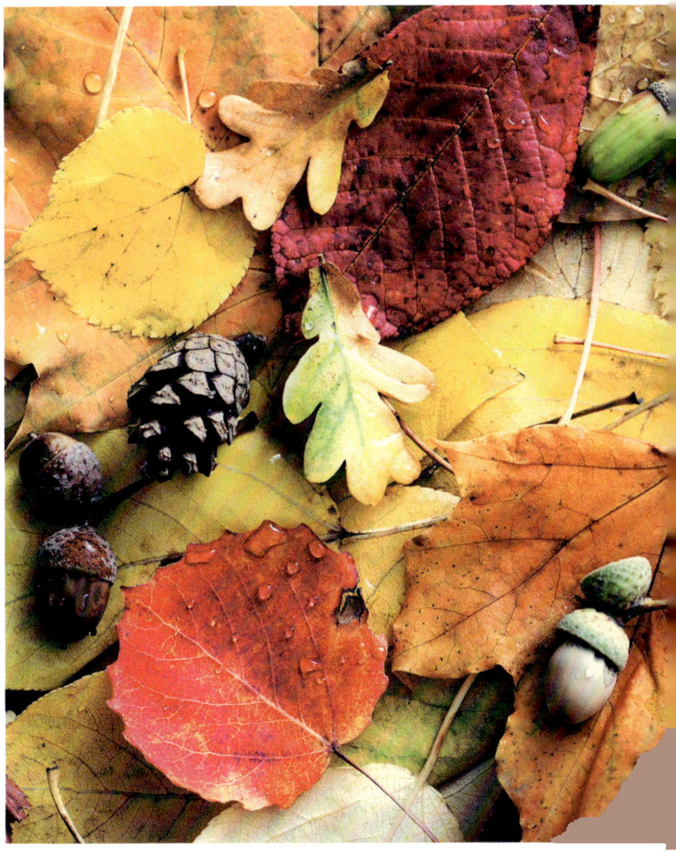

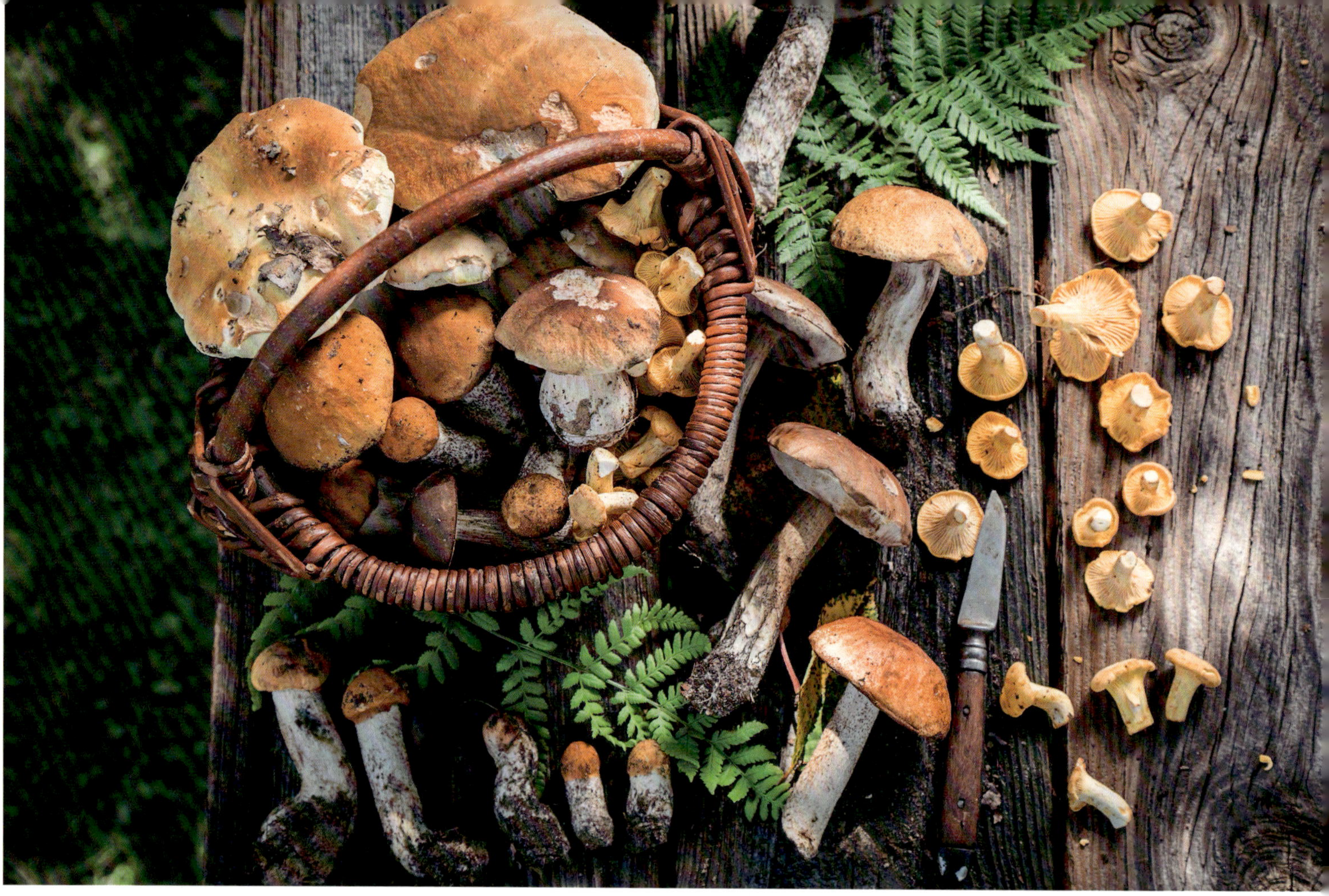

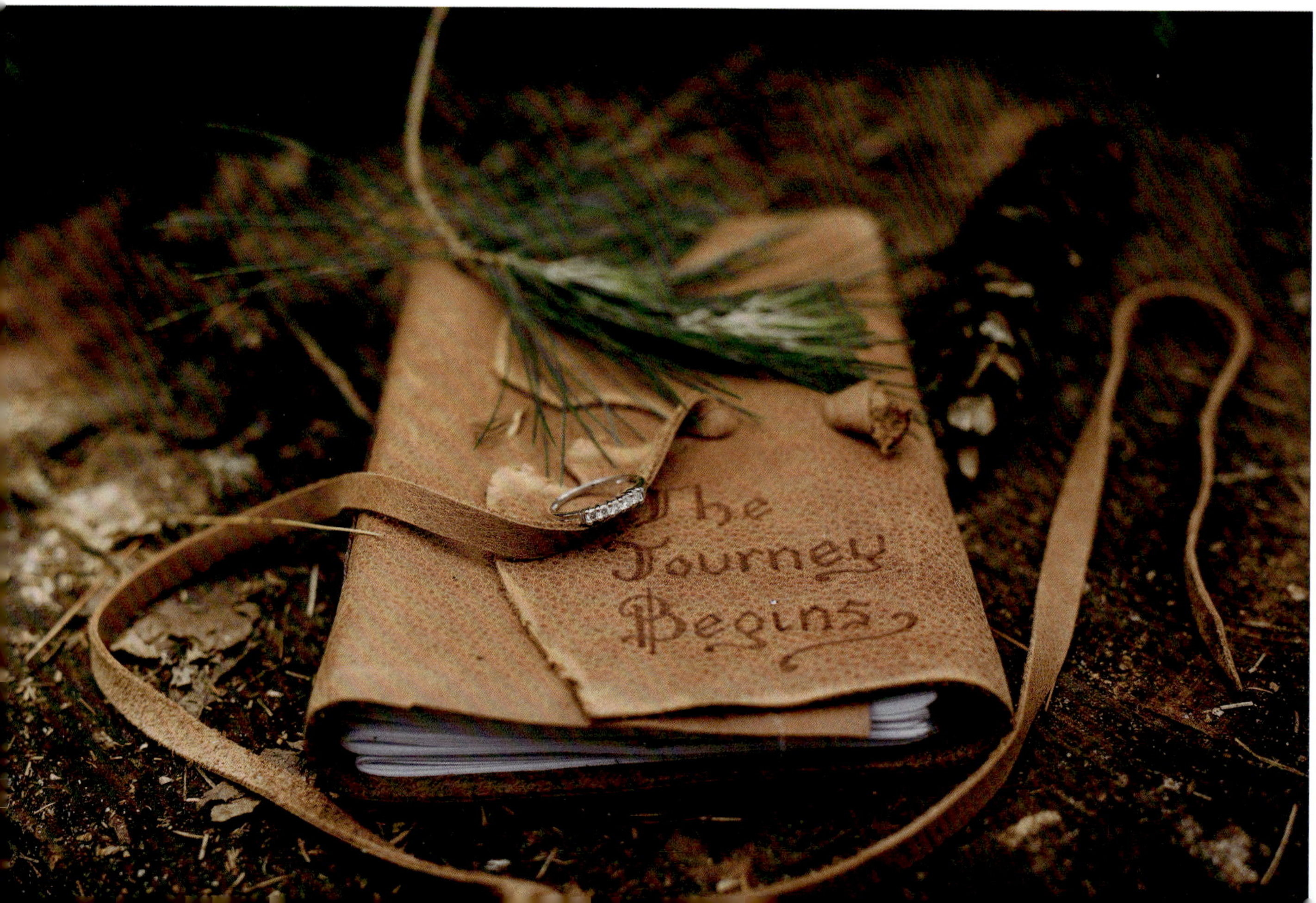
The
Journey
Begins

Einsatz kommen soll? Wow, das ist doch mal ein schneller Erfolg. Nichts, was sich erst nach Wochen oder Jahren zeigt, wie in unseren Jobs, wenn überhaupt. Ich setze mich auf den Klappstuhl am Steg und denke an unbestimmte Lyrik. Ganz leise höre ich Sibelius über Kopfhörer. Der finnische Nationalkomponist passt so herrlich in das Waldsetting. Ich ziehe eine Decke über die Schultern und trolle mich wieder rein.

Samstagfrüh

Nina steht vor mir im Badeanzug.

- Och nö, der ist bestimmt noch kalt, der See. Lass uns bitte erst frühstücken.
- *Maya, steh auf, du Spielverderberin, wir kühlen uns jetzt ab und dann mache ich uns Spiegeleier mit ein paar Pilzen, ich hab schon welche gefunden.*

Nina breitet auf einem Küchentuch die Beute ihres Morgenspaziergangs aus. Pilze! Wann hat sie den denn gemacht?

- Es war herrlich heute früh. Du musst morgen mal mitkommen.
- *Ja, klar, gerne. Und du musst heute Nacht mit mir auf den Steg kommen und den Mond begrüßen.*

Blätter

Rainer Maria Rilke

Die Blätter fallen,
fallen wie von weit,
als welkten in den Himmeln
ferne Gärten;
sie fallen mit
verneinender Gebärde.
Und in den Nächten fällt
die schwere Erde
aus allen Sternen
in die Einsamkeit.
Wir alle fallen.
Diese Hand da fällt.
Und sieh dir andre an:
es ist in allen.
Und doch ist Einer,
welcher dieses Fallen
unendlich sanft
in seinen Händen hält.

Zwei Stunden später

Ich kann es nicht glauben, wir waren schwimmen in einem herbstkühlen See. Meine Haut prickelt jetzt noch, aber das Omelett mit den Eierschwammerl hat köstlich geschmeckt, auch weil Nina ein Würzgenie ist. Jetzt sitzen wir eingemummelt vor dem Bootshaus, die Sonne arbeitet sich hartnäckig durch den Morgendunst und wir stricken schon an den Trägern der Taschen. Ich bin so gespannt, denn im Augenblick sind es sehr weiche Beutel, die sich für nichts anderes eignen, als sein Haupt darauf zu betten und wieder ein wenig zu schlafen. Seeluft macht müde. Aber mit Nina und ihrer Energie ist daran nicht zu denken.

- Lass uns in den Wald gehen und Blätter und noch mehr Pilze sammeln, auch wenn unsere Taschen noch nicht fertig sind. Ich würde so gerne ein paar Farnkarten machen.
- *Farnkarten?*

- Ja, wir zupfen ein wenig Farn, wirklich nur wenig, und machen Papier daraus. Dann legen wir die in ein Pappegemisch. Ist ja genug davon da, und pressen das Ganze. Dann legen wir die Ergebnisse heute Nacht neben den Ofen und lassen sie trocknen. Du wirst sehen, das wird zauberhaft.

Farnpappe

Pappe und Papier in kleine Schnipsel schneiden und in Wasser einweichen. Auf einem mit Backpapier ausgelegten Backblech das Gemisch verstreichen, die Blätter darauf verteilen und alles trocknen lassen. Vorsichtig herauslösen. Mit einem Teig- oder Pizzarädchen kartengroße Stücke herauslösen.

Samstagnachmittag

Nach einer halben Stunde ist es mir gelungen, einen großen Topf mit Seewasser zum Kochen zu bringen. In dem etwas abgekühlten Wasser dürfen unsere Taschen jetzt schwimmen, während wir mit einem Holzscheit das Ganze in Bewegung halten. Filzen wie zu Urgroßmutters Zeiten, denn in der Anleitung stand was von Waschmaschine. Aber Filzen ist eine Kulturtechnik, die vermutlich so alt ist wie das Sesshaftwerden der Menschen.
Zwischen zwei Brettern, beschwert mit dicken Seekieseln, werden gerade unsere Farnblätter gepresst. Und ich bringe es fertig, eingeschlagen in Backpapier, Bratäpfel auf dem Bullerofen zu fertigen. Der Raum ist erfüllt von einer Art Parfüm aus Wollfett, Äpfeln, feuchtem Papier und dem erdigen Duft unserer Fundstücke des Morgens. Wiesenchampignons, Eierschwammerl, Maronen, sogar ein Steinpilz. Nina kennt sich aus und ich verlasse mich auf sie.
Über dem Ofen hängen bald unsere Taschen. Sie sind in dem heißen Bad um ein Drittel geschrumpft und haben jetzt eine feste Struktur, die sich dick und flauschig zugleich anfühlt. Am Boden haben sich schon Pfützen gebildet und man muss aufpassen, dass man nicht hineinläuft. Nasse Socken sind das Letzte, was wir hier brauchen können.

Bratäpfel in Backpapier

2 Äpfeln schälen und je 1 Deckel abschneiden, vom Kernhaus befreien und mit Honig, Zimt, Kardamom, Rosinen (oder Ingwer) und Walnüssen füllen. Beide in Backpapier einpacken und auf ein tiefes Backblech setzen. Ca. 20 Minuten bei 180 Grad im Backofen garen.

Samstagnacht

Die Bratäpfel, dazu als würziges Pendant gegrillter Käse mit einer kräftigen Salsa, eine neue Flasche Rotwein und der Duft von vielen Kerzen haben uns in melancholische Stimmung gebracht. Sollten wir uns einfach mehr Zeit gönnen, das Privatleben hochfahren und den Job ein bisschen weniger wichtig nehmen? Wie steht es um unsere Beziehungen? Kinderwunsch? Ja, nein, weiß nicht, vielleicht? Nina ist so wenig klar in ihrer Haltung wie ich. Aber dieses Handarbeiten bringt einen in philosophische Stimmung und lässt Gedanken zu. Dazu dieser Mix aus Gerüchen, die

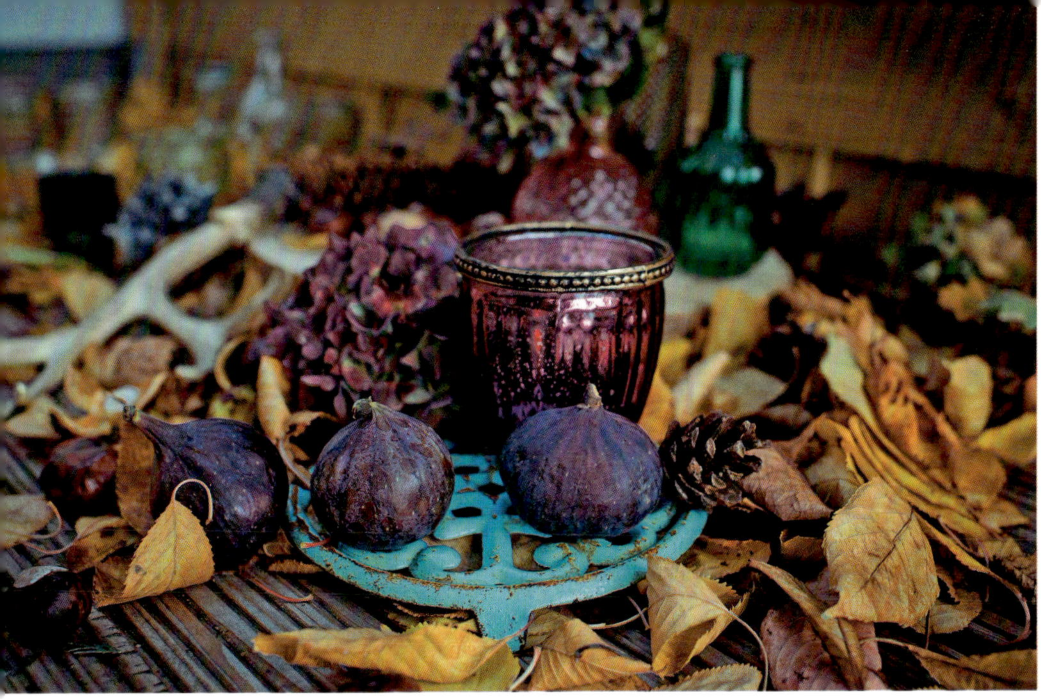

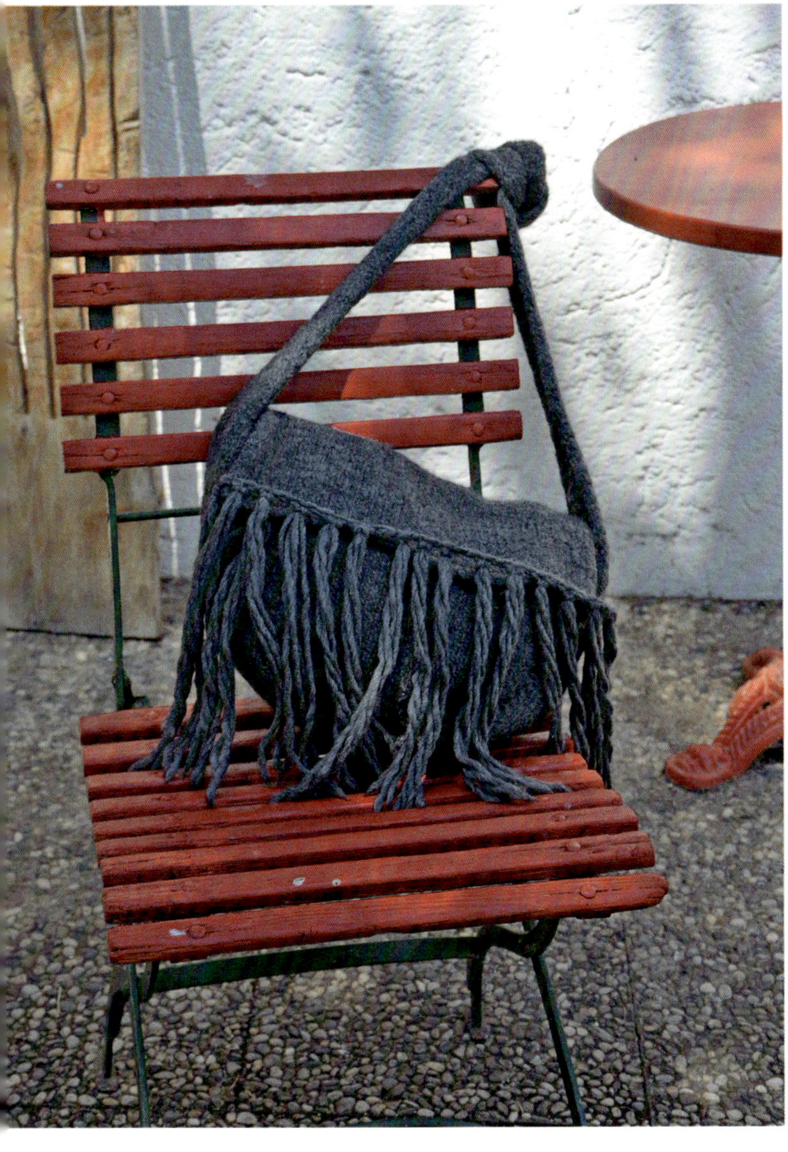

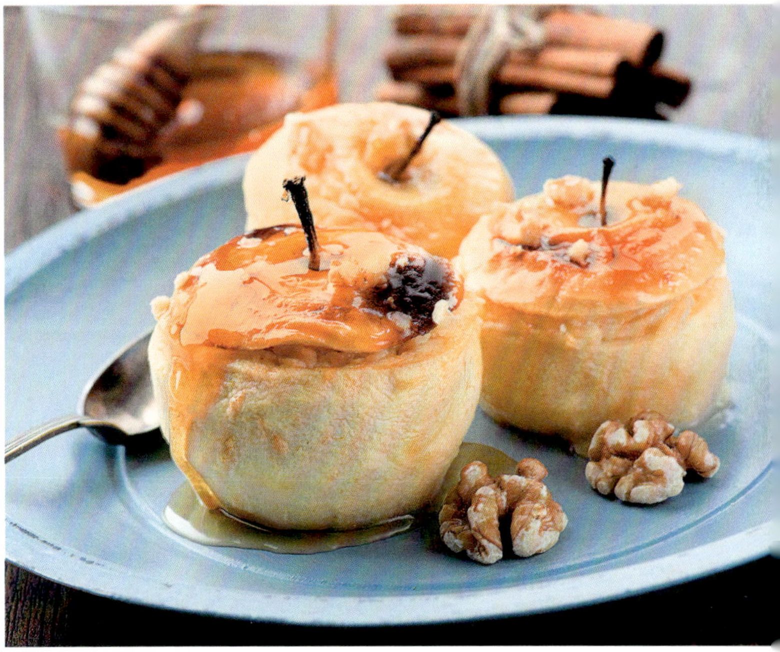

urig erdige Stimmung, die Ankündigung des Winters, das Sammeln von Erinnerungen an den Sommer. Ach ja. Ich halte die Gedanken und ein paar Blätter in meinem Tagebuch fest.

Sonntagmorgen

Nina und ich wachen beide gleichzeitig auf und wir springen nackt in den See. Herrlich. Schon nach zwei Tagen sind wir echte Walden-Jüngerinnen geworden und unempfindlich gegen Temperaturen. Mit den harten Frotteehandtüchern, die Katja hier deponiert hat, rubbeln wir uns ab und sind begeistert von unseren Taschen. Wir posen vor dem Bootshaus und machen Selfies mit den Taschen, die wir an Katja schicken.

- Wow, ihr wart produktiv. Seht ihr, das Bootshaus setzt Kräfte frei!
- *Du fehlst uns!*
- Ihr mir auch
- *Kussi, bis bald, wir bringen dir was mit!*

Marie und ich sind uns einig. Eine der Taschen bekommt Lisa und wir hängen eine der Farnkarten dran. Sozusagen als Label, das Walden-Label, es lebe Thoreau.
Jetzt müssen wir nur noch den Fransenbesatz häkeln und knüpfen. Irgendwie fügt sich die Struktur des Strickfilz perfekt in die Umgebung.

Nina möchte noch einmal gebratene Pilze essen und wir fluten die Luft über dem See mit dem Geruch von Knoblauch und Zwiebeln, in denen wir unsere Fundstücke anbraten. Den Tisch decken wir draußen wie zu einem Festmahl mit unseren Blätterfunden, roten Decken und Kerzen. Der kleine Klappstuhl passt perfekt zur Dekoration.

Nach einem Nachmittagsschlaf nähen wir die Fransen an die Taschen und machen uns auf den Weg zurück zu den Autos. Wie lange waren wir da? Ein Jahr? So wie Thoreau bei seiner Auszeit? Nein, gerade mal 48 Stunden. Eine Zeit für den perfekten Reset.

Aus „Walden" von
Henry David Thoreau

[...] Wir machen uns eine übertriebene Vorstellung von der Wichtigkeit der Arbeit, die wir verrichten, und wie viel bleibt dabei ungetan! [...] Wie sind wir doch ständig auf der Hut, fest entschlossen, nichts dem Zufall zu überlassen, wenn es sich anders einrichten lässt; [...] Notgedrungen halten wir unsere Lebensweise hoch und bestreiten, dass es auch anders ginge. Dabei gibt es so viele Mögichkeiten, als sich von einem Mittelpunkt aus Linien ziehen lassen. Jede Veränderung, bloß gedacht, ist ein Wunder, doch das Wunder findet dauernd statt. »Zu wissen, dass wir wissen, was wir wissen«, sagt Konfuzius, »und dass wir nicht wissen, was wir nicht wissen, das ist wahres Wissen.« Wenn einer das, was ihm vorschwebt, einmal verstandesmäßig gefasst hat, dann werden wohl die Menschen zu guter Letzt ihr Leben darauf aufbauen. Es wäre von Vorteil, ein anspruchsloses Grenzerleben zu führen, wenn auch inmitten einer zivilisierten Welt; dann würde man nämlich merken, was zum unentbehrlichen Lebensbedarf gehört und wie man es anstellt, ihn zu beschaffen. [...]

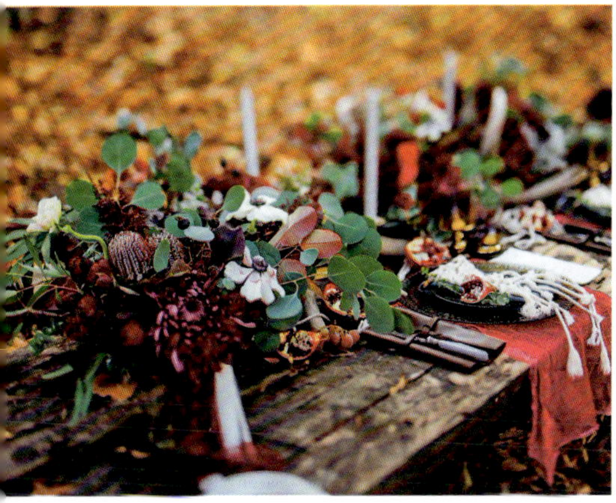
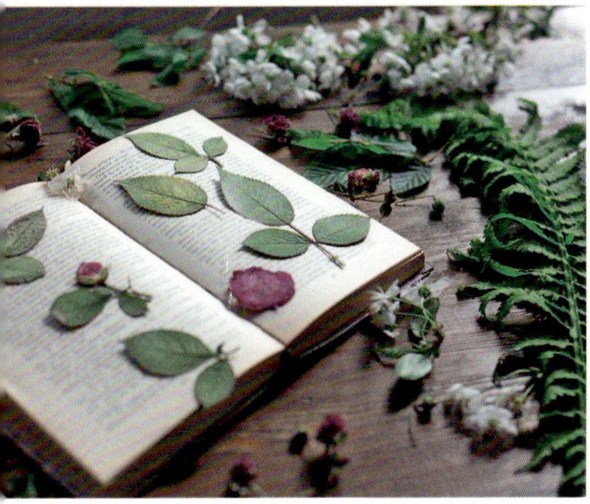
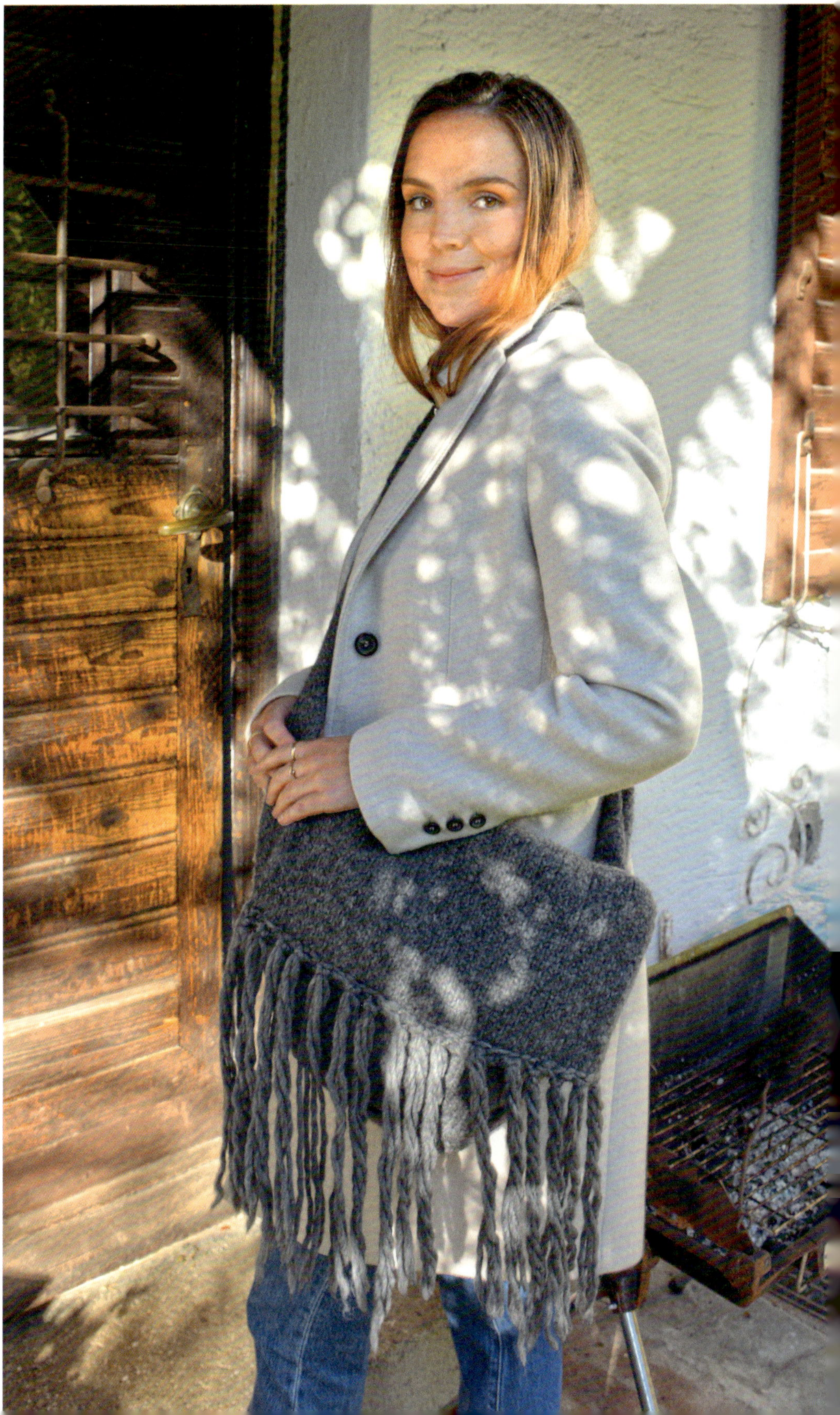

Philosophie & bunte Blätter

Tasche in Filzstrick

GRÖSSE:
30 cm x 35 cm x 14 cm (Breite x Höhe x Tiefe)

MATERIAL:
Lana Grossa Qualität **„Feltro“** (100% Schurwolle, Lauflänge = 50 m/50 g), **800 g** Dunkelgrau meliert **(Fb 4)**, Nadeln Nr. 8; Häkelnadel Nr. 10.

GLATT RECHTS:
In Hin-R rechte M, in Rück-R linke M stricken.

MASCHENPROBE VOR DEM WASCHEN:
Mit Nadel Nr. 8 gestrickt ergeben 11 M und 13,5 R 10 cm x 10 cm.
Nach dem Waschen ergeben 16,5 M und 21 R 10 cm x 10 cm.

VORDERSEITE:
20 M anschlagen und glatt rechts stricken. Beidseitig 2x in jeder 2. R je 2 M aufstricken, weiter 11x in jeder 4. R je 1 M zunehmen, indem 1 M aus dem Querfaden nach der 2. und vor der letzten M gestrickt wird = 50 M nach 50 R. Nach weiteren 10 R die M abketten.

RÜCKSEITE MIT ÜBERSCHLAG:
Wie die Vorderseite arbeiten, jedoch zusätzlich weitere 32 R für den Überschlag stricken = 92 R ab Anschlag. Danach alle M abketten.

SEITENTEIL UND HENKEL:
8 M anschlagen und 120 R stricken. Nun beidseitig 1 M zunehmen, weiter 4x in jeder 4. R und 3x in jeder 2. R 1 M zunehmen = 24 M. Die Zunahmen wie oben beschrieben aus dem Querfaden arbeiten. Insgesamt 200 R ab Anschlag stricken, dann den Henkel gegengleich fortsetzen.

FRANSEN:
Eine 40 cm lange Luftmaschenkette häkeln. In jede Luftmasche 2 je 60 cm lange Fäden einknoten.

AUSFERTIGEN:
An der unteren Taschenvorder- und -rück-

seite die Mitte markieren. Die Henkelmitte von dieser Markierung aus rechts auf rechts auf die Taschenvorderseite nähen. Die Taschenrückseite ebenfalls von der Mittelmarkierung der Rückseite und des Henkels bis in Höhe des Überschlags rechts auf rechts aufeinandernähen. Die Henkelenden mit dem Matratzenstich zusammennähen.

FILZEN:

Die Tasche in der Waschmaschine bei 40 Grad filzen. Nach dem Waschen in Form ziehen. Zum Trocknen mit zerknülltem Zeitungspapier ausstopfen. Die Fransenkette wird mit der Hand gefilzt: Fransen mit möglichst heißem Wasser und Geschirrspülmittel auf der Spüle übergießen. Sobald es die Temperatur zulässt, die Fransen rollen und kneten, dabei immer wieder mit heißem Wasser übergießen. Genügt Ihnen die Filzoptik, das Geschirrspülmittel kalt auswaschen, die Fransen „kämmen“ und trocknen lassen. Die Fransenkette auf den Rand des Taschenüberschlags nähen.

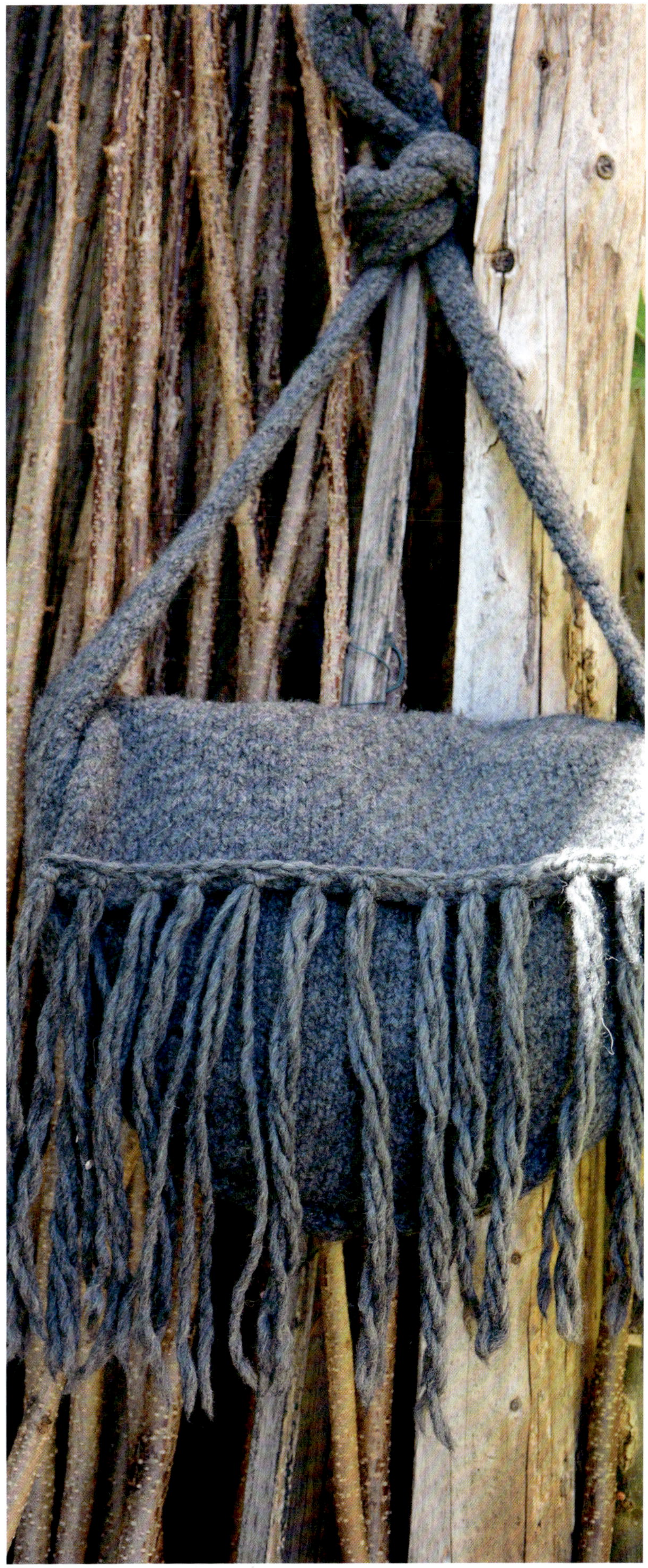

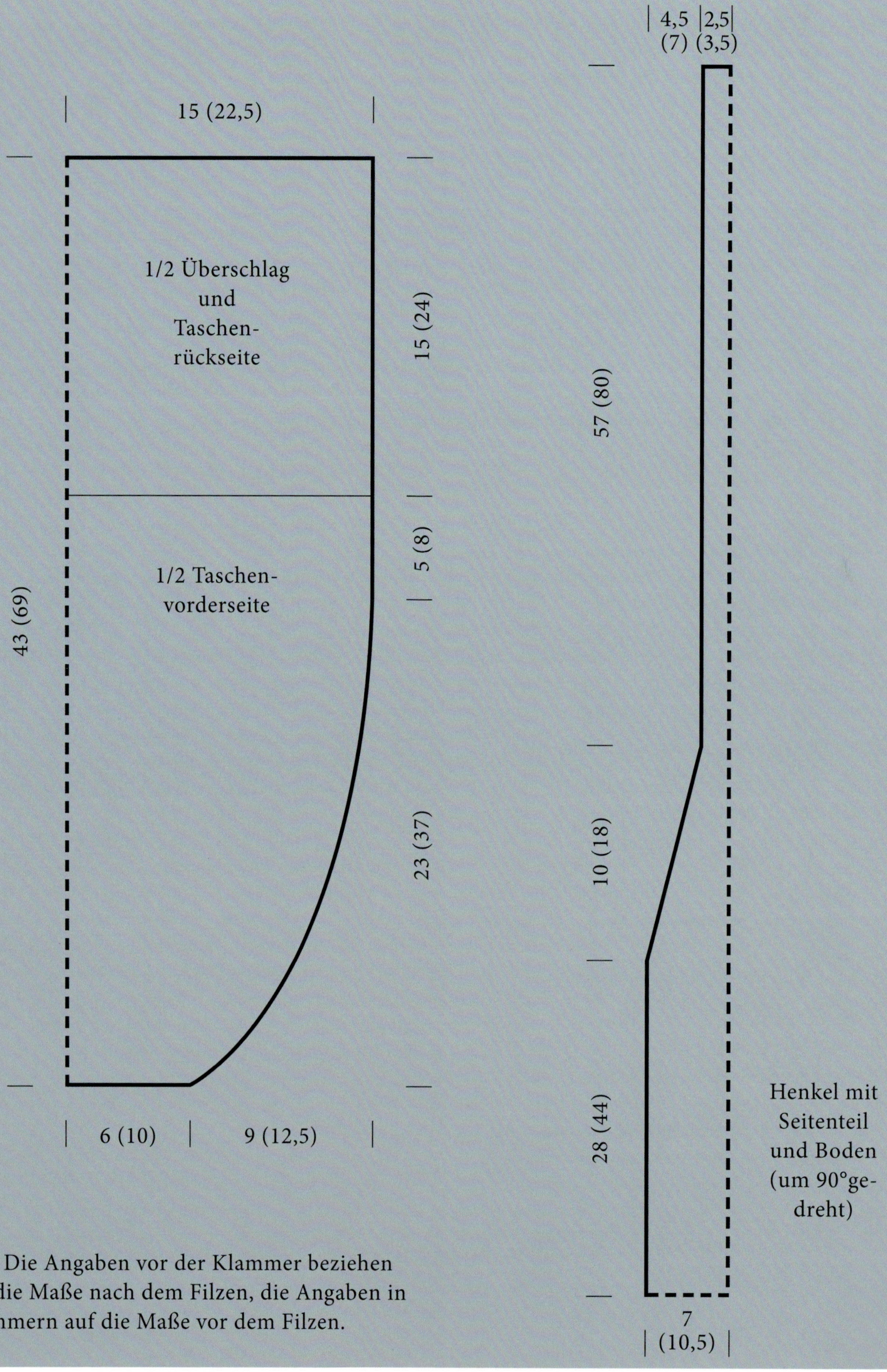

Hinweis: Die Angaben vor der Klammer beziehen sich auf die Maße nach dem Filzen, die Angaben in den Klammern auf die Maße vor dem Filzen.

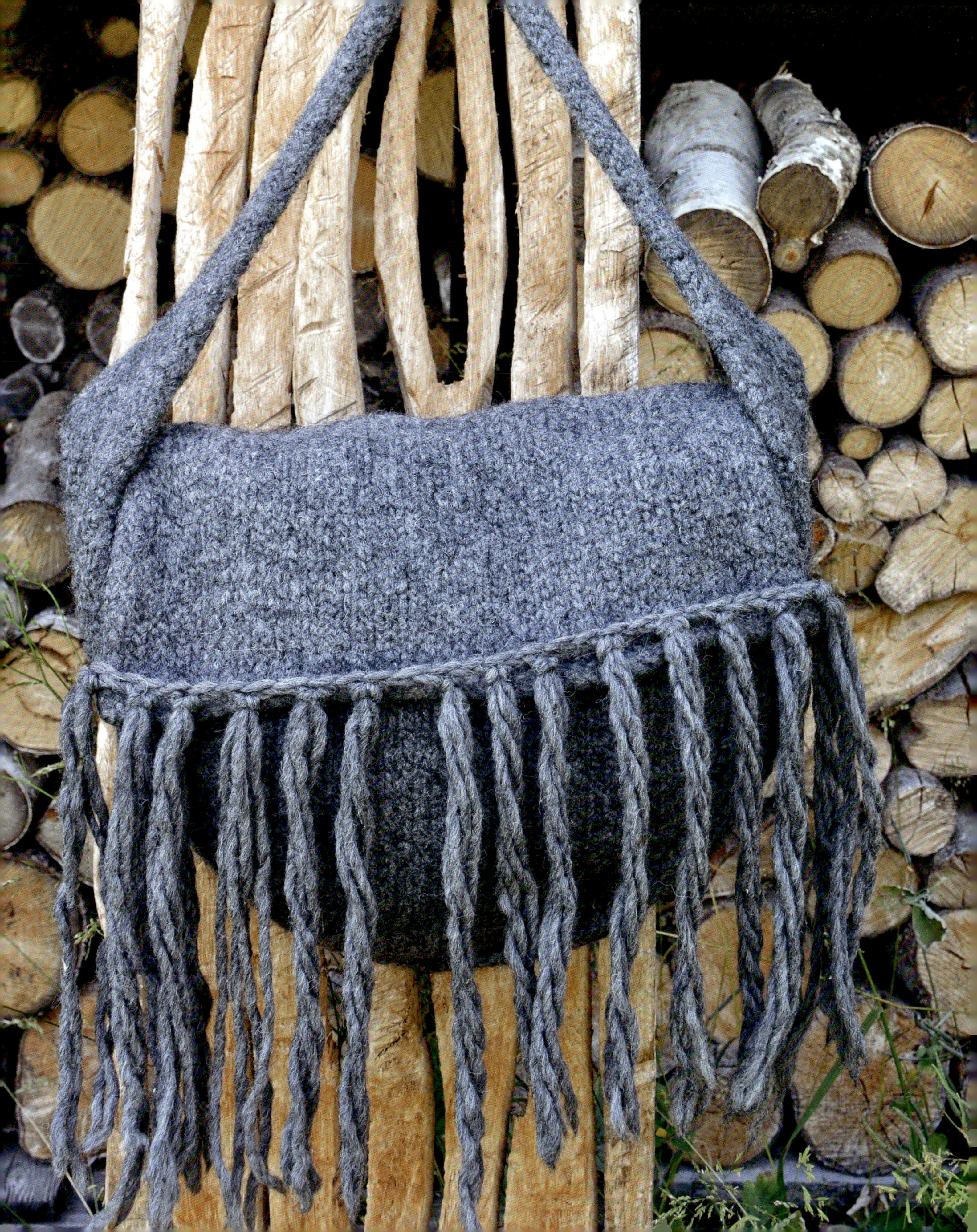

Rezept zum Wohlfühlen

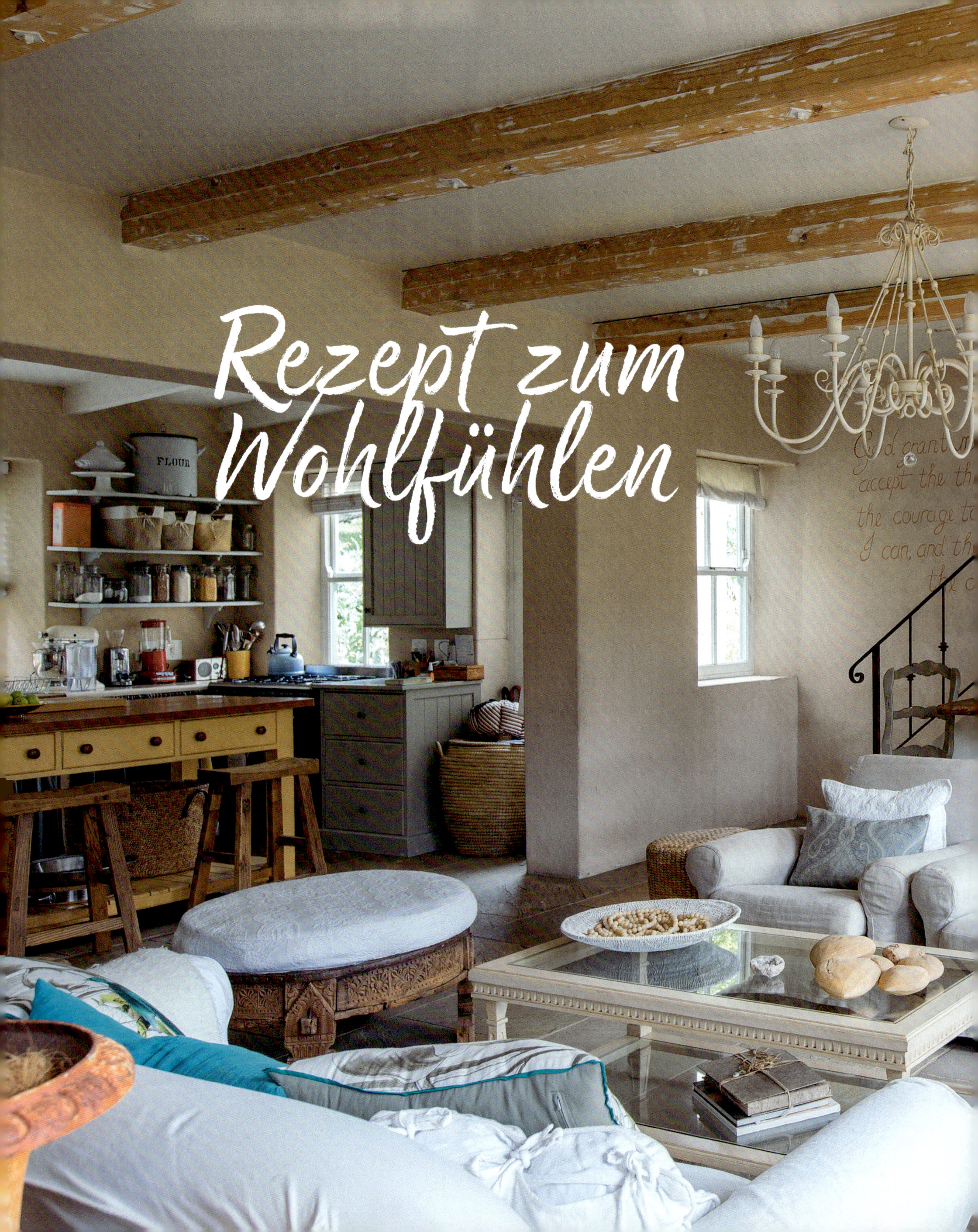

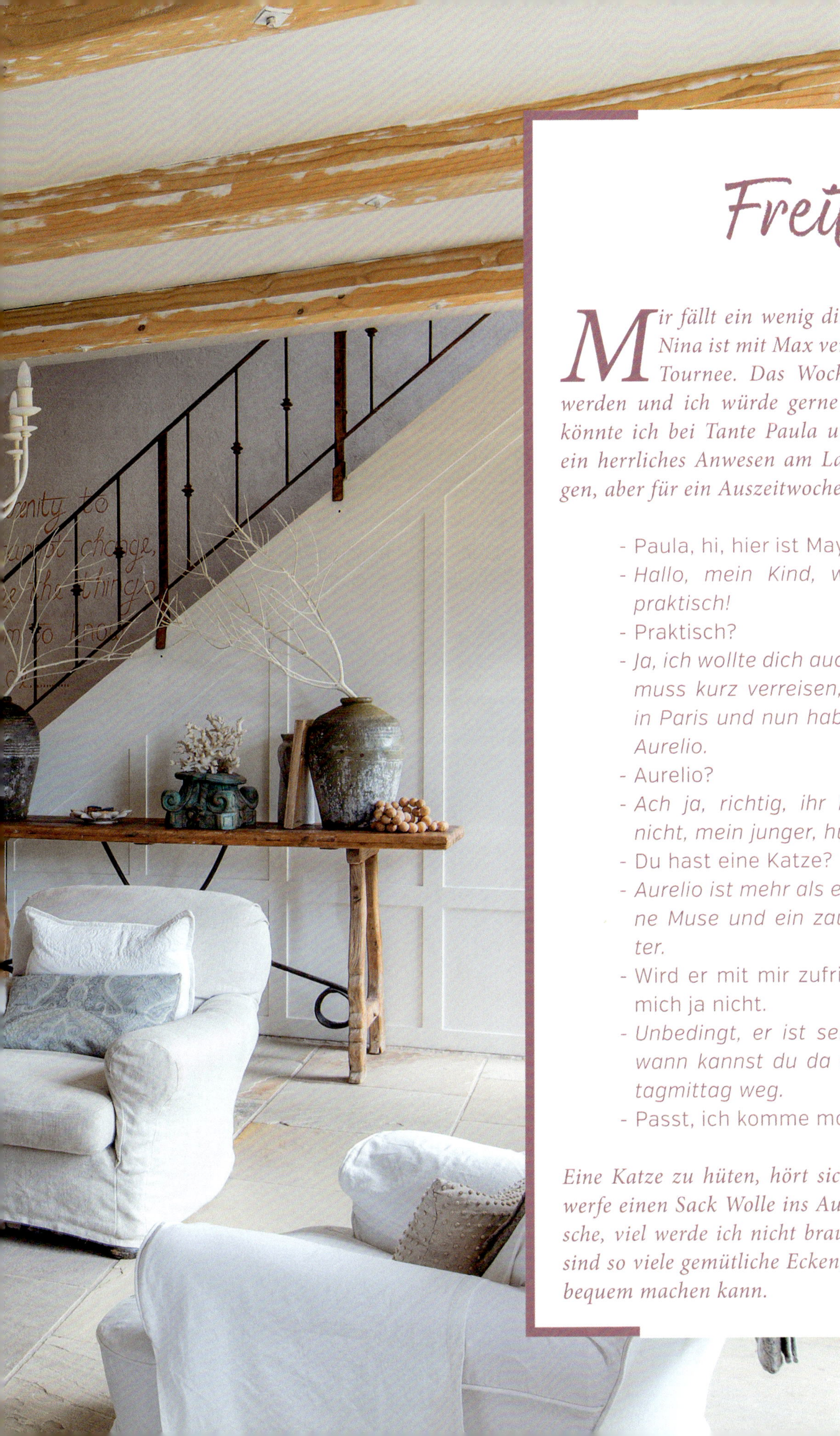

Freitagfrüh

Mir fällt ein wenig die Decke auf den Kopf. Nina ist mit Max verreist und Katja ist auf Tournee. Das Wochenende soll so schön werden und ich würde gerne aufs Land. Vielleicht könnte ich bei Tante Paula unterschlüpfen? Sie hat ein herrliches Anwesen am Land, ein wenig abgelegen, aber für ein Auszeitwochenende wie geschaffen.

- Paula, hi, hier ist Maya.
- *Hallo, mein Kind, wie schön. Und wie praktisch!*
- Praktisch?
- *Ja, ich wollte dich auch schon anrufen, ich muss kurz verreisen, eine kleine Auktion in Paris und nun habe ich niemanden für Aurelio.*
- Aurelio?
- *Ach ja, richtig, ihr kennt euch ja noch nicht, mein junger, hübscher Kater.*
- Du hast eine Katze?
- *Aurelio ist mehr als eine Katze, er ist meine Muse und ein zauberhafter Unterhalter.*
- Wird er mit mir zufrieden sein? Er kennt mich ja nicht.
- *Unbedingt, er ist sehr anpassungsfähig, wann kannst du da sein? Ich muss Freitagmittag weg.*
- Passt, ich komme morgen früh.

Eine Katze zu hüten, hört sich sehr gechillt an, ich werfe einen Sack Wolle ins Auto und eine kleine Tasche, viel werde ich nicht brauchen. In Paulas Haus sind so viele gemütliche Ecken, in denen man es sich bequem machen kann.

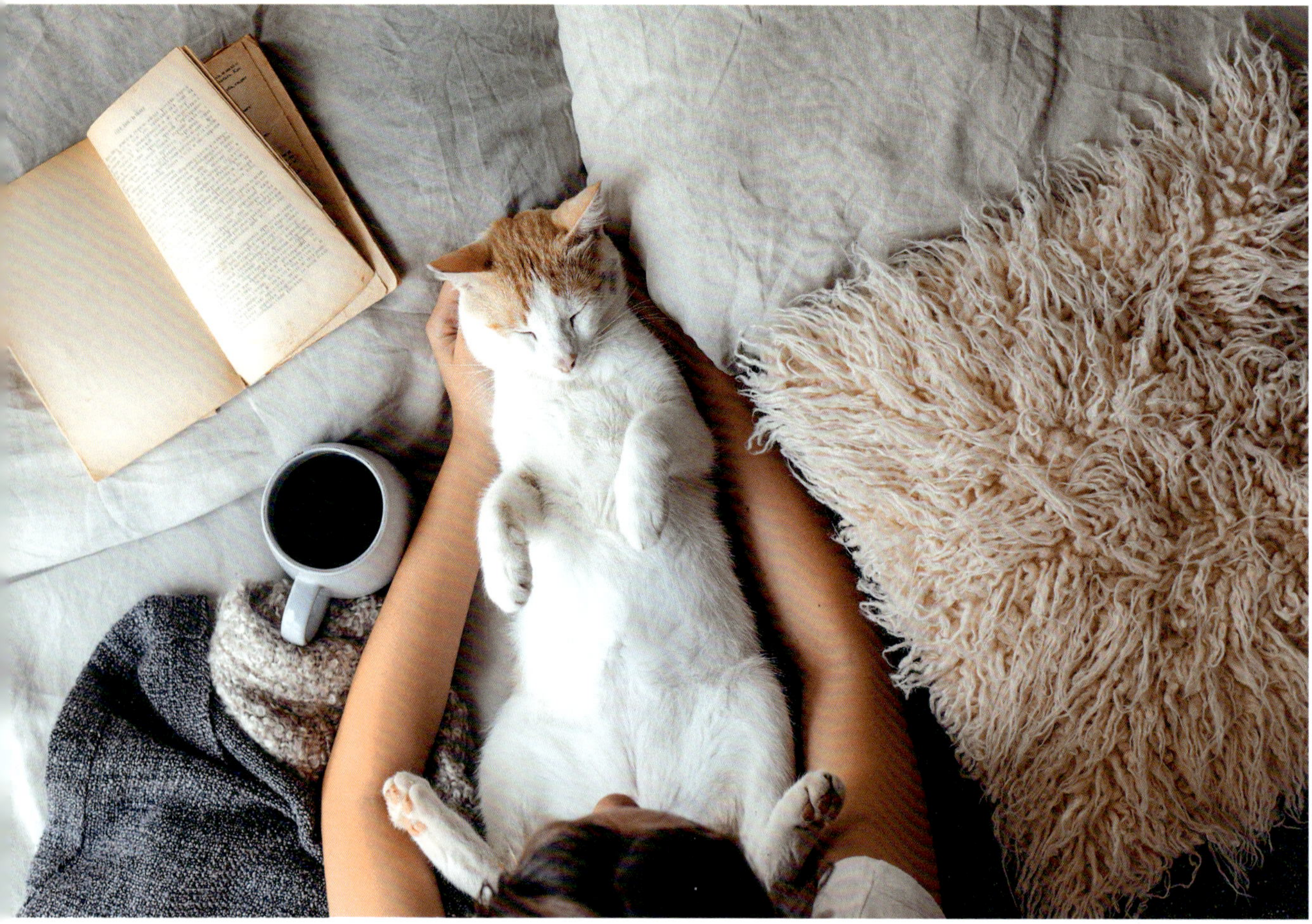
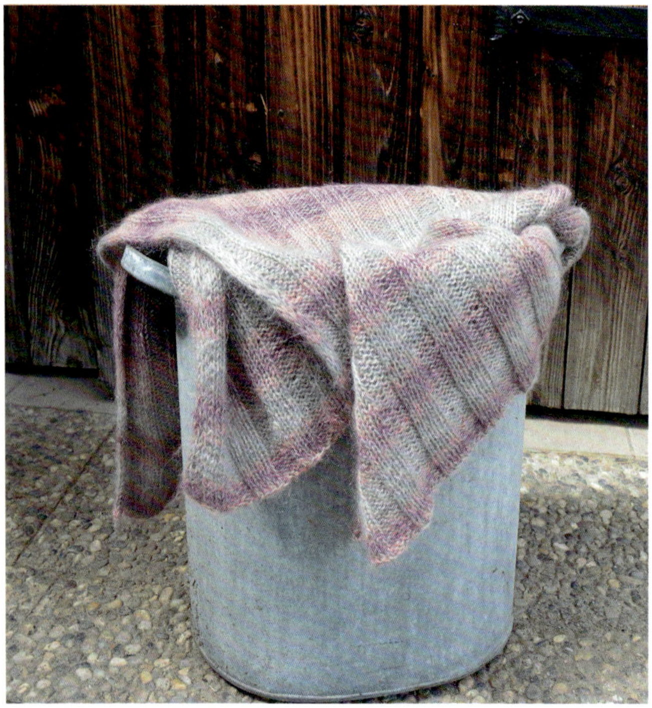
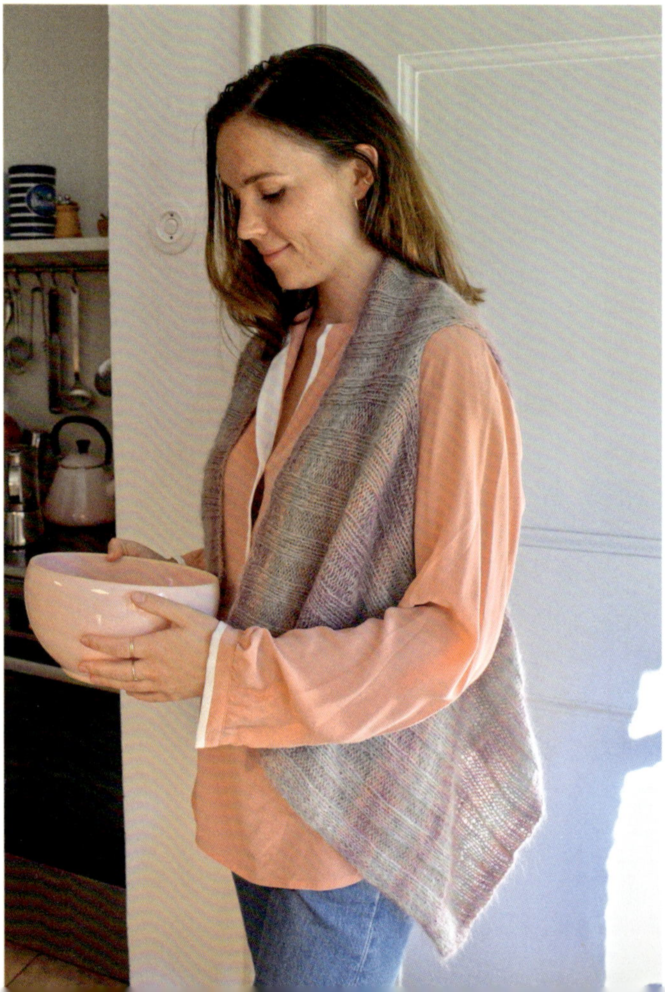

Freitagmittag

Nach zwei Stunden Fahrt bin ich da. Wir machen fliegenden Wechsel, Paula rauscht in einem ultraschicken Kleid und einem Rollkoffer von dannen, nachdem sie mir Aurelio vorgestellt hat, der sich gelangweilt an meine Beine schmiegt, als wolle er sagen:

- Du gehörst jetzt mir fürs Wochenende und glaube bloß nicht, dass du irgendwas ohne mich machst.

Freitagnachmittag

Das geflammte Garn, das ich mitgenommen habe, ist ideal für eine zarte Weste. Aurelio hat sich in den Wollkorb eingekuschelt und findet das leise Geklapper der Nadeln offensichtlich extrem entspannend. Ich auch. Bis das Telefon klingelt.

- Maya, Süße, geht es euch gut?
- *Hi, Paula, solltest du nicht längst in der Luft sein?*
- Der Flieger hat mal wieder Verdauungsprobleme und hängt noch am Boden herum. Aber habe ich dir gesagt, was Aurelio am liebsten isst?
- *Äh, nein, muss ich was beachten?*
- In der Küche findest du irgendwo eine Liste. In der Eile habe ich vergessen, sie dir zu geben.
- *Und wird das kompliziert?*
- Ach gar nicht, das meiste wird dir auch schmecken, nur für dich musst du es noch würzen.
- *Gut, mache ich, bis bald, Paula!*

In der Küche finde ich eine Liste mit Aurelios Lieblingsspeisen, die natürlich alle extra zubereitet werden müssen. Paulas Küche ist ein Paradies in Pastell, nichts ist dem Zufall überlassen. Sie sammelt junge Kunst und kein Zentimeter an ihren Wänden wird verschwendet. In der Küche hängt ein Bild von Katja Bandlow, und ich bin mir nicht sicher, ob Paula das Geschirr zum Bild ausgesucht hat oder ob die Künstlerin das Bild zum Geschirr malen sollte.

Guglhupf

200 g Butter, 250 g Zucker, 1 Pck. Vanillezucker, 3 TL Zitronenschalenabrieb, 1 EL Zitronensaft, 5 Eier, 250 ml Joghurt [3,5 % Fett], 350 g Mehl, 1 Pck. Backpulver
Für die Glasur: 3 EL Puderzucker, ca. 2 EL Zitronensaft

Butter mit dem Zucker, Vanillezucker, Rum sowie Zitronensaft und -schale schaumig rühren. Eier trennen, Eidotter einzeln unterrühren. Mehl mit Backpulver vermischen, sieben und abwechselnd mit Joghurt zur Dottermasse geben. Eiklar zu Schnee schlagen und unter die Teigmasse heben.
Den Teig in eine gefettete, bemehlte Gugelhupfform füllen und im vorgeheizten Backrohr bei 175 Grad ca. 60 Min. backen. Nach drei Viertel der Backzeit eventuell mit Folie abdecken.
Den Gugelhupf auskühlen lassen, stürzen. Für die Glasur Puderzucker mit so viel Zitronensaft verrühren, dass die Masse geschmeidig cremig ist. Dann den Kuchen überziehen.

Freitagabend

Der Einfachheit halber habe ich ein Gericht gekocht, das in der ungewürzten Variante Aurelio schmeckt und in der indisch aufgepeppten mir. Hühnchen mit Kartoffeln und Spinat und zur Nachspeise eine Vanillemilch, die Aurelio ohne Honig schlabbern darf. Dann lasse ich Aurelio doch kurz alleine, um mich ums Blumengießen zu kümmern.

Samstagmorgen

Die Weste gedeiht und Aurelio empfindet es als Zumutung, wenn ich immer wieder ein neues Knäuel brauche und ihn aus dem Wollkorb jage.
Ich bereite einen kleinen Guglhupf (Rezept S. 41) vor, eigentlich nur weil mir die herzförmige Kuchenform so gut gefällt. Aurelio möchte die Teigschüssel auslecken, aber ich scheuche ihn aus der Küche. Backpulver ist nichts für Katzen.

Sonntagabend

Ich kuschle mich samt Aurelio in die weiße Sofalandschaft in Paulas Wohn- und Esszimmer. Überall stehen ausgesuchte Stücke ihrer Antiquitätensammlung herum. Sie ist eine der gut gebuchten Auktionatorinnen und betreut wertvolle Sammlungen. Für Männer scheint in ihrem Leben kein Platz oder zumindest treten sie nicht sehr in Erscheinung. Aber was weiß man, was sie auf ihren Reisen nach Basel, Zürich, Paris und London so treibt. Und zu Hause hat Aurelio das Sagen. Auch eine Lebensform.

Hühnchen mit Spinat

Kartoffeln schälen und vierteln und in etwas Salzwasser köcheln. Zwei Bio-Hühnerbrüstchen in Streifen schneiden und in etwas Öl anbraten, pfeffern, salzen und mit etwas Aglio-Olio-Gewürzmischung bestreuen (die drei Streifen für Aurelio vor dem Würzen herausnehmen). So lange braten, bis alle Streifen goldbraun sind.
Inzwischen Wasser zum Kochen bringen und zwei Eier ca. 7 Min. kochen.
1 cm Ingwer, 1 rote Zwiebel und 1 Zehe Knoblauch klein hacken und in etwas Öl anbraten, den frischen Spinat (gut drei Hände voll) hineingeben und so lange rühren, bis er zusammengefallen ist. Dann mit Salz und Pfeffer abschmecken.
Hühnerstreifen, Spinat und Kartoffeln heiß zusammen mit den Eiern servieren.
(Variante für Aurelio: Hühnerfleisch nach dem Braten klein scheiden und mit etwas Hüttenkäse anrichten.)

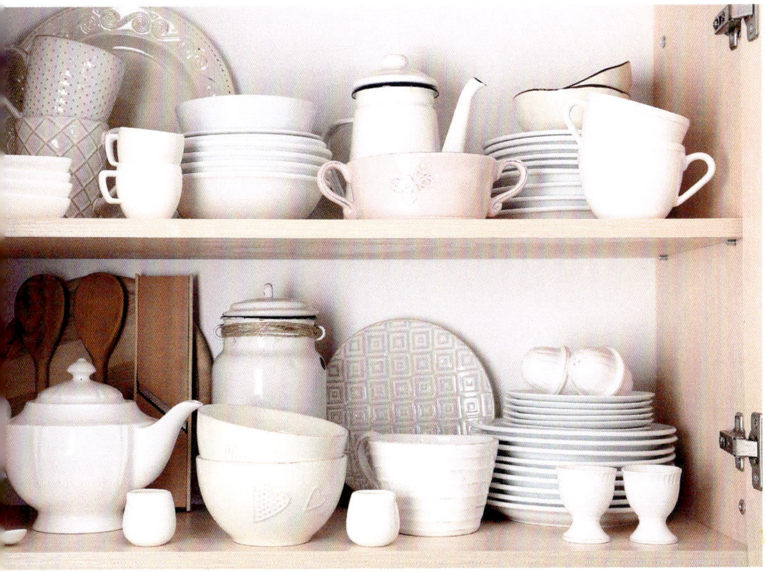
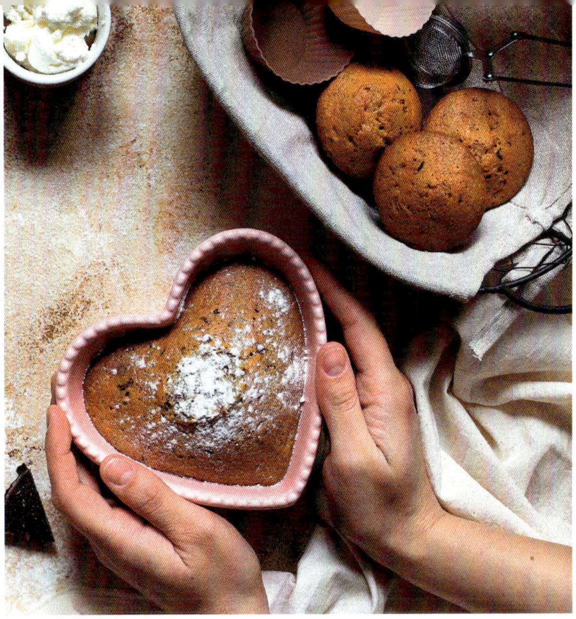
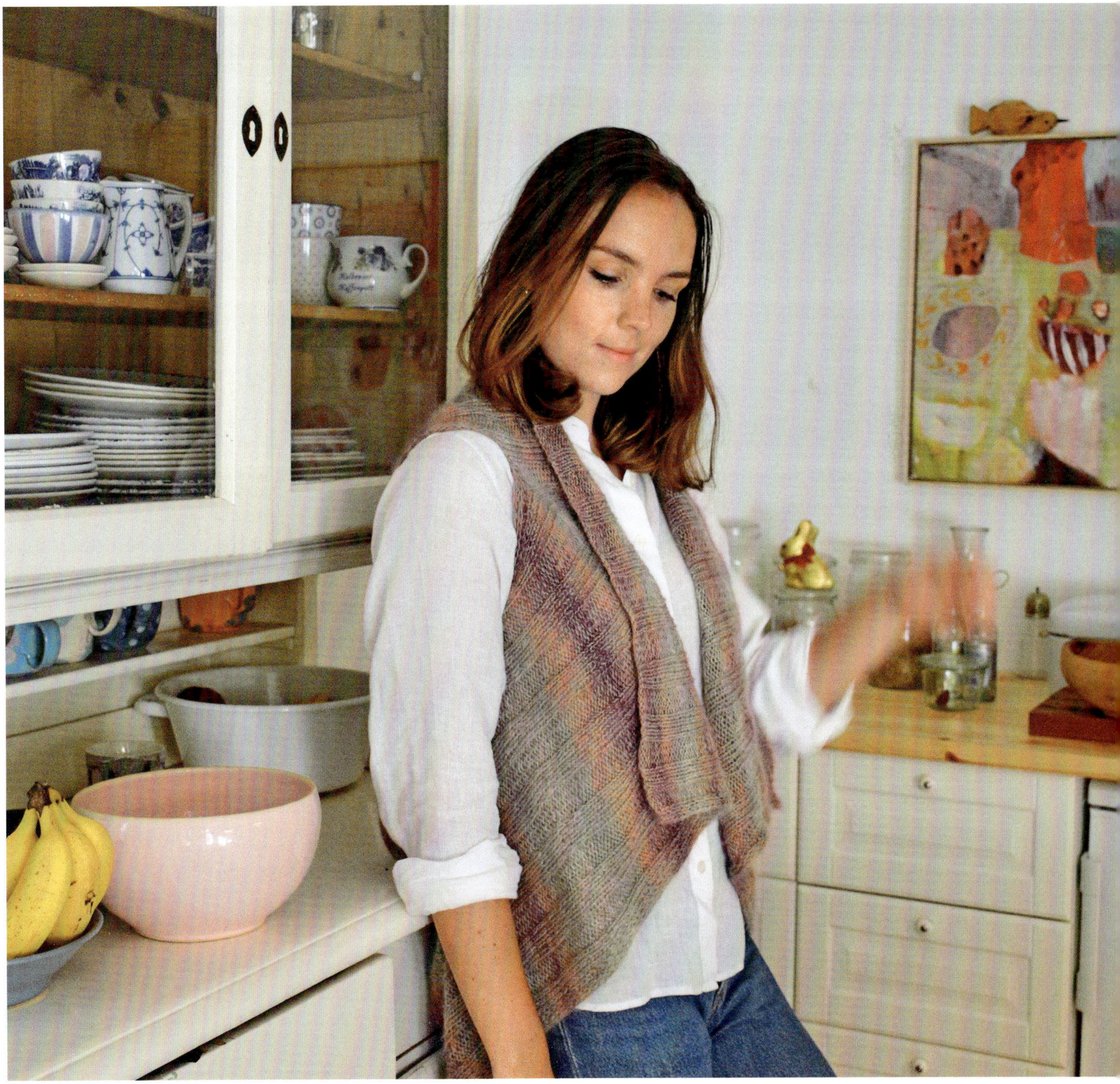

Rezept zum Wohlfühlen

Leichte coole Weste

GRÖSSE:
Einheitsgröße, Länge 64 cm.

MATERIAL:
Lana Grossa **„Ecopuno“** (72% Baumwolle, 17% Schurwolle Merino, 11% Alpaka, Lauflänge 215 m/50 g), **150 g** in Khaki **(Fb 27)** und Lana Grossa **„Silkhair Haze Print“** (70% Mohair, 30% Seide, Lauflänge 425 m/50 g), **100 g** in Hellgrau/Lachs/Violett/Zartrosé **(Fb 1214)**; Stricknadeln Nr. 3,0.

MASCHENPROBE:
Mit Nadeln Nr. 3,0 im Rippenmuster gestrickt und gespannt ergeben 24 M und 34 R 10 cm x 10 cm.

4:4-RIPPEN:
4 M rechts und 4 M links im Wechsel stricken. In den Rück-R alle M stricken, wie sie erscheinen.

PATENTRAND ÜBER 4 MASCHEN:
In Hin- und Rück-R am Reihenanfang die 1. M wie zum Linksstricken abheben, der Faden liegt dabei vorn, die 2. M rechts stricken, die 3. M wie zum Linksstricken abheben, der Faden liegt dabei vorn, und die 4. M rechts stricken. Am Reihenende bis vor die letzten 4 M stricken, dann 1 M wie zum Linksstricken abheben, der Faden liegt dabei vorn, die 2. M rechts stricken, die 3. M wie zum Linksstricken abheben, der Faden liegt dabei vorn, und die 4. M rechts stricken.

DOPPELTE RANDMASCHEN AM ARMLOCH:
In Hin- und Rück-R am Reihenanfang die 1. M wie zum Linksstricken abheben, der Faden liegt dabei vorn, die 2. M rechts stricken. Am Reihenende bis vor die letzten 2 M stricken, dann 1 M wie zum Linksstricken abheben, der Faden liegt dabei vorn, und 1 M rechts stricken.

ANLEITUNG:
Die Weste wird von oben nach unten gestrickt. Das Knäuel von innen mit Rosa beginnen und 228 M anschlagen.
Im Rippenmuster stricken. In der 1. Rück-R mit 4 Rand-M und 4 M links beginnen, dann 4 M rechts und 4 M links im Wechsel stricken und die R beenden mit 4 Rand-M.
In dieser Einteilung 12 cm stricken.
Die M für die Armlöcher teilen und über 20 cm das Rückenteil und beide Vorderteile getrennt weiterarbeiten.

FÜR DAS LINKE VORDERTEIL:
4 Randm, 9x * 4 M links, 4 M rechts *,

4 M links, 2 M rechts (= als Rand-M stricken: 1 M abheben, dabei den Faden vor der Arbeit führen, 1 M rechts stricken), Maschenmarkierer setzen.

FÜR DAS RÜCKENTEIL:

2 M rechts (= als doppelte Rand-M stricken), 4 M links, 7x * 4 M rechts, 4 M links *, 2 M rechts (= als doppelte Rand-M stricken), Maschenmarkierer setzen.

FÜR DAS RECHTE VORDERTEIL:

2 M rechts (= als doppelte Rand-M stricken), 9x * 4 M links, 4 M rechts *, 4 M links, 4 Rand-M.
In 32 cm Gesamthöhe wieder alle M auf eine Nadel stricken, weiter im Rippenmuster arbeiten.
In ca. 64 cm Gesamthöhe alle M locker abketten.

FERTIGSTELLEN:

Die Weste stark spannen und unter feuchten Tüchern trocknen lassen oder dämpfen.
Alle Fäden vernähen.

TIPP: Zum Spannen und Trocknen die Armöffnungen mit einem Heftfaden zusammenheften. So verziehen sich die Öffnungen nicht.

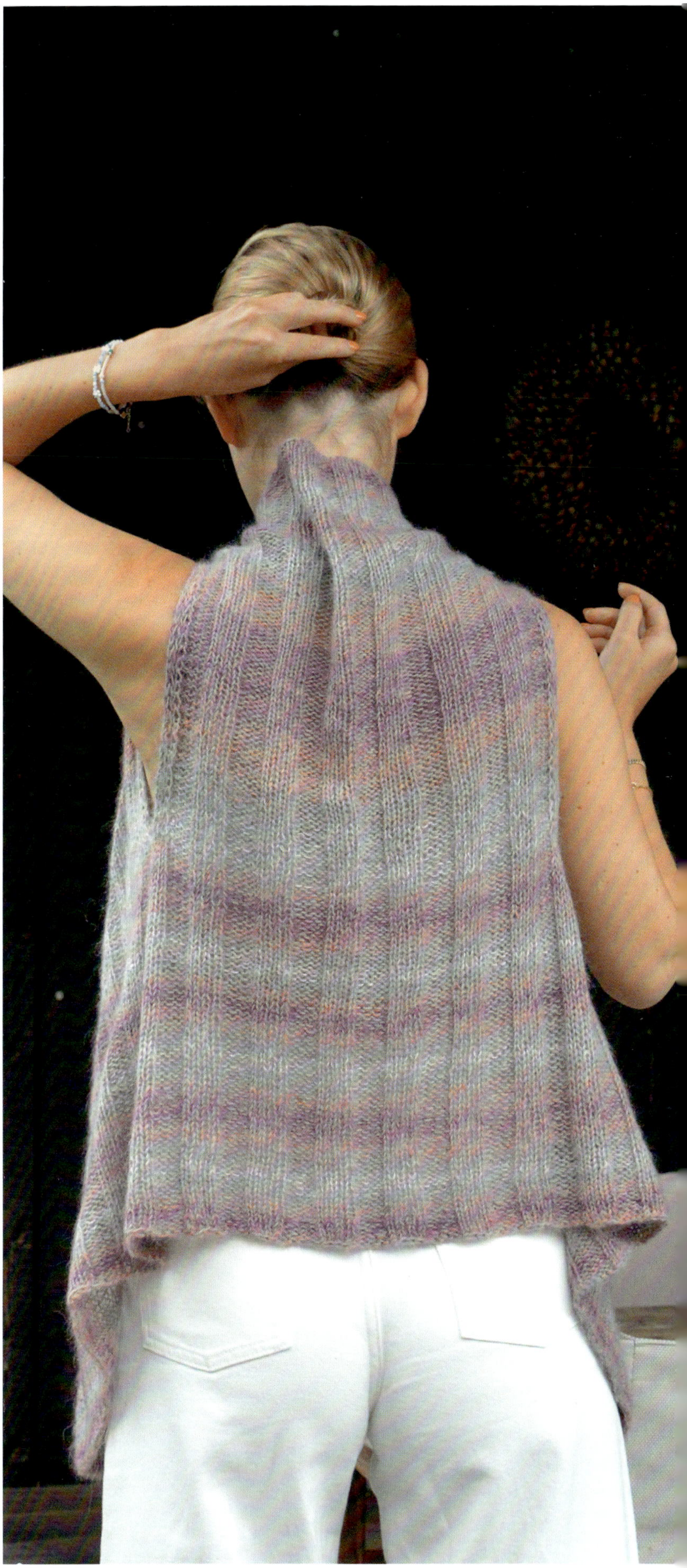

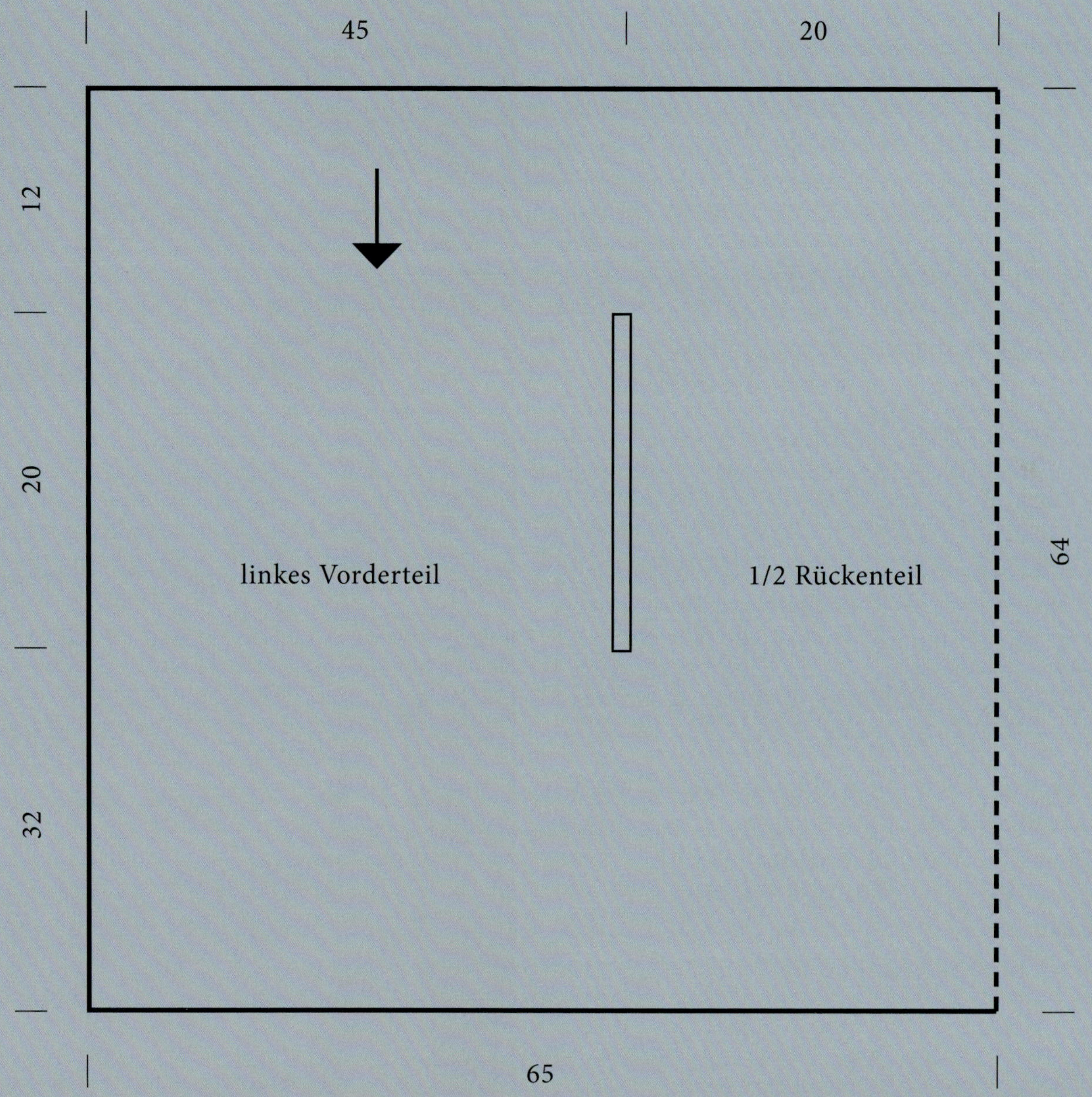
45
20
12
20
32
64
linkes Vorderteil
1/2 Rückenteil
65

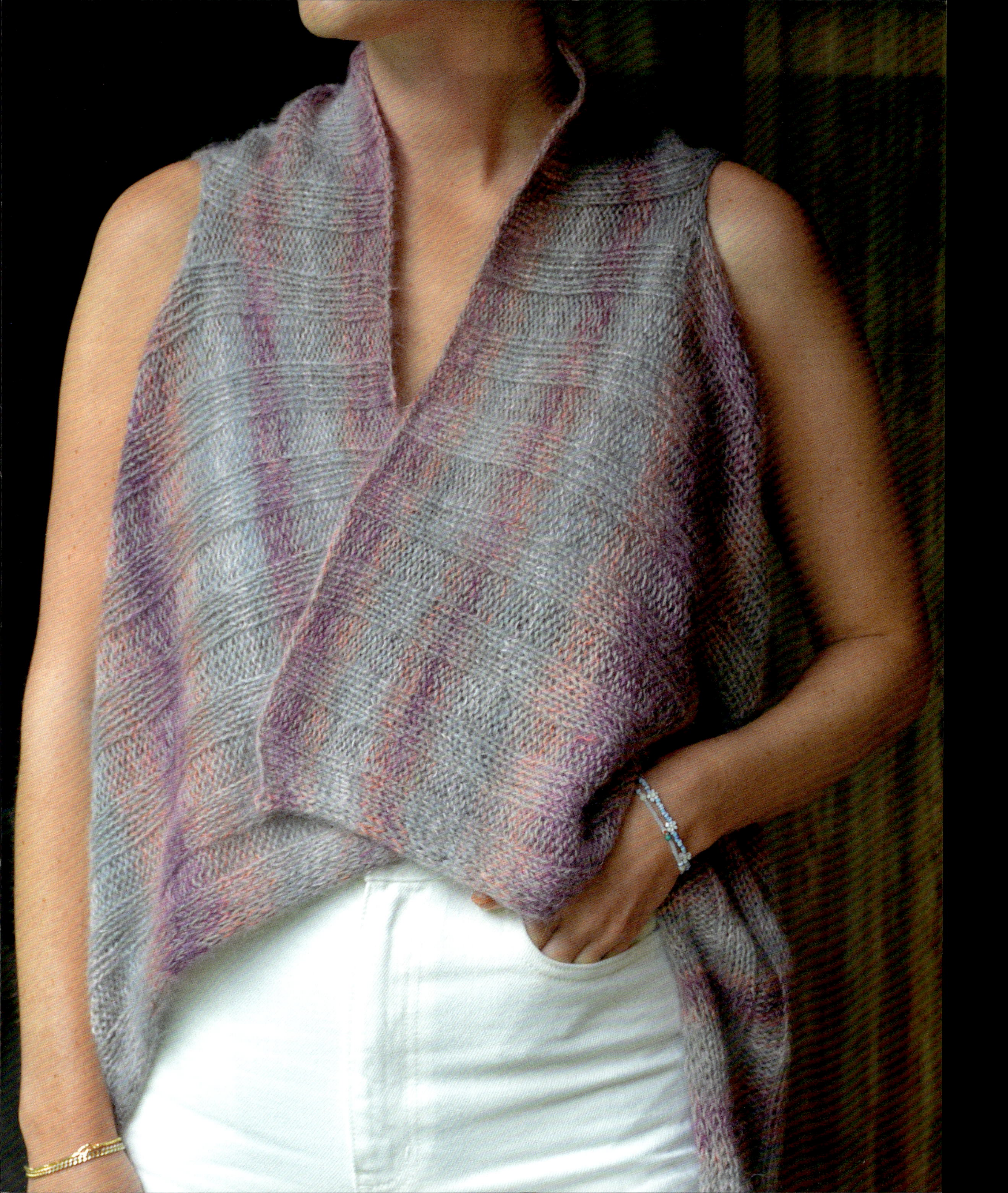

Warme Füße an Weihnachten

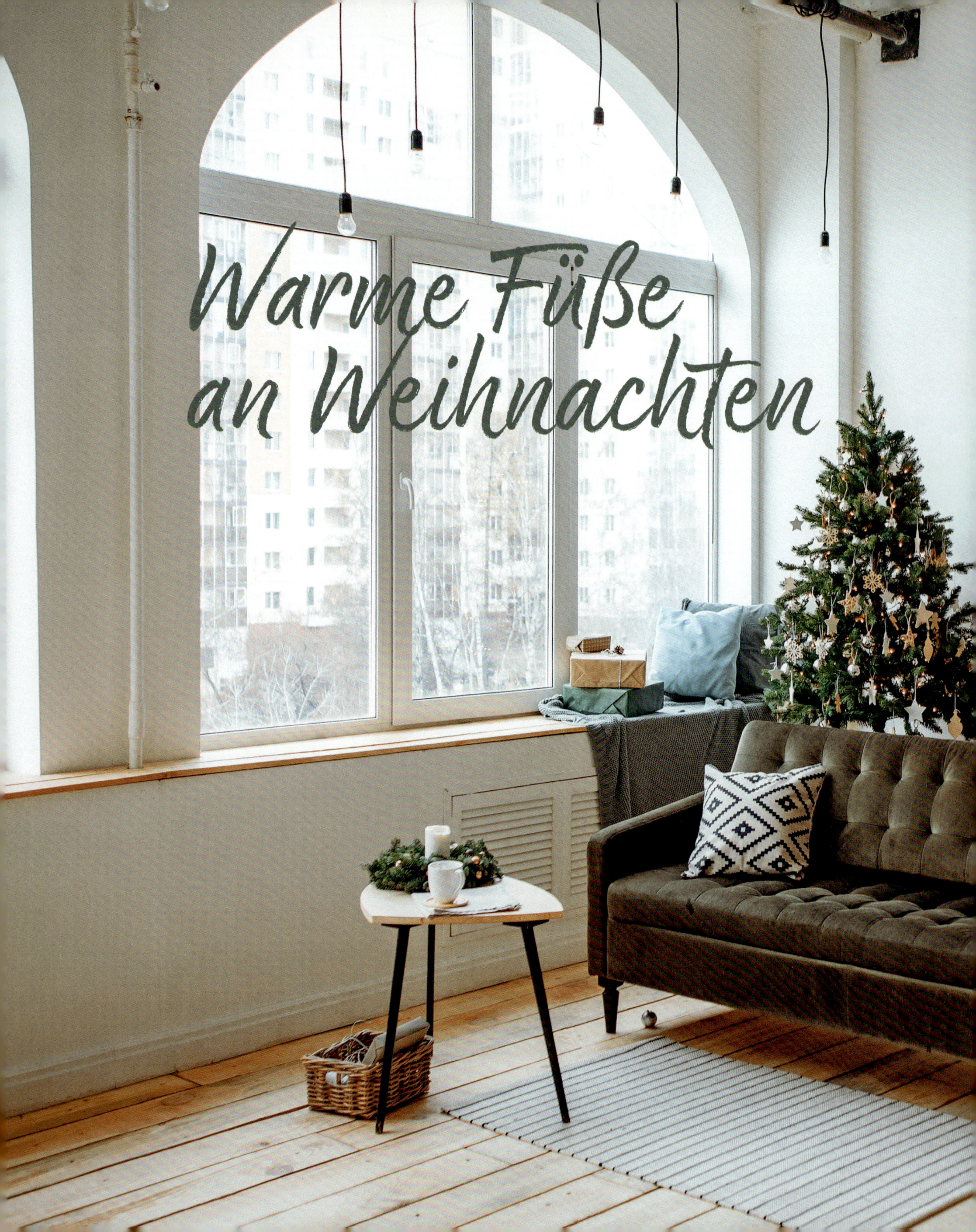

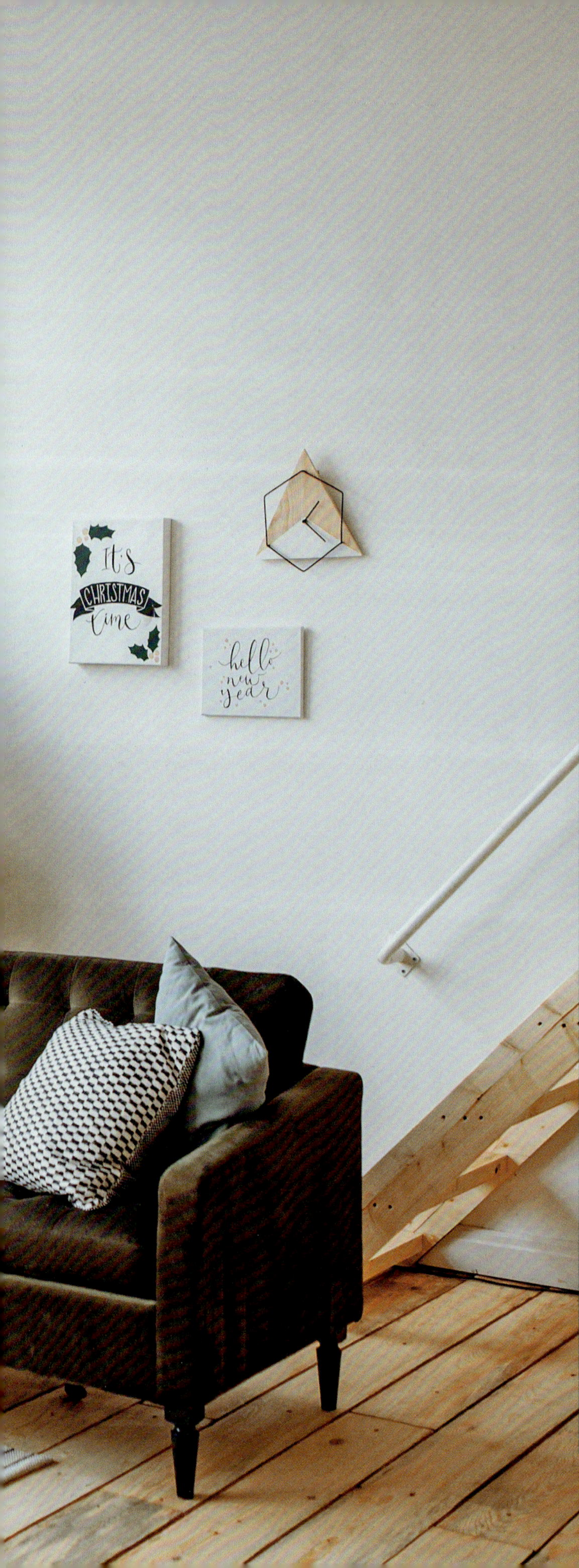

Freitagmittag

Bei Mama die Wohnung hüten? Ich hab schon spannendere Konzepte für Weihnachten gehabt, aber was tut man nicht alles, wenn die Mutter frisch aus dem Krankenhaus kommt, keine Gäste empfangen soll und versorgt werden muss. Und es gibt schlechtere Ort als Mamas Wohnung, die sie ganz minimalistisch eingerichtet hat. Zeitlos, mit viel Holz und einigen Vintage-Möbeln, die einfach lässig aussehen. Als Mama anruft, bin ich schon auf dem Weg zu ihr, mit einem Korb voller Essen, Geschenken für die Feiertage und ein paar Büchern.

- Liebes, störe ich?
- *Gar nicht, Mama, bin schon unterwegs zu dir.*
- Fein, bringst du auch noch was für Glühwein mit? Und Preiselbeeren und ein ganz klein wenig Lachs und wirklich warme Sachen, irgendwie geht die Heizung nicht.
- *Wie, die Heizung geht nicht? Es ist Weihnachten, soll das die Feiertage so bleiben?*
- Ich weiß nicht, bei der Hausverwaltung geht nur der Anrufbeantworter ran.
- *Ich komme und dann sehe ich mir das an.*
- Freu mich auf dich, mein Schatz.

Keine halbe Stunde später schließe ich Mamas Wohnungstüre auf. Mama sitzt mit drei Pullovern im Bett. Tatsächlich, es ist eiskalt. Na, das kann ja ein lustiges Weihnachten werden.

Freitagabend

Wir haben uns einen Punsch gemacht, der von innen wärmt. Mama hat ihn ohne Alkohol bekommen, schließlich ist sie noch etwas schwach. Aber ich bin schon ein wenig ratlos, wie wir das die Feiertage lang mit der Temperatur aushalten sollen. Mama aber hat eine großartige Idee. Wir werden uns Socken stricken. Zum einen bleiben da unsere Hände in Bewegung, zum anderen haben wir relativ schnell etwas, was uns zusätzlich wärmt.

- Außerdem mein Kind, konnte ich dir eh nichts zu Weihnachten besorgen, das wird nun mein Geschenk an dich!
- *Aber wird dir das nicht zu viel?*
- Nicht, wenn du für unser leibliches Wohl sorgst.
- *Und wo nehmen wir die Wolle her?*
- Du musst einmal im Schrank gucken, da ist ein Korb mit Wolle.

Bald schon sitzen wir da und stricken drauflos. Wir nehmen die Wolle doppelt, zum einen geht es dann schneller, zum anderen wärmen die Socken dann besser.

Samstagmorgen

Ich will nicht raus aus meinem Bett, aber ich muss Frühstück für uns machen. Weihnachtsfrühstück! Mama wünscht sich einen festlich gedeckten Tisch und der soll dann genau so bis zum Abend bleiben. Ich schlage ihr vor, dass wir den Tisch in der Küche decken. Denn während ich Obst aufschneide, Müsli warm mache und Tee koche, habe ich schon das Backrohr angeheizt, unsere einzige Wärmequelle. Ich werde eine Quiche vorbereiten, dann müssen wir unsere Strickerei gar nicht unterbrechen. Und können einfach gemütlich in der Küche sitzen bleiben.

Samstagmittag

Inzwischen habe ich noch Salat zur Quiche bereitet und nebenbei versucht, die Heizkörper zu entlüften, selbst ist die Frau. Jetzt

Gemüsequiche

Für den Mürbeteig
250 g, Mehl, 125 g kalte Butter, 1 Ei, 1 Prise Salz, etwas Butter für die Form, etwas Mehl für die Form
Zutaten zu einem Teig verkneten. Arbeitsfläche mit Mehl bestäuben, darauf den Teig ausrollen. Backofen auf 180 Grad vorheizen. Quicheform (Ø 28 cm) einfetten und mit Mehl bestäuben. Ausgerollten Teig in die Form legen, andrücken, sodass ein Rand von etwa 3 cm entsteht. Den Teig mehrere Male einstechen, mit Backpapier bedecken und mit Backerbsen beschweren. Dann ca. 12 Min. vorbacken. Backpapier und Backerbsen wieder entfernen.

Für den Belag
700 g Gemüse (Zucchini, Karotten, Paprika, Champignons), 1 große Zwiebel, 2 EL, Öl
Gemüse waschen, schälen und klein schneiden. Öl in eine Pfanne geben, die Zwiebeln leicht andünsten, das ganze Gemüse hinzufügen und mehrere Minuten leicht anbraten.

3 Eier, 200 g Schmand, 100 g geriebener Käse, Salz und Pfeffer, Petersilie
Eier verquirlen, Schmand, Käse und Gewürze unterrühren. Gebratenes Gemüse auf den vorgebackenen Teig geben, die Eier-Käsemischung darauf verteilen. Alles 30 Min. backen.

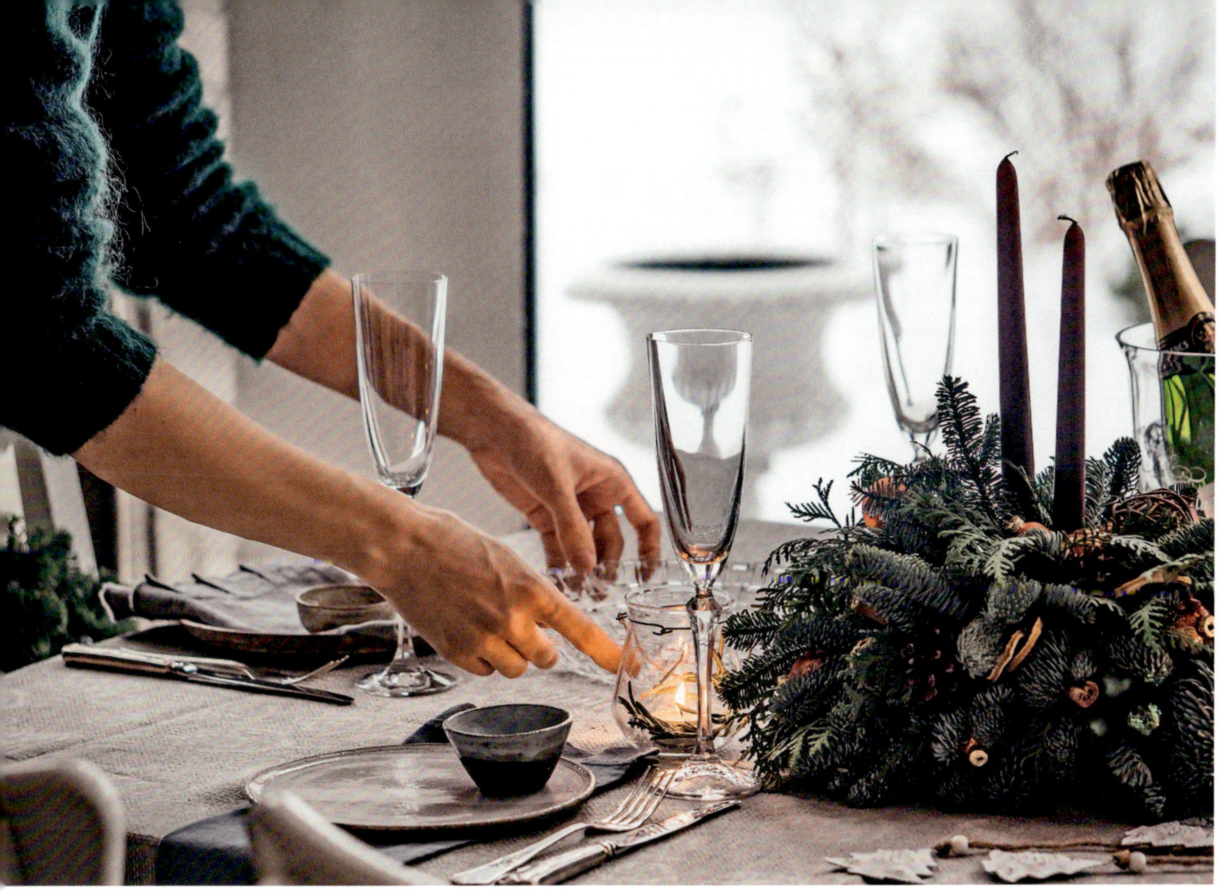

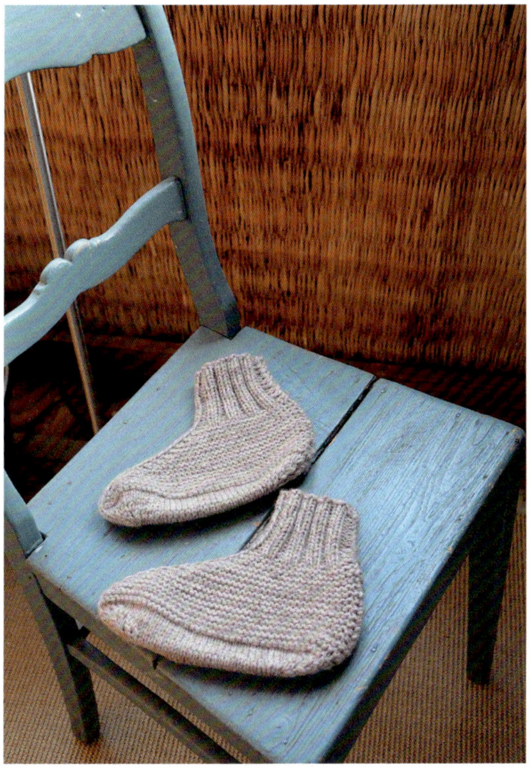

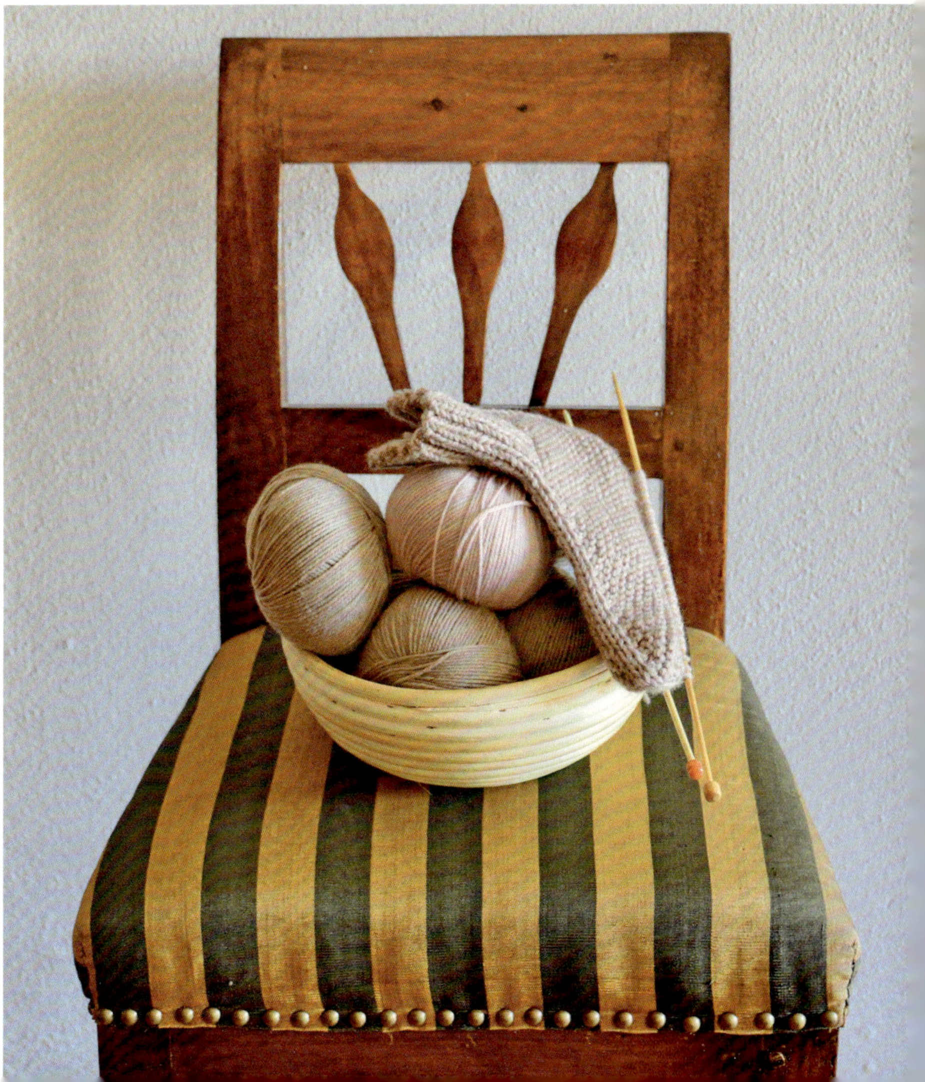

knackt und rumpelt es in den Leitungen, was wir mit Musik von Tom Waits übertönen. Mathilda, Maaaaathildaaaa ...
Mam hat rosige Wangen bekommen in der Wärme der Küche. Vielleicht auch, weil sie wie besessen Reihe um Reihe strickt, Maschen ruhig legt, sich an der Ferse zu schaffen macht, was für mich immer die größte Herausforderung ist. Sie hat keine Frage zu Andi gestellt. Das ist vielleicht auch besser so, gerade ist es mal wieder ein wenig schwierig, weil ich es schade fand, dass wir für die Weihnachtsfeiertage so gar keinen Kompromiss gefunden haben. Man hätte doch ...

Samstagabend

Unsere feierliche Tafel sieht nach unserem Weihnachtsessen etwas zerzaust aus. Aber wir sind beide glücklich. Mama hat tatsächlich meine Socken fertiggebracht und strickt jetzt mein angefangenes Strickstück zu Ende, weil ich mal wieder an den Fersen gescheitert bin. Kurz bevor sie in der Küche einschläft, bringe ich sie ins Bett. Stricken macht müde, auch wenn es ein sehr minimalistischer Sport ist.
Ich bleibe noch ein wenig im kleinen Wintergarten sitzen, der sich an die Küche anschließt, mit meinen neuen Socken gar kein Problem. Auch der Ofen spendet noch Wärme. An Weihnachten soll man Klassiker lesen. Es muss ja nicht Charles Dickens sein. Aber Selma Lagerlöf mit ihren nordischen Trollen, die sie in Geschichten zur Weihnachtszeit erzählt, ist immer eine gute Wahl. Aus unerfindlichen Gründen wird mir beim Lesen immer wärmer, vielleicht auch weil Selmas Geschichten noch in einer viel raueren Wirklichkeit spielen. Erschöpft gehe ich ins Bett und lasse die Socken einfach an.

Die heilige Nacht
Selma Lagerlöf

[...] Ich weiß es nicht anders, als daß Großmutter dasaß und erzählte, vom Morgen bis zum Abend, und wir Kinder saßen still neben ihr und hörten zu. Das war ein herrliches Leben. Es gab keine Kinder, denen es so gut ging wie uns. [...]

Sonntagmorgen

Meine Mama läuft singend durch die Wohnung, mit frisch gestrickten Socken. Habe ich so lange geschlafen? Tatsächlich. Und die Heizung ist auch wieder angesprungen. Wir lümmeln den ganzen Tag am Sofa und lassen den ersten Weihnachtsfeiertag mit Plätzchen, Ofengemüse und gegenseitigem Vorlesen vorüberziehen. Selma Lagerlöf hätte es nicht besser schreiben können.

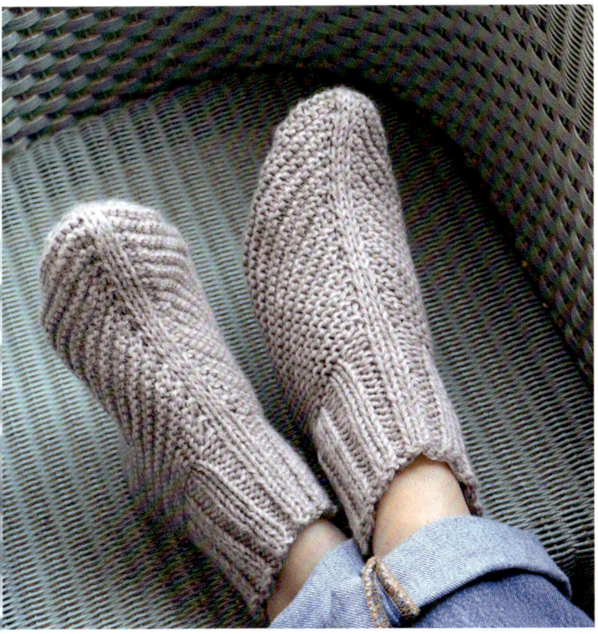

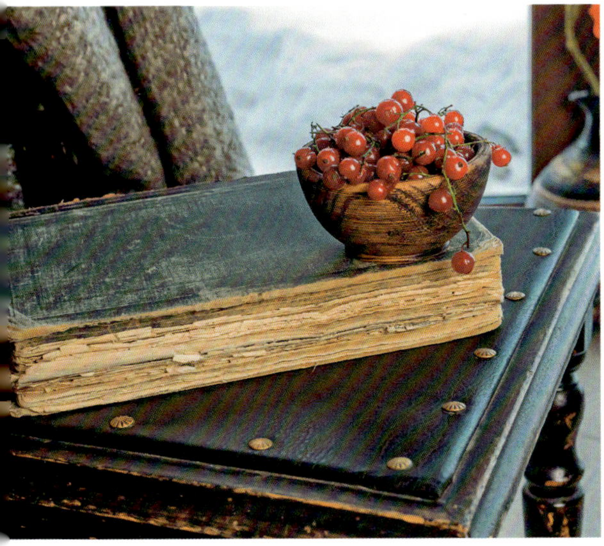

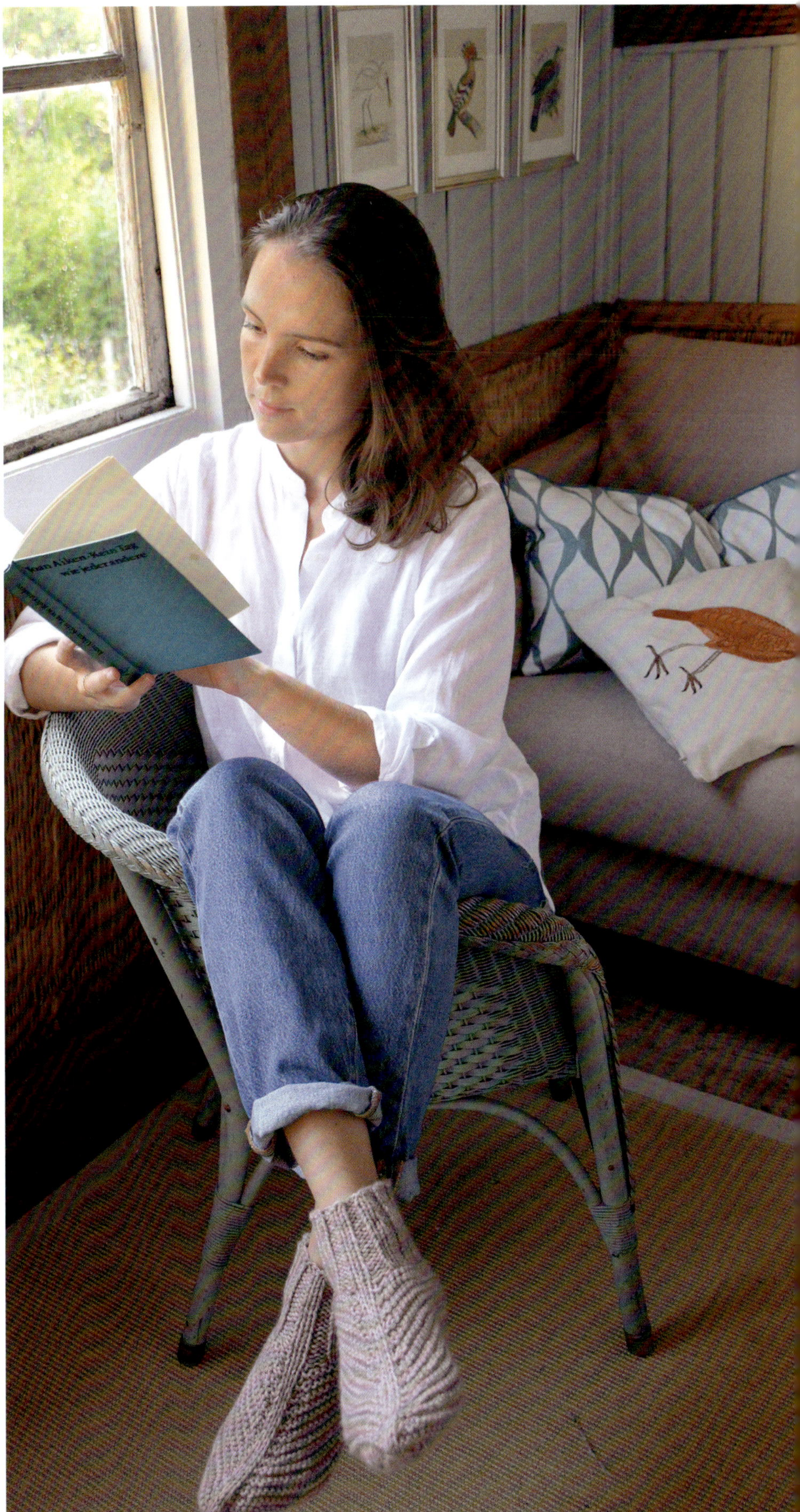
Joan Aiken · Kein Tag wie jeder andere

Warme Füße an Weihnachten

Gemütliche Socken

GRÖSSE:
36/37, 38/39 und 40/41. Die Angaben für Größe 38/39 und 40/41 stehen in Klammern nacheinander, jeweils getrennt durch Gedankenstriche. Steht nur eine Angabe, so gilt sie für alle Größen.

MATERIAL:
Lana Grossa-Qualität **„Cool Wool Cashmere"** (90% Schurwolle (Merino), 10% Kaschmir, Lauflänge ca. 160 m/50 g) **100 g** Taupe **(Fb 6)** und **100 g** Pastellrosa **(Fb 17)**

Das Garn wird doppelfädig verstrickt: Je 1 Faden Taupe und Pastellrosa.

RIPPENMUSTER:
2 M links, 2 M rechts im Wechsel stricken. Mit 1 Rück-R beginnen: Rand-M, * 1 M links, 2 M rechts, 1 M links, ab * fortlaufend wdh, Rand-M.

KRAUS RECHTS:
Hin- und Rück-R rechte M stricken.

GLATT RECHTS:
Hin-R rechte M und Rück-R linke M stricken.

BETONTE ZUNAHME:
In den Hin-R aus 1 M 3 M herausstricken = 1 M rechts, 1 Umschlag, 1 M rechts. In den Rück-R 1 M rechts, den Umschlag rechts verschränkt, 1 M rechts stricken = 2 zugenommene M.

MASCHENPROBE:
16 M und 30 R (= 15 Rippen) kraus rechts gestrickt = 10 cm x 10 cm.

HAUSSOCKE:
Für den Bund 38 (40 – 42) M mit je 1 Faden in Taupe und Pastellrosa anschlagen und 8 cm = 17 R Rippenmuster stricken. Den Fuß kraus rechts stricken. Die 2 Mittel-M kennzeichnen und diese M fortlaufend glatt rechts stricken. Beidseitig der 2 Mittel-M die betonten Zunahmen arbeiten, d. h. in 2 R (= 1 Rippe) werden 4 M zugenommen. Die betonten Zunahmen 12x (13x – 14x) stricken = 86 (92 – 98) M.
Über alle M 2 R kraus rechts (= 1 Rippe) stricken.
Die Sohle glatt rechts stricken, dabei ab 3. R glatt rechts die folgenden Abnahmen arbeiten: Nach der Rand-M 3x 2 M rechts überzogen zusammenstricken, bis 6 M vor

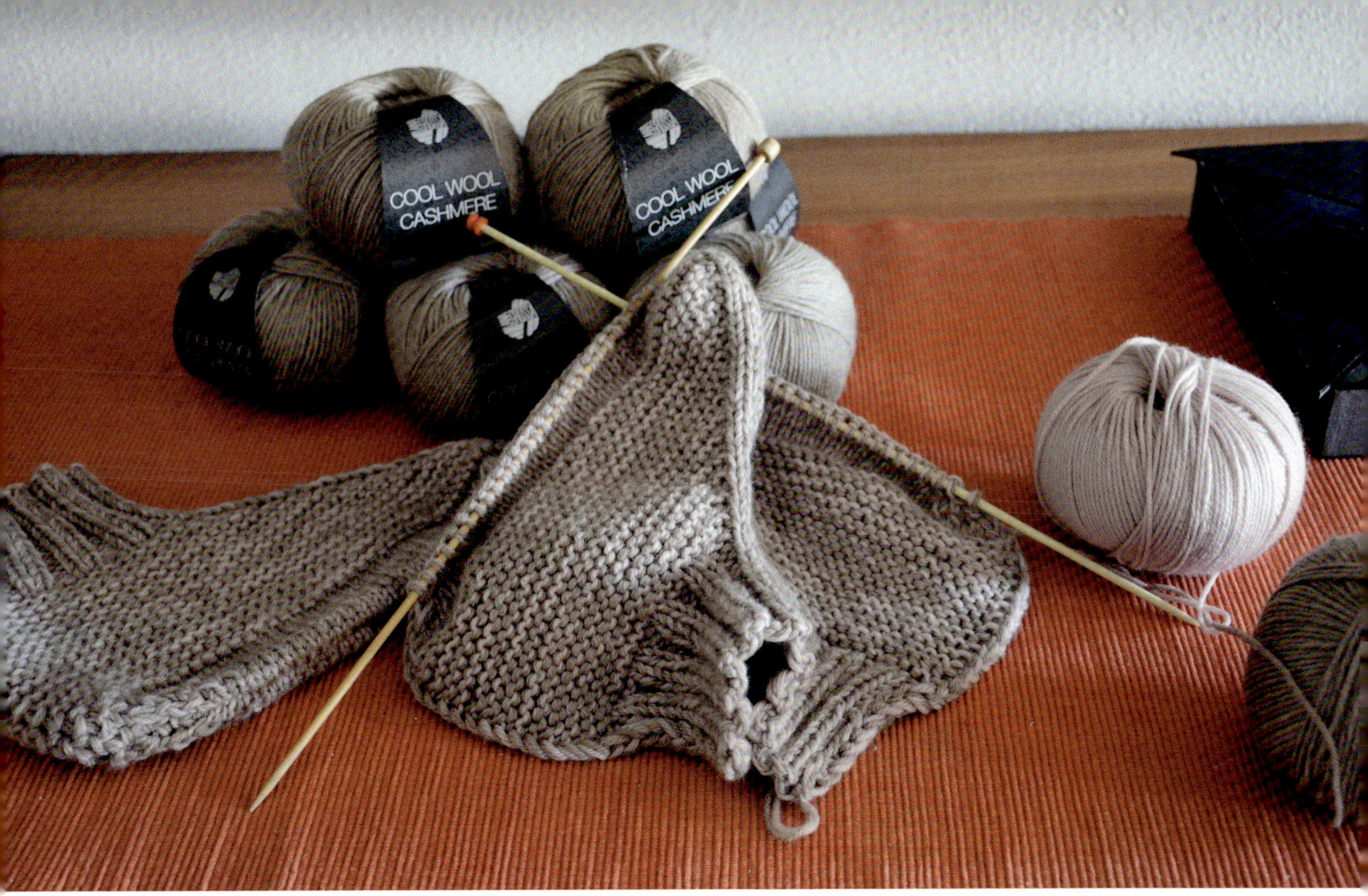

den 2 Mittel-M stricken und 3x 2 M rechts zusammenstricken, 2 Mittel-M rechts stricken, dann 3x 2 M rechts überzogen zusammenstricken, bis vor die letzten 7 M stricken, 3x 2 M rechts zusammenstricken, Rand-M = insgesamt 12 Abnahmen. Es sind 74 (80 – 86) M auf der Nadel.
Diese Abnahmen in jeder 2. R noch 2x wiederholen = 50 (56 – 62) M. In der folgenden Hin-R bis zur Mitte = 25 (28 – 31) M rechts stricken, die Sohle rechts auf rechts legen und von der linken Strickseite die M paarweise rechts zusammenstricken und abketten.

AUSARBEITEN:
Die Fersen- und Bundnaht schließen.
Die 2. Haussocke genauso arbeiten.

Sehnsucht in Weiß

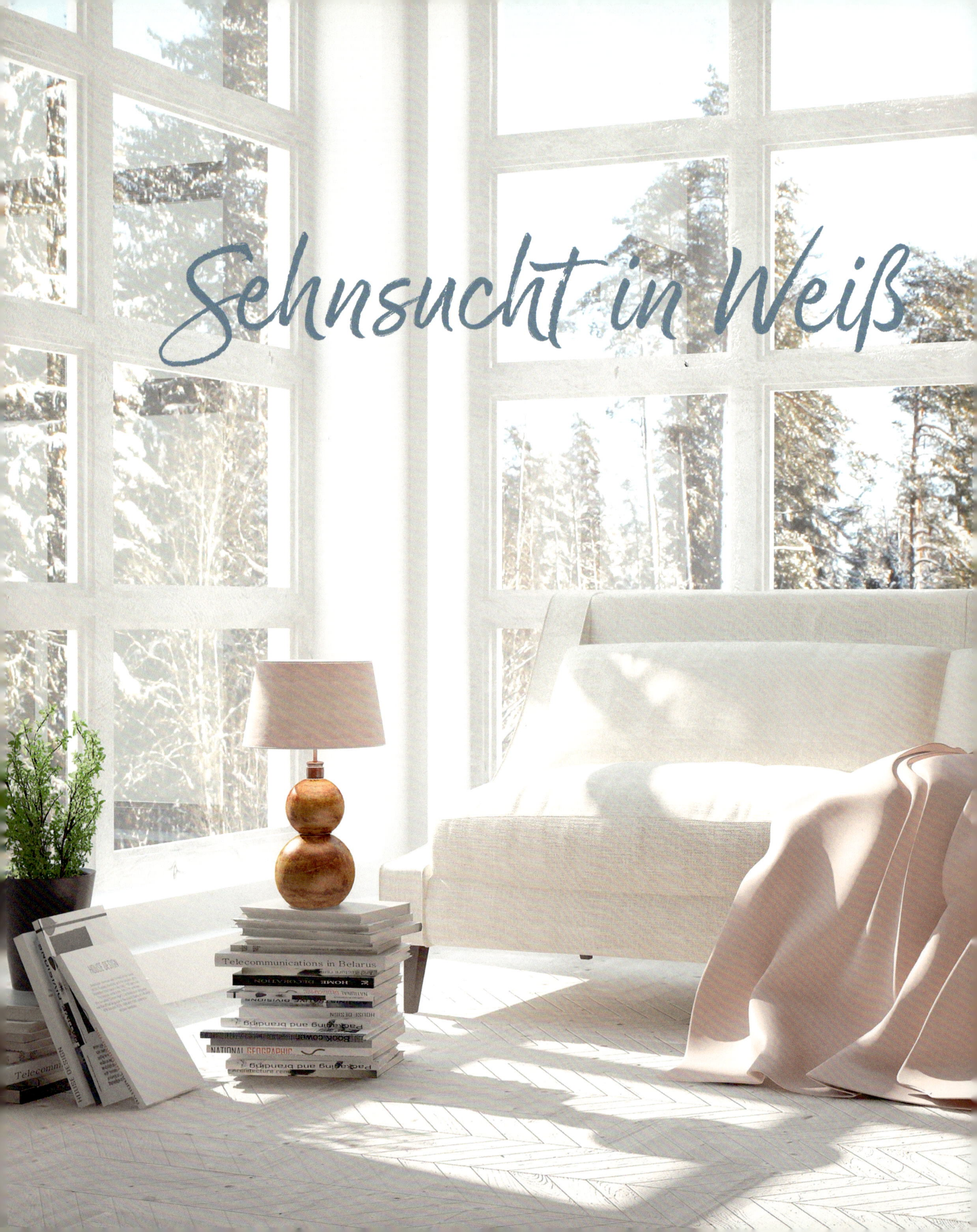

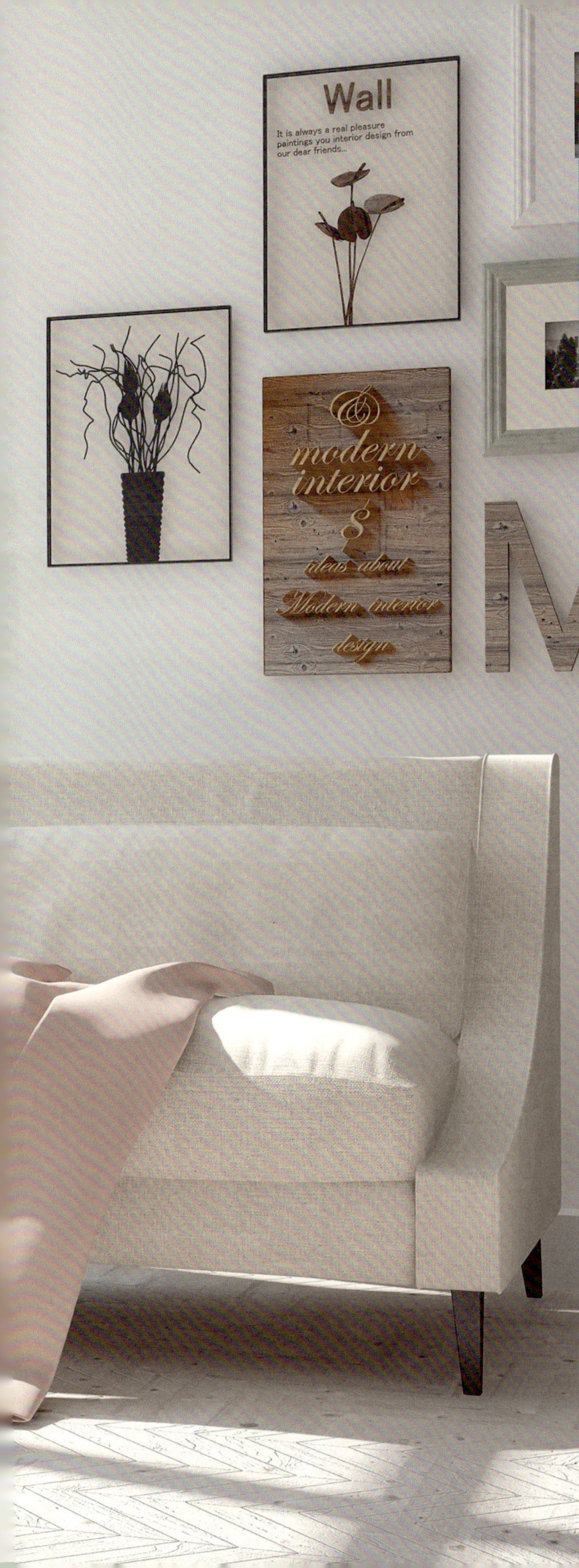

Samstagmorgen

Wie lange hatte ich mich schon auf das Wochenende in Paris gefreut? Herbst in Paris, eine ganz besondere Stimmung, eben nicht das flirrende Sommer-Paris mit Tischen und Cafés an jeder Ecke, sondern eine ruhigere Stadt, in der man süße Petits Fours isst und dazu ein Glas Sancerre trinkt. Die Atmosphäre am Montmartre regt auch heute noch zum Malen an. So hatte ich es mir vorgestellt. Und dann das: Ich bin scheußlich erkältet, so sehr, dass die Taschentücher selbst einen kleinen Montmartre bilden. Das Hotel ließ sich stornieren, aber wo kann ich jetzt gute Laune bestellen? Moment, Mama ruft an, woher kommt dieses unsichtbare Band zwischen Eltern und Kindern, egal wie alt man ist?

- Meine Kleine, wie geht's dir? Wolltest du nicht nach Paris?
- *Mama, ich fühle mich wie ein Päckchen Kunsthonig und ich könnte heulen. Kein Paris, dafür dicker Hals und dicke Augen, von der Nase ganz zu schweigen!*
- Ich höre es, hast du schon inhaliert?
- *Keine Kraft, ich glaube, ich verkrieche mich.*
- Und du meinst, das hilft? Soll ich dir ein Päckchen weiße Wolle vorbeischleppen? Wäre das ein Projekt, das dich aufheitert?
- *Weiße Wolle?*
- Für einen Oversize-Pullover, wie wir ihn voriges Jahr in Wien gesehen haben.
- *Ah ja, ein Zelt zum Verkriechen.*

Mama lacht. So süß, wenn sie mich aufheitern will.

- Aber stricke ich daran nicht ewig?
- *Sicher nicht, und wenn du das nächste*

Wochenende auch noch dazu brauchst, so what?
- Du hast recht, bringst du die Wolle vorbei?
- *Wollte doch eh noch Pablo Gassi führen!*

Mama hängt ein und wahrscheinlich steht sie keine zehn Minuten später vor der Tür.

Keine zwei Stunden später

Auf Mama ist Verlass, nicht nur, dass sie Petites Fours mitgebracht hat, na, eigentlich sind es ja Windbeutel mit süßem Mascarpone gefüllt, sie hat mir auch die Strickanleitung riesengroß ausgedruckt. Und alles in handliche Portionen gebündelt. Vorderteil, Hinterteil und die Ärmel. Anschließend hat sie Pablo, diese Mischung aus einem Eisbären und einem Dackel, mit Hühnerherzen gefüttert. Diesem Hund geht es mal auf jeden Fall gut.

- Schatz, strick mit schön großen Nadeln, dann musst du dich nicht so anstrengen.
- *Mach ich, Mama.*
- Du klingst wirklich schrecklich!
- *Super, danke, das habe ich jetzt noch gebraucht!*

Kartoffelgratin

3 mittelgroße Kartoffeln schälen und in hauchfeine Scheiben schneiden. Die Scheiben in eine gebutterte Auflaufform fächerartig schichten, salzen, pfeffern und nach Geschmack mit Muskatnuss würzen. Genügend Sahne darüber, sodass die Kartoffelscheiben bedeckt sind. Bei 200 Grad in den vorgeheizten Backofen schieben. Wenn die Flüssigkeit sichtbar verdampft und die Oberfläche goldbraun ist, herausholen. Dazu grünen oder Rote-Bete-Salat servieren.

Samstagabend

„Einfach aufwärmen im Rohr", hat sie noch beim Rausgehen gerufen. Dazu soll ich Rote-Bete-Salat essen, das Rezept hat sie mir auf einem kleinen Zettel aufgeschrieben. Vom Pulli sind große Teile schnell fertig und es gibt mir ein gutes Gefühl, beim Stricken mit dem weichen Gestrick bedeckt zu sein. An Paris habe ich fast gar nicht mehr gedacht. Aber dann stelle ich den Fernseher an und es kommt Woody Allens *Midnight in Paris*, diese Zeitreise der Liebe in die 1920er Jahre. Ganz kurz flammt die Wehmut auf, aber der Pulli, der ein wenig wie eine XXL-Fassung der Tennispullover der Golden Twenties wirkt, tröstet mich.

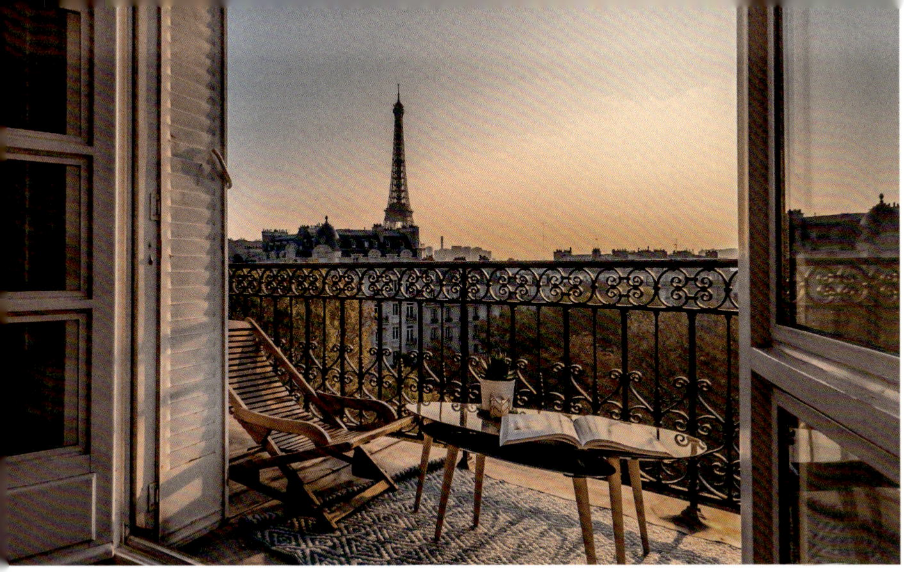

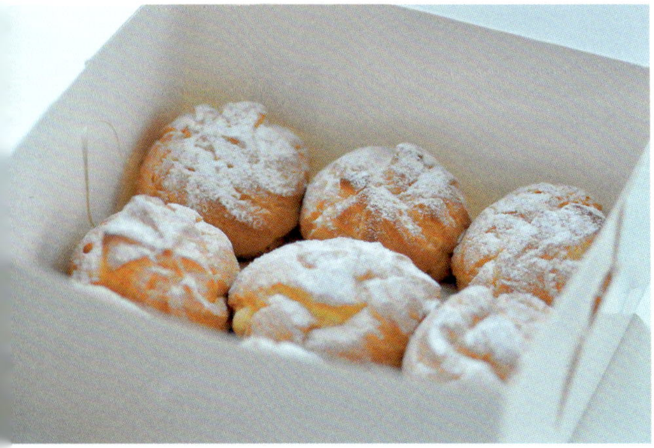

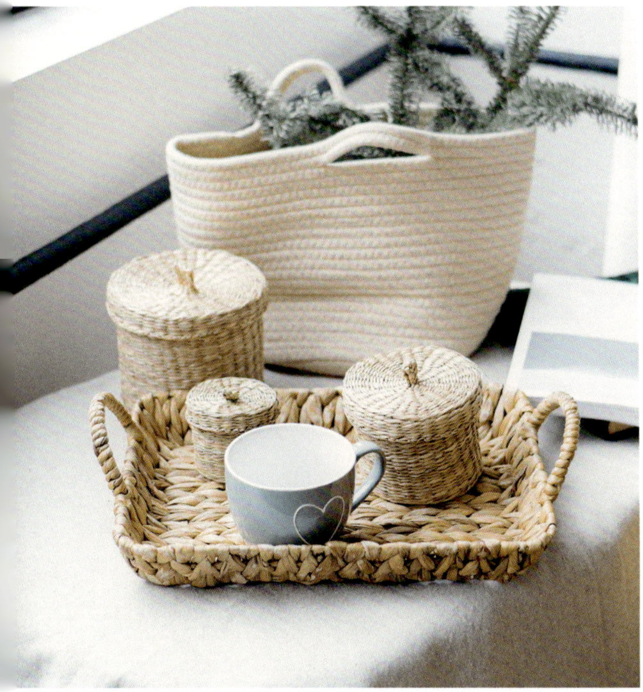

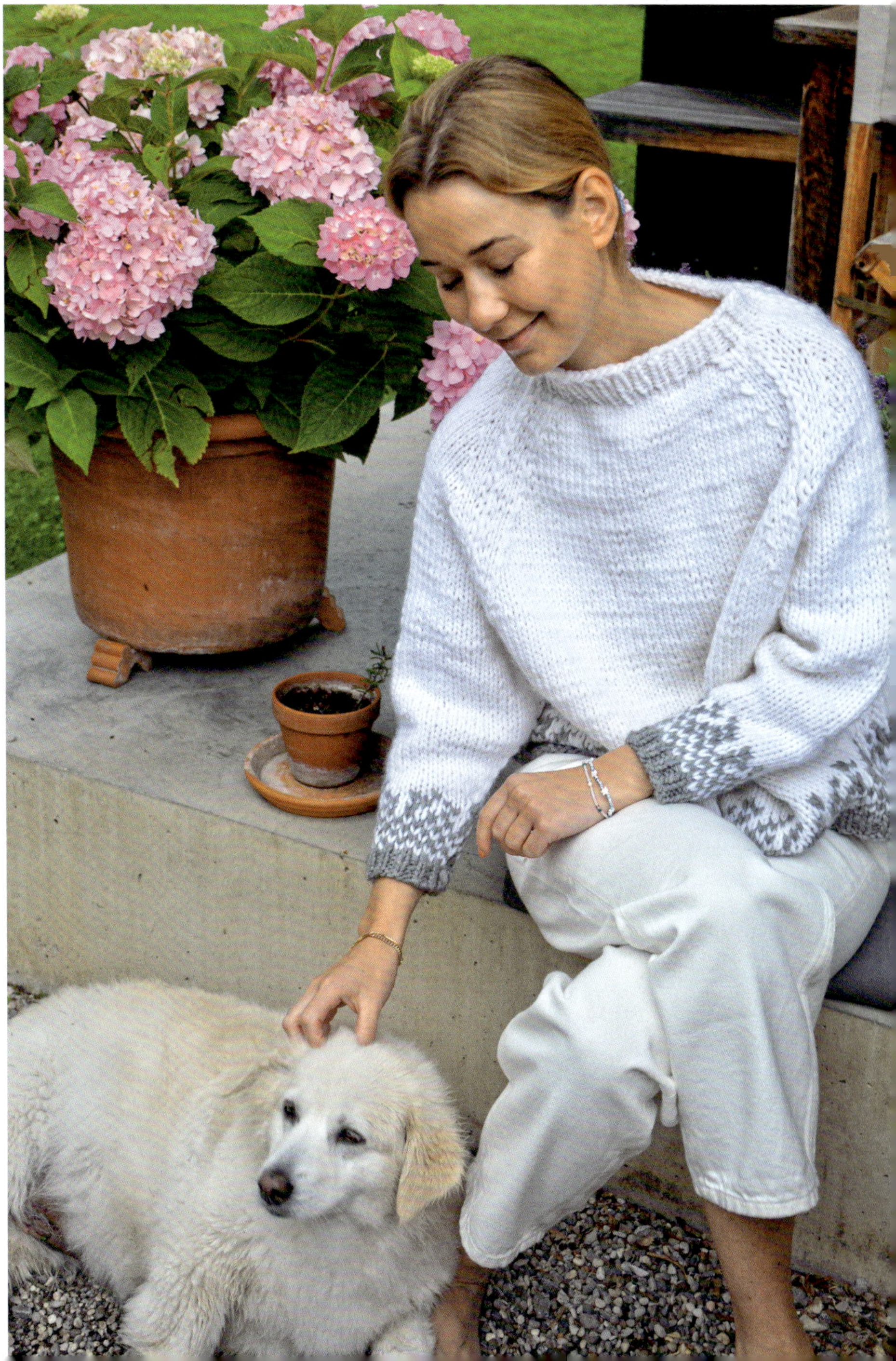

Sonntagmorgen

Ich habe doch nicht etwa die Nacht durchgeschlafen? Und bin ganz ohne Taschentuchberge durch die Nacht gekommen! Stattdessen sehe ich meinen Trost in Weiß, dem ich jetzt die Ärmel hinzufügen werde – das wird noch eine kleine Challenge, denn hier möchte ich ein Norwegermuster zitieren. Volle Konzentration! Darf man eigentlich schon zum Frühstück Windbeutel essen?
Bis zum Mittag sind alles Pulliteile fertig und ich befeuchte sie und spanne sie auf. Vielleicht Zeit, einen Spaziergang zu wagen?
Draußen haben Nebel und wenig Licht die Landschaft in eine Grisaille getaucht. Eigentlich ist es egal, ob man in Paris oder anderswo den Spätherbst zelebriert. Ich sehe den Kontrast zu meiner hellen Wohnung und freue mich, dass es mir gelungen ist, wieder Licht in meine Seele zu bringen.

Sonntagabend

Der Spaziergang durch den Park und den alten Friedhof war wie ein Film. Wenn Woody Allen ums Eck gekommen wäre, ich hätte mich nicht gewundert. So aber kam Lena und hat mich auf andere Gedanken gebracht, als sie mir von den neuesten Kapriolen auf ihrem Anbandelportal berichtet hat. Wie schön habe ich es doch in meiner kleinen weißen Schutzhöhle.

Die Teile meines kleinen Kuschelzeltes sind schnell zusammengenäht. Ich schlüpfe rein und fühle augenblicklich, wie alles Schwere abfällt. Kann Stricken glücklich machen? Auf jeden Fall. Im Schutz der Fassade hinter meinem Wintergarten, lässt es sich sogar draußen sitzen. Auch meine Hortensien scheinen noch nichts vom Spätherbst zu halten und blühen still weiter.

Sehnsucht nach Paris
Georg Heym

Wenn durch den Abend Frankreichs,
der der Weiße
der Königslilien ihres Wappens gleicht,
wie Honig süß, der Sonnentag,
der heiße,
in honiggelbe Himmel ferne weicht,

Dann zittern von Montmartre
viele Glocken,
und grüßen ihn und seinen
goldnen Glanz.
Doch auf Paris,
der alten Schönen Locken,
glühn rote Wolken
wie ein Hochzeitskranz.

Halb März, halb Herbst,
voll trauriger Essenzen.
Wer je den Wind in seine Lungen trank,
wenn rot die Türme
Notre Dames erglänzen,
er ist nach dir vor
wilder Sehnsucht krank.

Dein Taumelkelch,
umwunden schwarz mit Rosen,
Nachtschattengift erschüttert ihm
das Blut,
und westwärts schaut er, wo ihn kosen
die Winde Frankreichs mit verhaltner
Glut. [...]

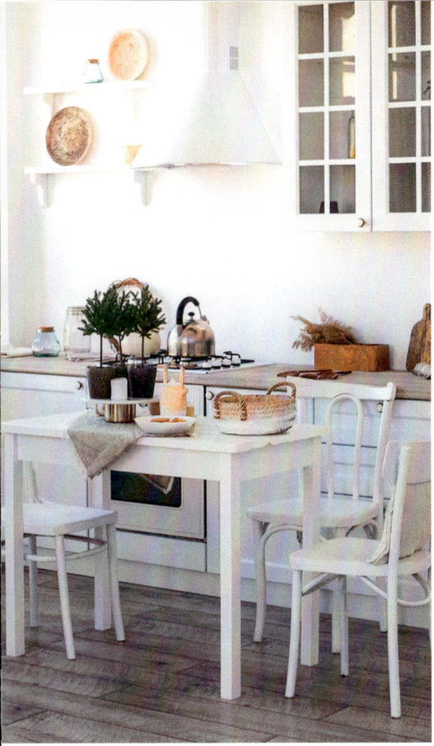

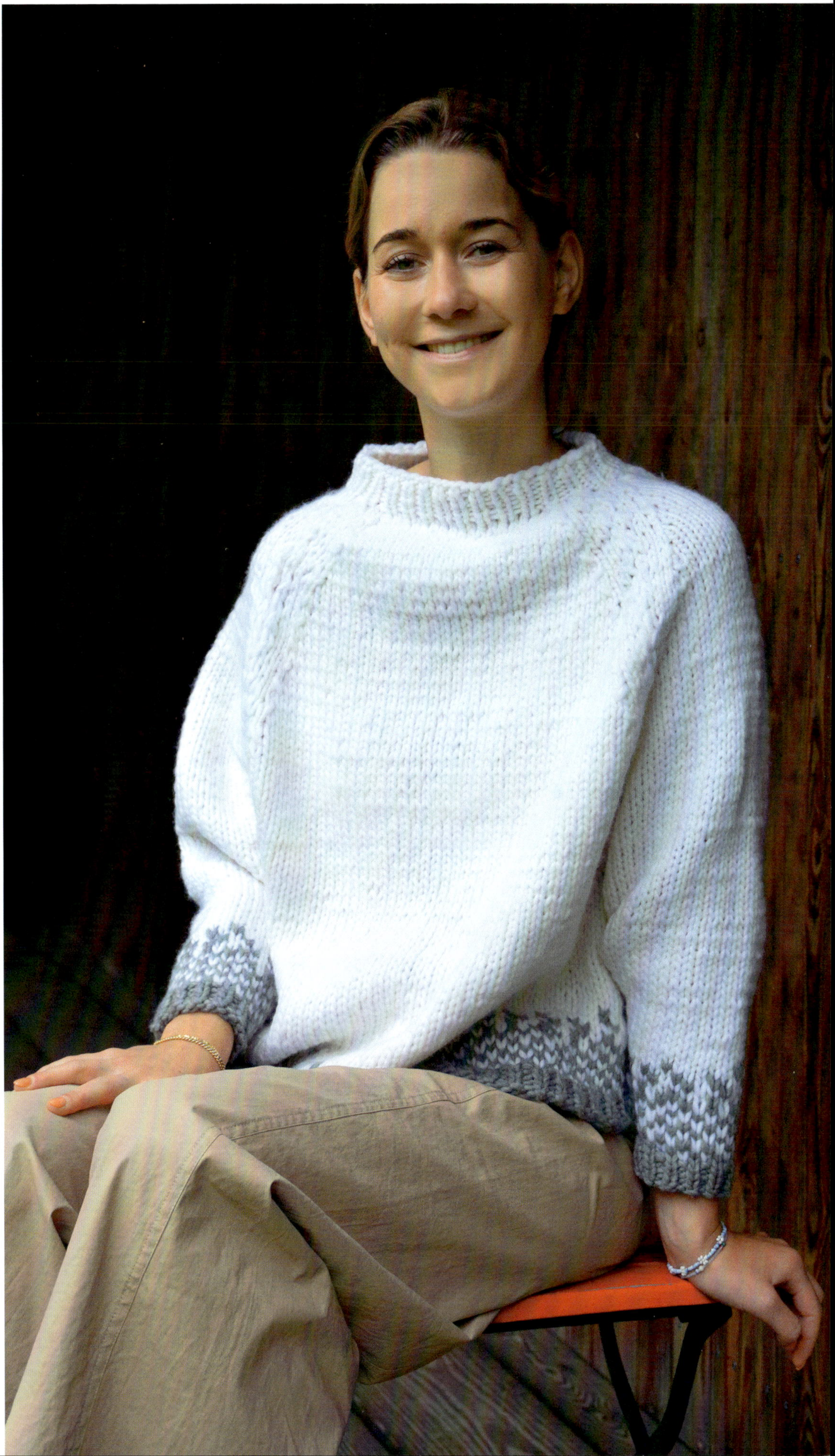

Trost in Weiß

Trapezpulli mit Jacquardmuster

GRÖSSE:
36 – 40 und 42 – 46
Die Angaben für Größe 36 – 40 stehen vor der Klammer, die Angaben für Größe 42 – 46 stehen in der Klammer. Bei nur einer Angabe gilt diese für beide Größen.

MATERIAL:
Lana Grossa **„LEI“** (100% Schurwolle Merino, Lauflänge 40 m/50 g), **400 (450) g** Weiß **(Fb 62)** und **150 (200) g** Grau **(Fb 13)**; Stricknadeln Nr. 8 und 1 Rundstricknadel Nr. 8, 40 cm lang.

RIPPENMUSTER:
1 M rechts, 1 M links im Wechsel.

GLATT RECHTS:
Hin-R rechts, Rück-R links stricken.

JACQUARDMUSTER:
M-Zahl teilbar durch 6 + 2 Rand-M. Siehe Zählmuster. Es sind Hin- und Rück-R gezeichnet. Die 1. – 10. R 1x arbeiten. Der nicht in Arbeit befindliche Faden wird locker auf der Rückseite der Arbeit mitgeführt. Dabei darauf achten, dass die Fäden gleichmäßig gespannt sind.

BETONTE ABNAHMEN:
Abnahme von 1 M:
Am rechten Rand: Rand-M, 1 einfacher Überzug (= 1 M rechts abheben, die folgende M rechts stricken, dann die abgehobene M überziehen).
Am linken Rand: 2 M rechts zusammen stricken, Rand-M.
Abnahme von 2 M:
Rechter Rand: Rand-M, 1 doppelter Überzug (= 1 M rechts abheben, die folgenden 2 M rechts zusammen stricken, dann die abgehobene M überziehen).
Linker Rand: 3 M rechts zusammenstricken, Rand-M.

MASCHENPROBE:
Mit Nadeln Nr. 8 glatt rechts ergeben 9 M und 13 R = 10 cm x 10 cm.

RÜCKENTEIL:
74 (80) M mit Nadeln Nr. 8 in Grau anschlagen und 3 R im Rippenmuster stricken. Mit 1 Rück-R beginnen. Weiter 4 R glatt rechts in Grau stricken. Danach mit dem Jacquardmuster beginnen und die 1. – 10. R wie folgt str: Rand-M, 12x (13x) den Rapport wiederholen, Rand-M.

Glatt rechts in Weiß weiterarbeiten, dabei in der 2. R verteilt 0 (2) M abnehmen = 74 (78) M. In 22 cm Gesamthöhe für die Raglanschräge beidseitig 1x 1 (1x 2) M beidseitig abnehmen, dann 26x (27x) in jeder 2. R je 1 M abnehmen und als betonte Abnahmen arbeiten wie oben beschrieben = 20 M. In 64 (66) cm Gesamthöhe die restlichen 20 M stilllegen.

VORDERTEIL:

Wie das Rückenteil arbeiten.

ÄRMEL:

26 M mit Nadeln Nr. 8 in Grau anschlagen und im Rippenmuster stricken. Mit 1 Rück-R beginnen. Weiter 4 R glatt rechts in Grau stricken. Danach mit dem Jacquardmuster beginnen und die 1. – 10. R wie folgt str: Rand-M, 4x den Rapport wiederholen, Rand-M.
Glatt rechts in Weiß weiterarbeiten und gleichzeitig für die Ärmelschräge in der 11. (7.) R ab Anschlag 1x 1 M beidseitig zunehmen, dann 9x in jeder 2. R (11x in jeder 2. R) je 1 M beidseitig zunehmen = 46 (50) M. In 24 cm Gesamthöhe für die Raglanschräge 1x 1 M beidseitig abnehmen, dann * in jeder 2. R 2x 1 M und in der folg 4. R 1x 1 M beidseitig abnehmen, ab * noch 5x wiederholen und in der folgenden 4. R noch 1x 1 M beidseitig abnehmen. Für die größere Größe * in jeder 2. R 2x 1 M und in der folg 4. R 1x 1 M beidseitig abnehmen, ab * noch 6x wiederholen.
Die Abnahmen als betonte Abnahmen arbeiten. In 66 (68) cm Gesamthöhe die restlichen 6 M stilllegen. Den 2. Ärmel ebenso arbeiten.

FERTIGSTELLEN:

Die Teile anfeuchten und trocknen lassen. Die Raglannähte schließen. Die stillgelegten M aller Teile auf die Rundstricknadel Nr. 8 nehmen: 6 M 1. Ärmel, 20 M Vorderteil, 6 M 2. Ärmel, 20 M Rückenteil = 52 M. M zur Rd schließen und Rundenanfang markieren. In Weiß in Runden rechte M stricken, dabei in der 1. Runde die aufeinandertreffenden Rand-M abnehmen = die 1. Rand-M mit der M davor rechts zusammen stricken, mit der 2. Rand-M und der folgenden M 1 einfachen Überzug arbeiten (= Rand-M rechts abheben, die folgende M rechts str, dann die abgehobene M überziehen) = 44 M. Nach 5 Runden alle M locker abketten. Die Seiten- und Ärmelnähte schließen.

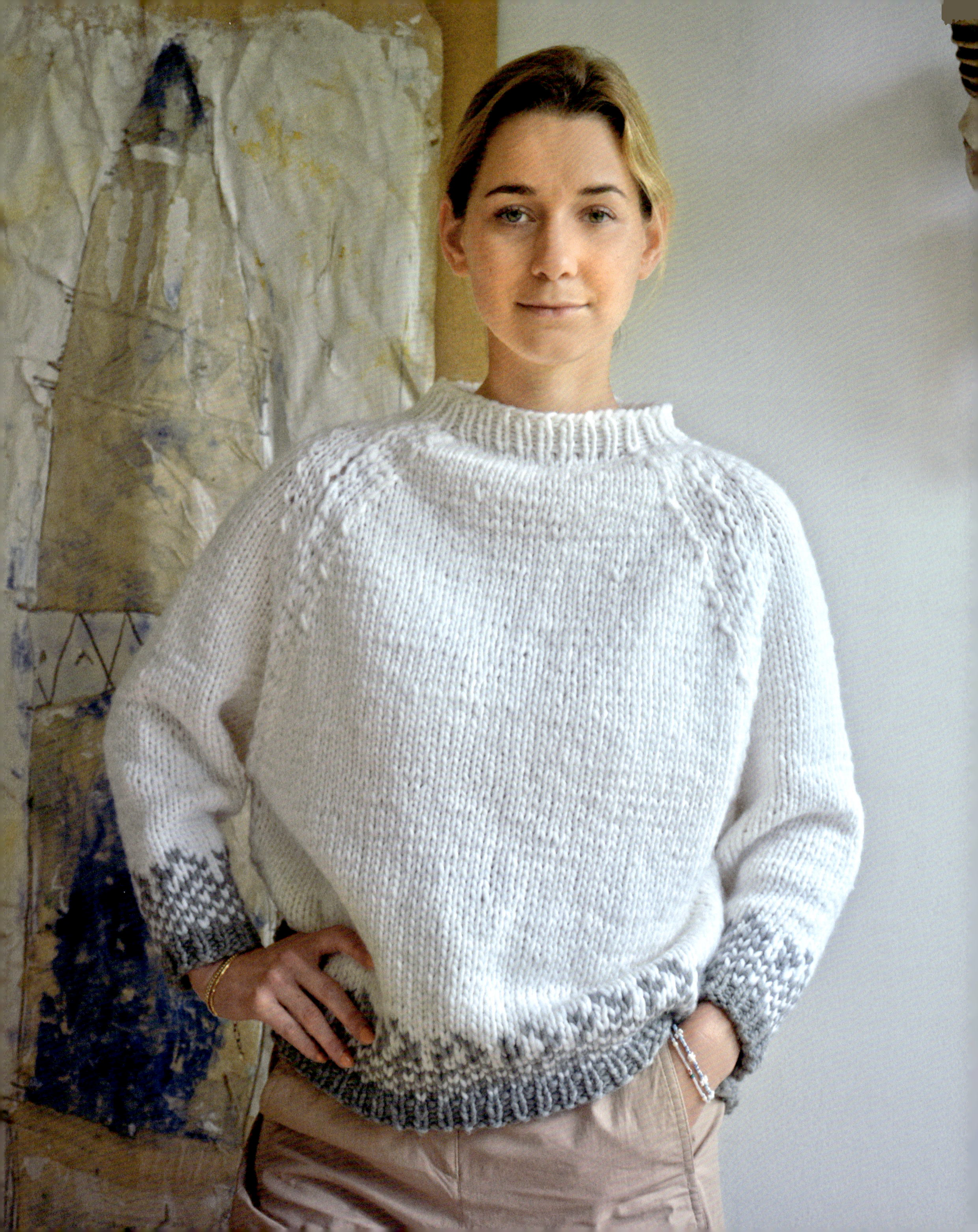

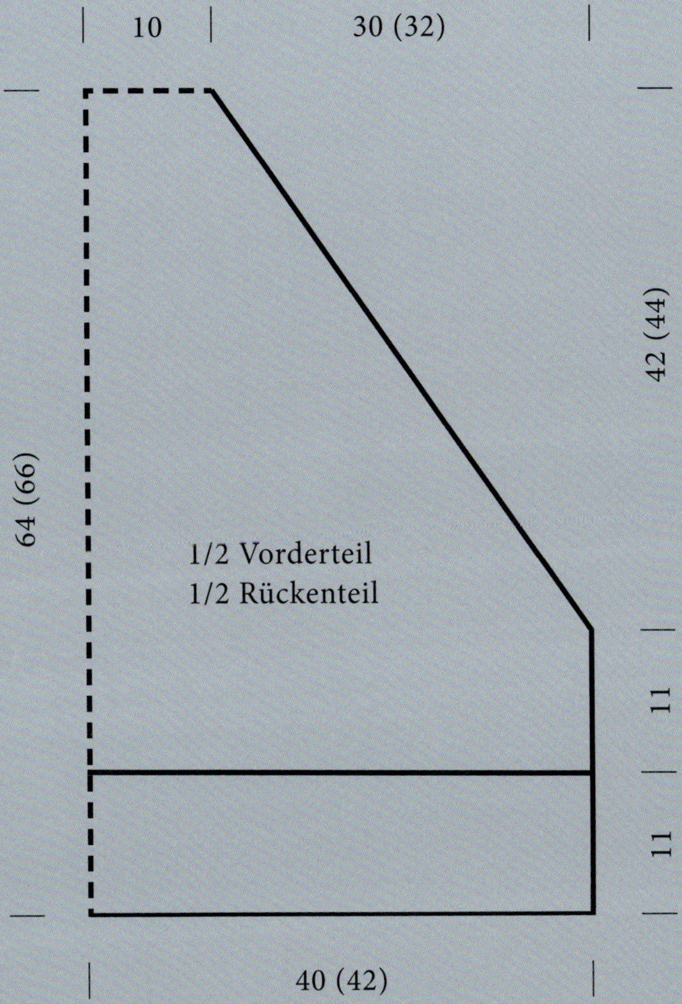
10
30 (32)
64 (66)
42 (44)
1/2 Vorderteil
1/2 Rückenteil
11
11
40 (42)

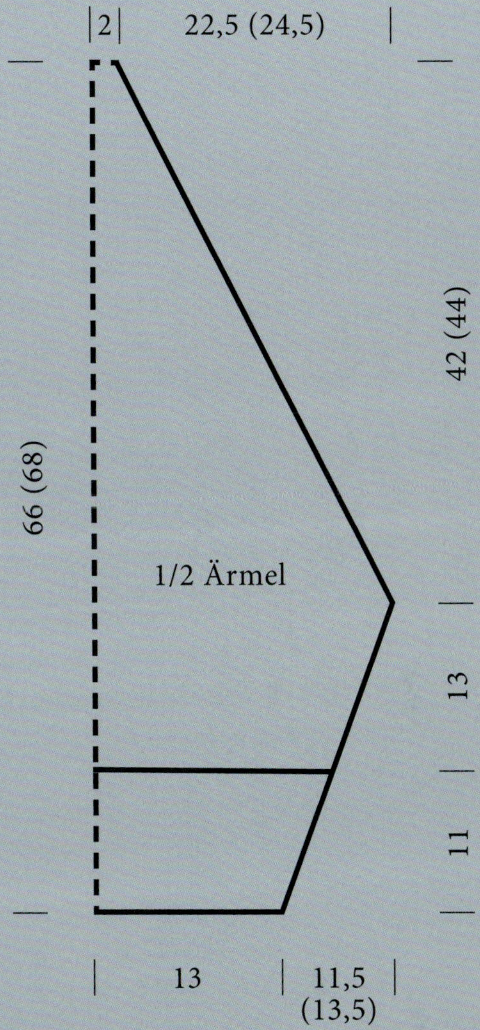
2
22,5 (24,5)
66 (68)
42 (44)
1/2 Ärmel
13
11
13
11,5
(13,5)

Zählmuster

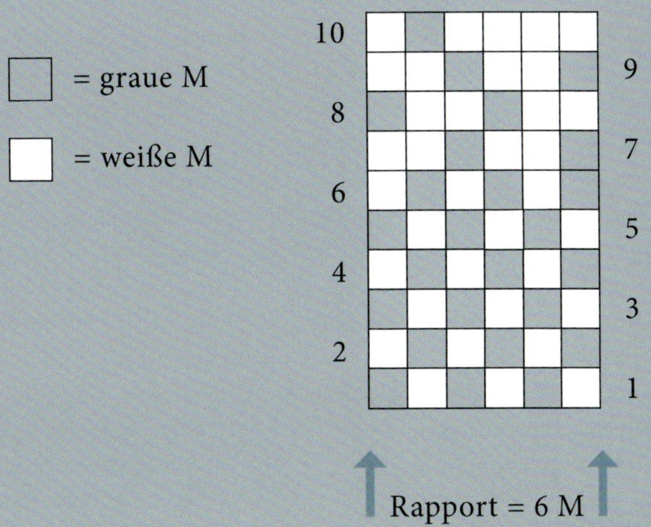
= graue M
= weiße M
10
9
8
7
6
5
4
3
2
1
Rapport = 6 M

Schlupf und Mütze mit Großvater

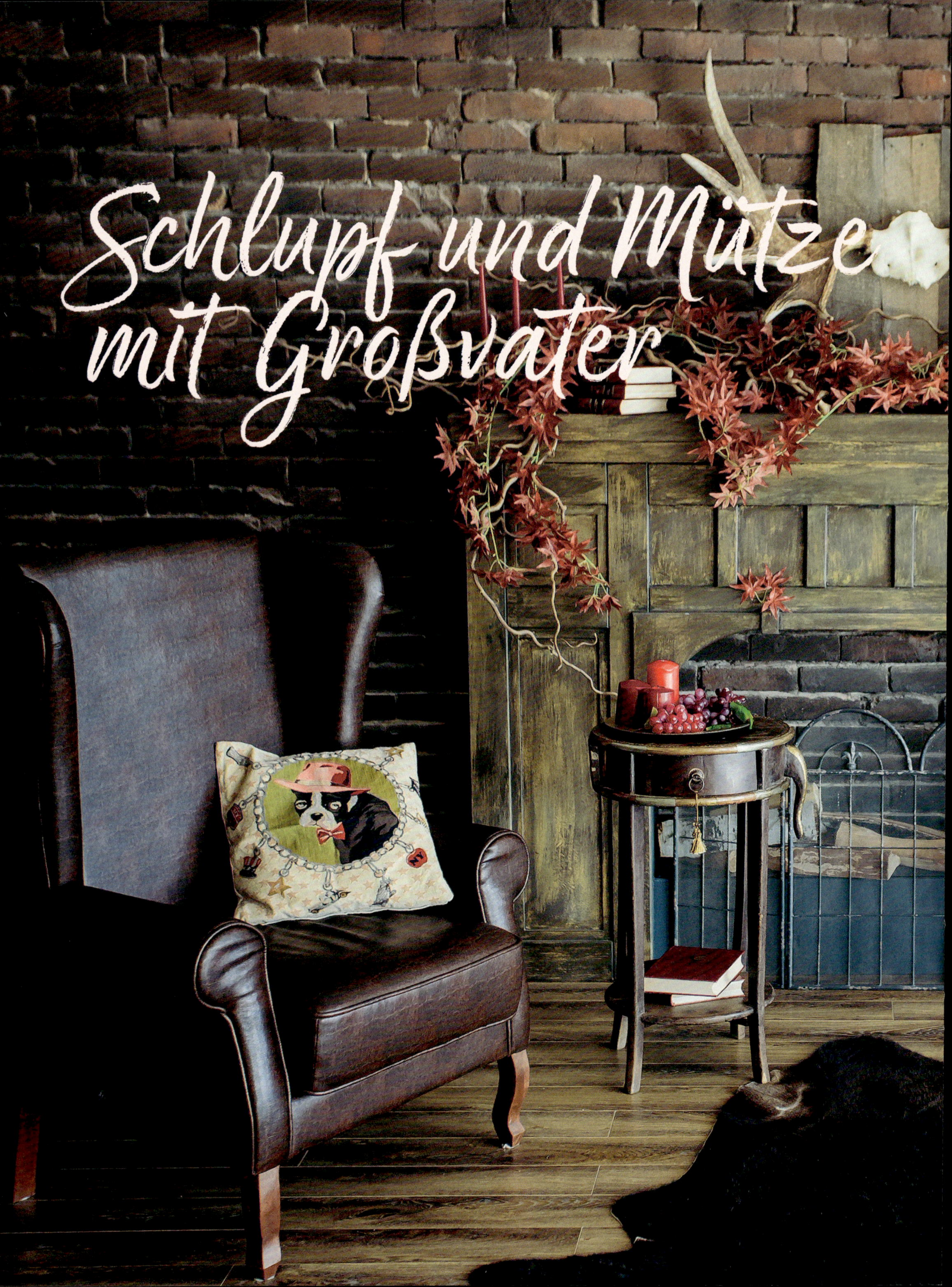

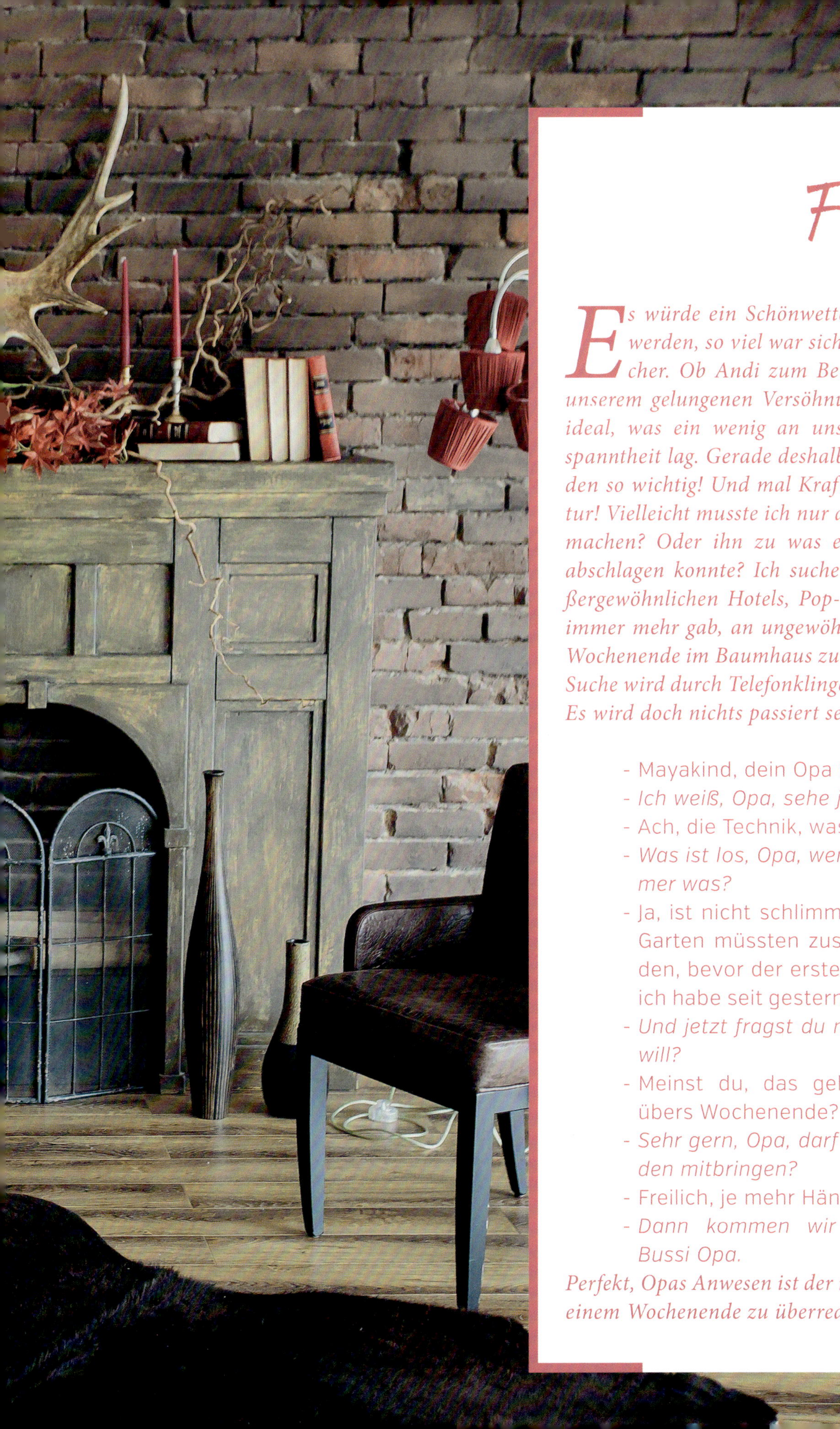

Freitag

Es würde ein Schönwetter-Herbst-Wochenende werden, so viel war sicher. Sonst war nichts sicher. Ob Andi zum Beispiel Zeit hätte. Nach unserem gelungenen Versöhnungsabend lief es nicht ideal, was ein wenig an unserer zeitlichen Eingespanntheit lag. Gerade deshalb sind doch Wochenenden so wichtig! Und mal Kraft zu tanken in der Natur! Vielleicht musste ich nur den richtigen Vorschlag machen? Oder ihn zu was einladen, was er nicht abschlagen konnte? Ich suche im Internet nach außergewöhnlichen Hotels, Pop-Up-Hotels, die es jetzt immer mehr gab, an ungewöhnlichen Locations. Ein Wochenende im Baumhaus zum Beispiel. Aber meine Suche wird durch Telefonklingeln unterbrochen. Opa! Es wird doch nichts passiert sein?

- Mayakind, dein Opa ist hier.
- *Ich weiß, Opa, sehe ja deine Nummer!*
- Ach, die Technik, was die alles kann.
- *Was ist los, Opa, wenn du anrufst, ist immer was?*
- Ja, ist nicht schlimm, aber die Blätter im Garten müssten zusammengerecht werden, bevor der erste Schnee kommt, und ich habe seit gestern einen Hexenschuss.
- *Und jetzt fragst du mich, ob ich kommen will?*
- Meinst du, das geht, bleibst natürlich übers Wochenende?
- *Sehr gern, Opa, darf ich vielleicht jemanden mitbringen?*
- Freilich, je mehr Hände umso besser.
- *Dann kommen wir heute Nachmittag, Bussi Opa.*

Perfekt, Opas Anwesen ist der ideale Ort, um Andi zu einem Wochenende zu überreden.

Freitagnachmittag

Tatsächlich, wir sitzen beide in meinem kleinen Auto. Ich musste gar nicht viel erzählen von Opas Landsitz, die Stichworte „Kamin, gemütliche Sessel, großer Garten, Antiquitäten und Opas Anekdotenschatz" hatten genügt, um Andi zu überzeugen. Wir würden uns ein Gartenwochenende gönnen. Insgeheim hoffte ich, dass Andi das mit den Blättern übernehmen würde, denn ich habe die allerweichste Wolle in zarten Farben im Gepäck. Irgendwie ist es Zeit für Mützen.

Freitagabend

Als wir ankommen, hat Opa schon Gemüsesuppe gekocht, natürlich alles aus seinem Garten, ansonsten macht er allerdings einen etwas angeschlagenen Eindruck. Nur Karl, Opas Collie-Mix, macht einen Radau, als hätte er schon ewig auf uns gewartet. Andi kümmert sich gleich um weite Teile des Gartens. Ich mache Opa eine Wärmflasche für den Rücken und platziere ihn damit vor die warme Hauswand. Wir sitzen alle zufrieden und erschöpft auf der hellen Holzbank. Ich habe mir Opas gestrickte Joppe geholt, weil es doch schnell frisch wird. Die raue Schafwolle duftet nach Opa und ein wenig nach Kamin und natürlich nach Wollfett. Opa fragt:

- Was wollt ihr trinken, Kinder? Ich hab einen herausragenden Pfefferminztee mit sieben verschiedenen Minzsorten oder Holundersirup. Also Bier gibt's auch, aber das hab ich nicht selber gemacht.
- *Lass uns mit Pfefferminztee anfangen? Dann können wir uns noch steigern?*

Herbstfeuer
Robert Louis Stevenson

Rings in allen Gärten,
die im Tale sind,
rauchen nun die Feuer,
und der Herbst beginnt.
Fern ist nun der Sommer
und der Blumenduft.
Rote Feuer lodern.
Rauch steigt in die Luft.
Lobt den Lauf des Jahres
und den Wechsel auch!
Blumen bringt der Sommer
und der Herbst den Rauch!

Andi hält meine Hand und Opa erzählt Geschichten, wo er welche Antiquität erstanden hat. Zum Beispiel die Puppe, die sicher einmal in einem gut ausgestatteten Kinderzimmer des frühen 19. Jahrhunderts mehr gepflegt als bespielt wurde. Und die Schießscheibe, die daneben hängt, die er bei einem Bauern aus der Scheune geholt hat, weil er das viele alte „Glump" eh nicht aufhängen könnte.

Während Opa erzählt, fange ich an, eine Mütze zu stricken. Am Ende des Wochenendes sollen meine beiden Männer zur Belohnung je eine Mütze bekommen, ganz weich und nicht so rau wie die Joppe. Nach einer Weile merke ich, dass beide eingenickt sind. Eine friedliche Szene, in der ich nur ganz leise das Radio anmache. Eine Sendung über Weltmusik passt gut zur Stimmung.

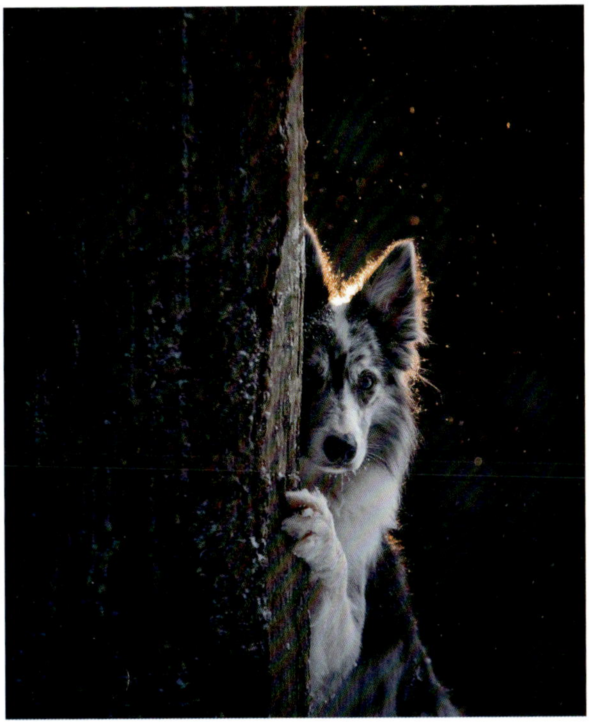
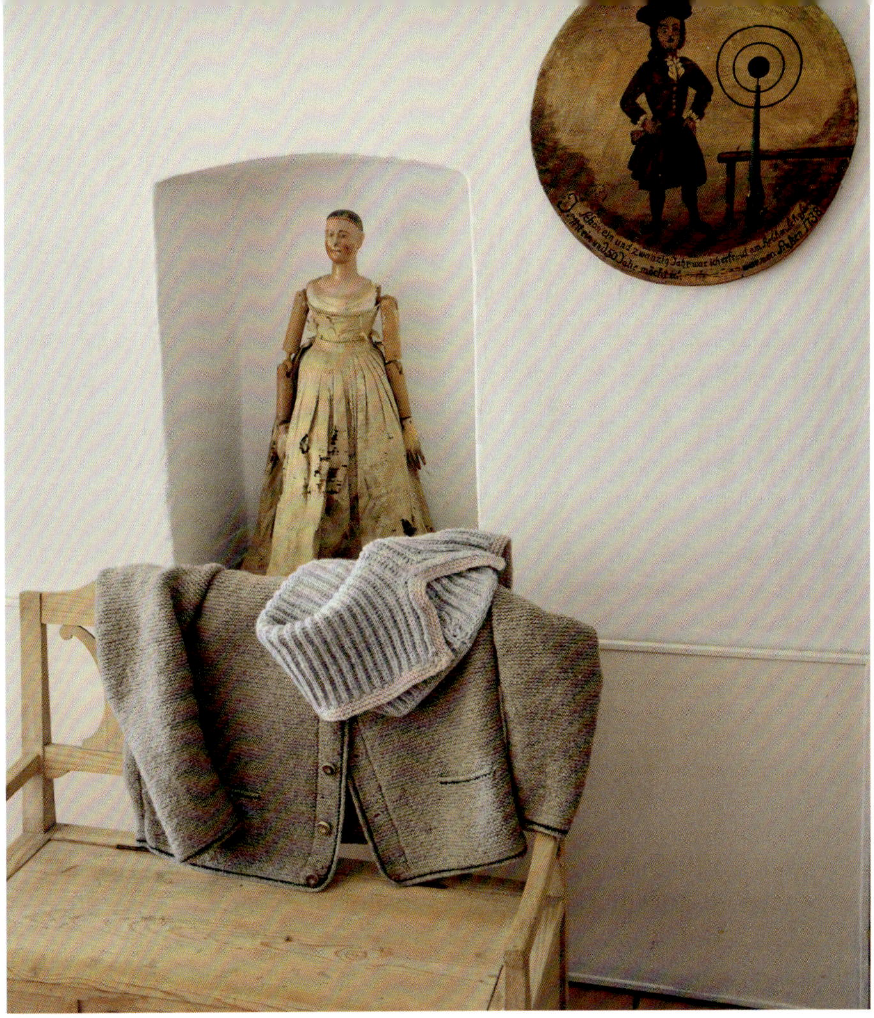
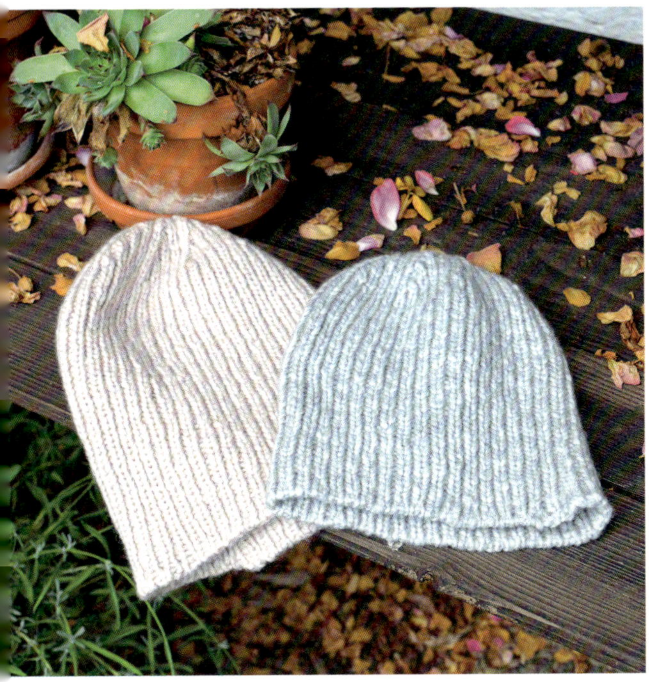
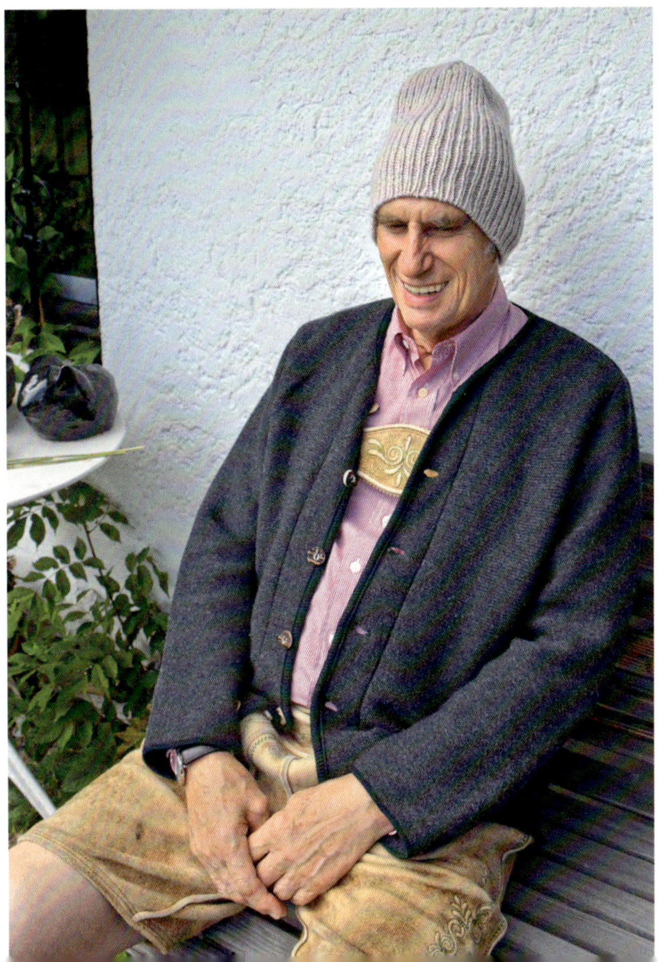

Samstagfrüh

Als ich aufwache, höre ich im Erdgeschoss schon Opa mit Kaffeegeschirr hantieren. Und auch Andi scheint bereits in den Garten verschwunden zu sein. Ich hatte am Abend noch eine Mütze fertiggestellt, so schön schnell ging das, dass ich beschlossen habe, für mich noch einen Schlupf aus den beiden Wollen, die ich für die Mützen vorgesehen hatte, zu stricken. Aber ich habe genügend übrig und es würde für zwei Mützen und einen Schlupf langen.

Samstagmittag

Die beiden Herren schreiten die Ländereien ab. Andi hat ganze Arbeit geleistet und die Laubberge an der Feuerstelle zusammengeschoben. Wir werden heute Abend ein kleines Erntedankfeuer entzünden und anschließend Kartoffeln in der Glut garen. Karl findet den Laubhaufen bedrohlich und versteckt sich ständig hinter der Scheune. Ich mache es mir im kleinen Windfang unter dem Balkon gemütlich und schaffe Mütze Nr. 2. Andi und Opa sollen heute Abend schon warme Ohren haben.

Sonntagvormittag

Die Kartoffeln waren herrlich, ich habe Kräuterquark dazu gemacht. Jetzt hat Andi noch die letzten Rosen abgeschnitten, ein Morgengruß für mich und den Frühstückstisch, den wir in der Herbstsonne nach draußen gestellt haben. Opas Rücken scheint viel besser, Andi habe ich schon lange nicht mehr so glücklich gesehen und der Garten ruht in sich, bereit für die stille Zeit. Und ich nehme mir fest vor, solche Wochenenden bei Opa in seinem liebevoll dekorierten Anwesen, zum Ritual zu machen. Der Wechsel aus Sonne und Schatten im Herbst tut einfach gut. Und mit den richtigen Accessoires lässt sichs gut auf den Winter warten.

Kräuterquark

1/2 Bund Petersilie glatt, 1/2 Bund Dill, 1/2 Bund Schnittlauch, 1/2 Bund Rucola, 500 g Magerquark, 200 g Frischkäse Rahmstufe, Salz, Zucker, Pfeffer, Paprika.
Alle Kräuter fein hacken. Quark und Frischkäse mit etwas Wasser cemig verühren, würzen und einen Großteil der Kräuter unterrühren. Kaltstellen und zum Servieren mit dem Rest der Kräuter bestreuen.

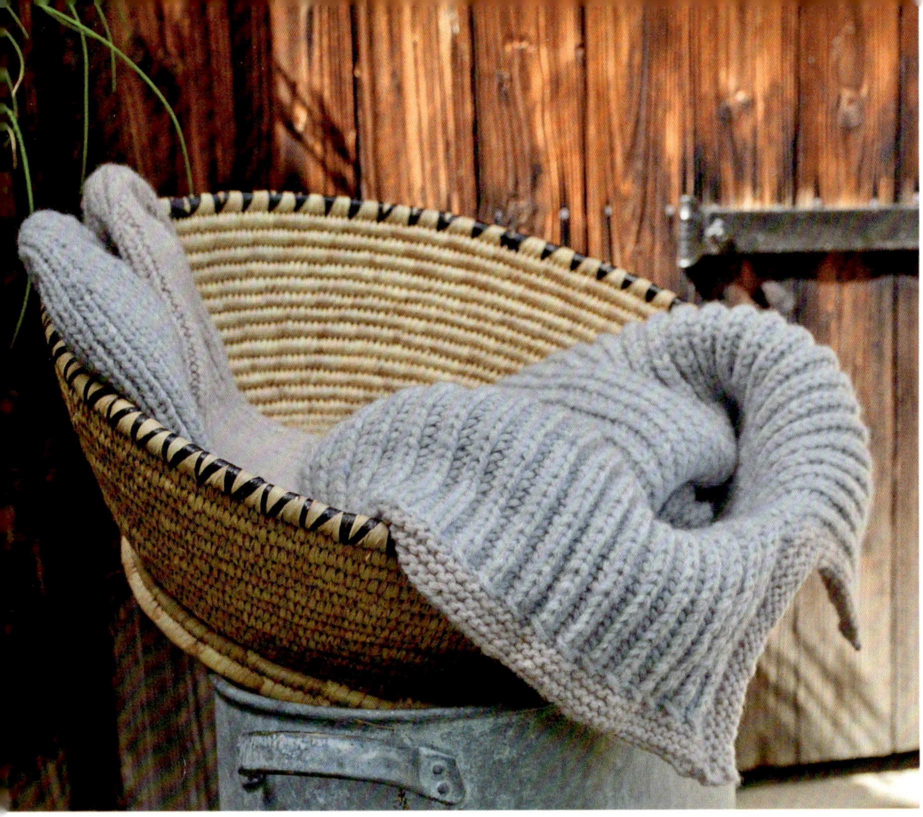
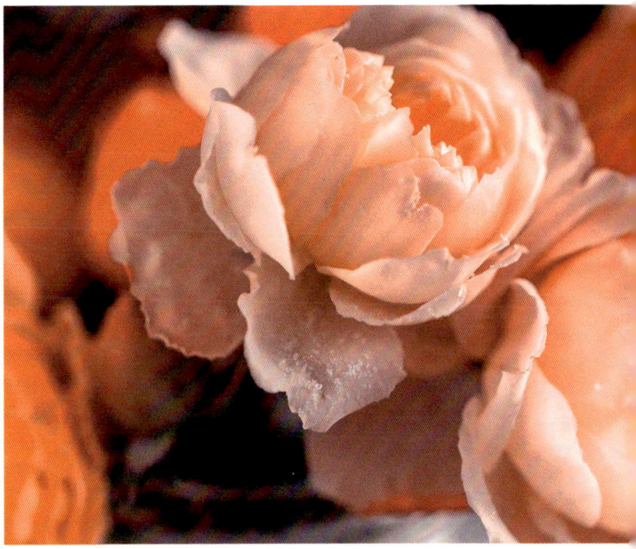
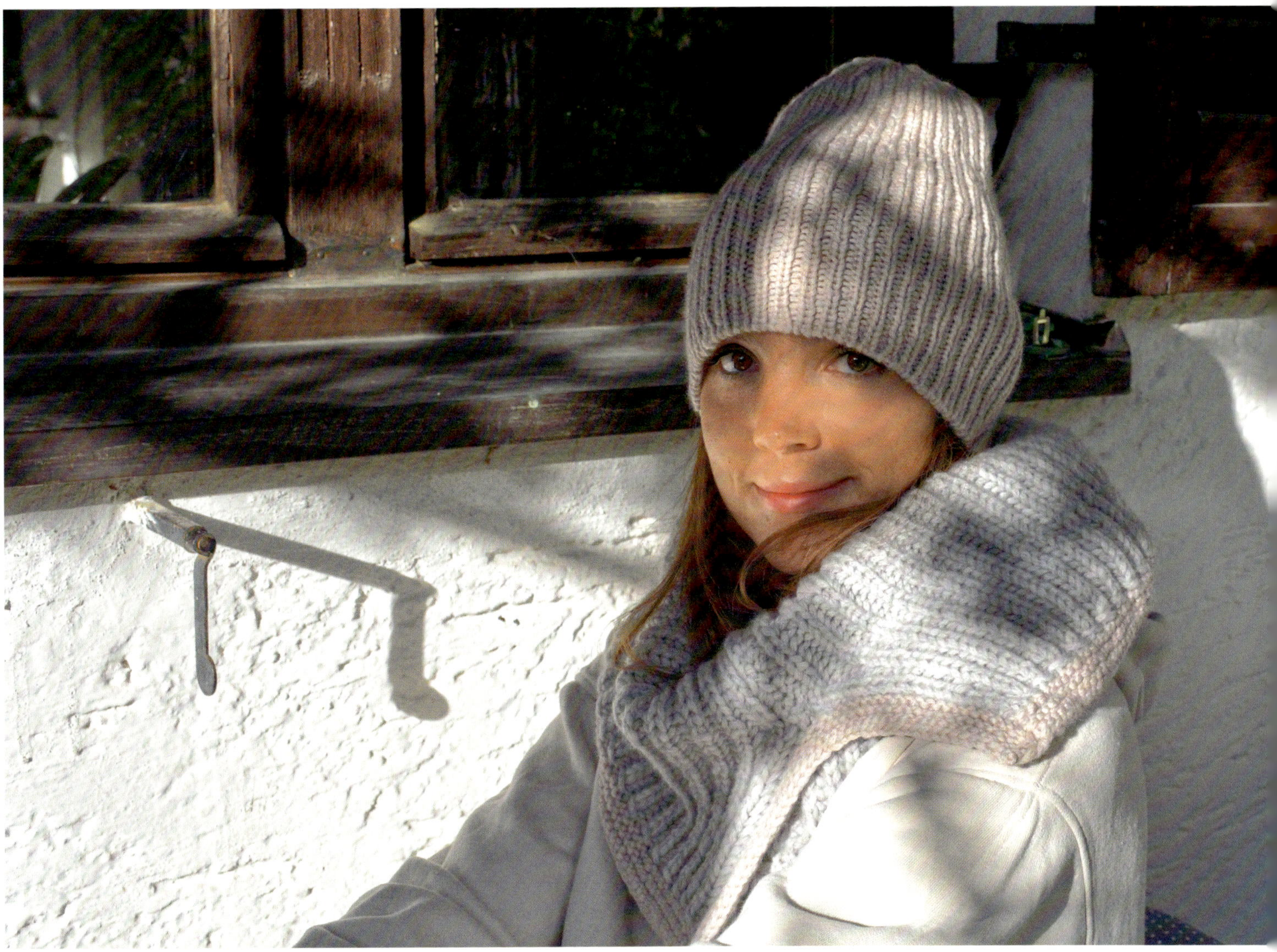

Schlupf & Mütze mit Großvater

Gemütliches für Ohren und Hals

GRÖSSE:
Für Kopfumfang 54 – 56 cm, Mützenhöhe ca. 28 cm, umgeschlagen ca. 21 cm.

MATERIAL:
Lana Grossa-Qualität **„Alta Moda Cashmere 16“** (78% Schurwolle (Merino), 12% Kaschmir, 10% Polyamid, Lauflänge = ca. 110 m/50 g): ca. **100 g** Hellgrau meliert **(Fb 1)** oder Beigerosa **(Fb 23)**, Nadelspiel Nr. 6

RIPPEN:
1 M links, 1 M rechts im Wechsel stricken.

MASCHENPROBE:
17,5 M und 26 Rd Rippen mit Nadel Nr. 6 gestrickt und ungedehnt gemessen = 10 cm x 10 cm.

AUSFÜHRUNG:
80 M mit dem Nadelspiel der Wunschfarbe anschlagen. Die M gleichmäßig auf 4 Nadeln verteilen [= je 20 M pro Nadel] und zur Rd schließen. Den Rd-Beginn markieren.
Rippen in Runden stricken, dabei mit 1 M links beginnen.
Nach 22 cm = 57 Runden ab Anschlag für die Spitze wie folgt arbeiten und M abnehmen, dabei in den nicht erwähnten Zwischen-Rd jeweils über die vorhandene M-Zahl ohne Abnahmen stricken, wie die M erscheinen.
58. Rd: 8x jede 9. und 10. M re zus-str = 72 M.
60. Rd: 8x jede 8. und 9. M re zus-str = 64 M.
62. Rd: 8x jede 7. und 8. M re zus-str = 56 M.
64. Rd: 8x jede 6. und 7. M re zus-str = 48 M.
66. Rd: 8x jede 5. und 6. M re zus-str = 40 M.
68. Rd: 8x jede 4. und 5. M re zus-str = 32 M.
70. Rd: 8x jede 3. und 4. M re zus-str = 24 M.
72. Rd: 8x jede 2. und 3. M re zus-str. = 16 M.
73. Rd: Stets je 2 M re zus-str = 8 M.
Den Faden abschneiden und durch die übrigen 8 M ziehen. Dann die M zusammenziehen.

FERTIGSTELLEN:
Die Fäden sorgfältig auf der Innenseite vernähen.

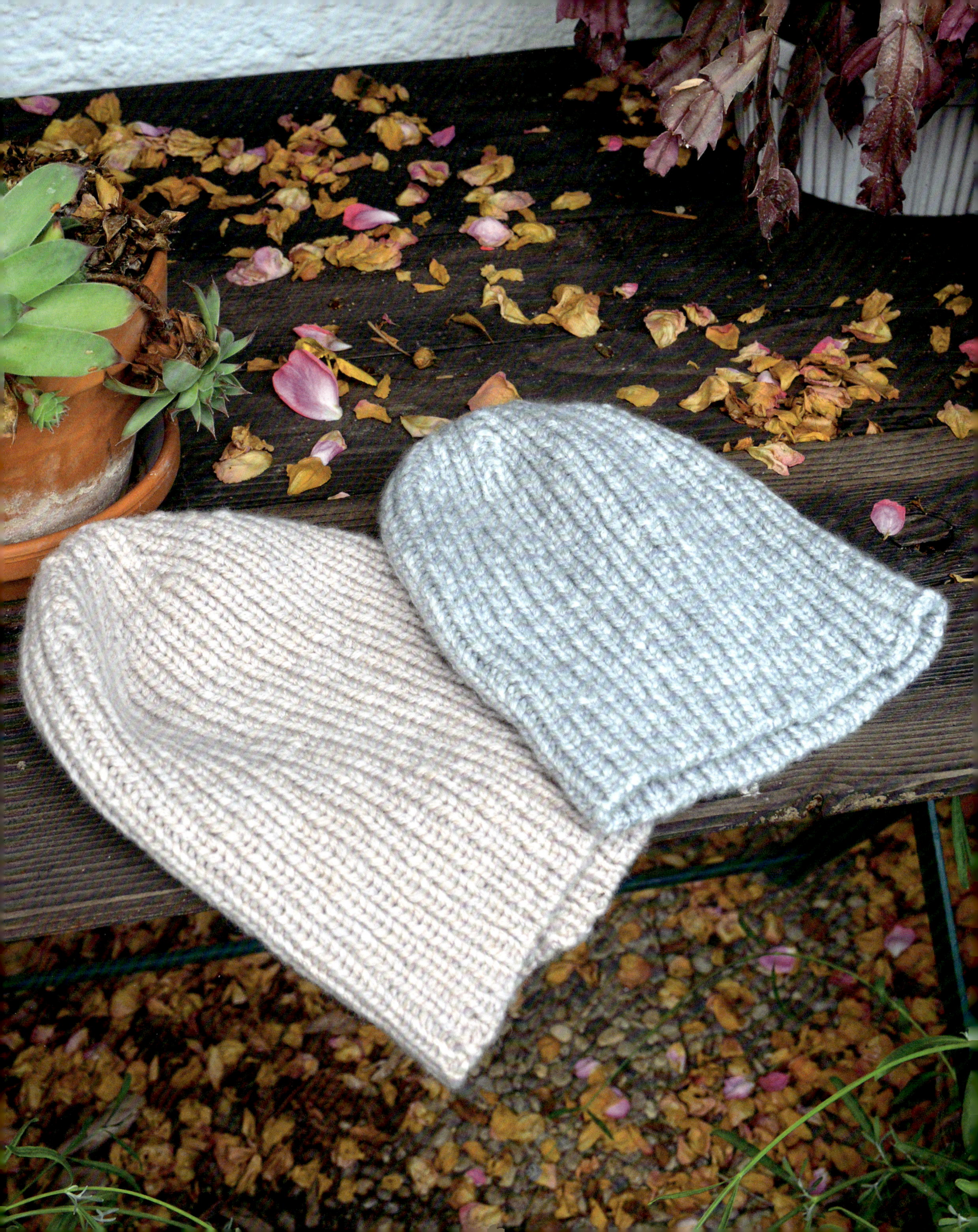

Schlupf

GRÖSSE:
ca. 82 cm Umfang und 42 cm Höhe

MATERIAL:
Lana Grossa-Qualität **„Alta Moda Cashmere 16“** (78% Schurwolle (Merino superwash), 12% Kaschmir, 10% Polyamid, Lauflänge ca. 110 m/50 g) ca. **200 g** Hellgrau meliert **(Fb 1)** und **50 g** Beigerosa **(Fb 23)**; eine 60 cm lange Rundstricknadel Nr. 8

GLATT RECHTS IN RUNDEN:
In allen Rd nur rechte M stricken.

KRAUS RECHTS IN REIHEN:
In Hin- und Rück-R rechte M stricken.

PATENT IN RUNDEN:
Gerade M-Zahl.
1. Rd: * 1 M rechts, die folgende M mit Umschlag links abheben, ab * fortlaufend wiederholen.
2. Rd: * 1 M mit Umschlag links abheben, die folgende M und den Umschlag links zusammenstricken, ab * fortlaufend wiederholen.
3. Rd: * M mit Umschlag rechts zusammenstricken, die folgende M mit Umschlag links abheben, ab * fortlaufend wiederholen.
Die 2. und 3. Rd fortlaufend wiederholen.

PATENT IN R:
Ungerade M-Zahl mit beidseitig 2 Rand-M.
1. R: 2 M rechts stricken, * 1 M mit Umschlag links abheben, folgende M mit Umschlag rechts zusammenstricken, ab * bis zu den letzten 3 M wiederholen, enden mit 1 M mit Umschlag links abheben, 2 M rechts stricken
2. R: 2 M abheben (Faden vor die M legen), * folgende M mit Umschlag rechts zusammenstricken, 1 M mit Umschlag links abheben, ab * bis zu den letzten 3 M wiederholen, enden mit M mit Umschlag rechts zusammenstricken, 2 M abheben (Faden vor die Arbeit legen).
Die 1. und 2. R fortlaufend wiederholen.

MASCHENPROBE:
12 M und 30 Rd / R im Patentmuster = 10 cm x 10 cm.

LOOP:
100 M in Hellgrau meliert anschlagen, die M zur Rd schließen und 5 Rd glatt rechts stricken, dann im Patentmuster in Rd weiterstricken.
Nach 28 cm Gesamtlänge nach einer 2. Rd enden und die 1. M abketten = 99 M.
Noch ca. 14 cm im Patentmuster in R stricken und mit einer 2. R enden.
Für die Kontrastblende die nächste R in Beigerosa stricken: 2 M re, * 1 M links, die folgende M rechts und den Umschlag rechts verschränkt abstricken (= 2 M), ab * fortlaufend wiederholen, enden mit 1 M links, 2 M rechts = ca. 146 M. Noch 3 R kraus rechts arbeiten, dann alle M locker abketten. Den Faden nicht abschneiden. Aus der Schlitzkante rundum aus jeder R 1 M auffassen und 3 R kraus rechts stricken, dann die M locker abketten.

AUSARBEITEN:
Die Fäden vernähen.

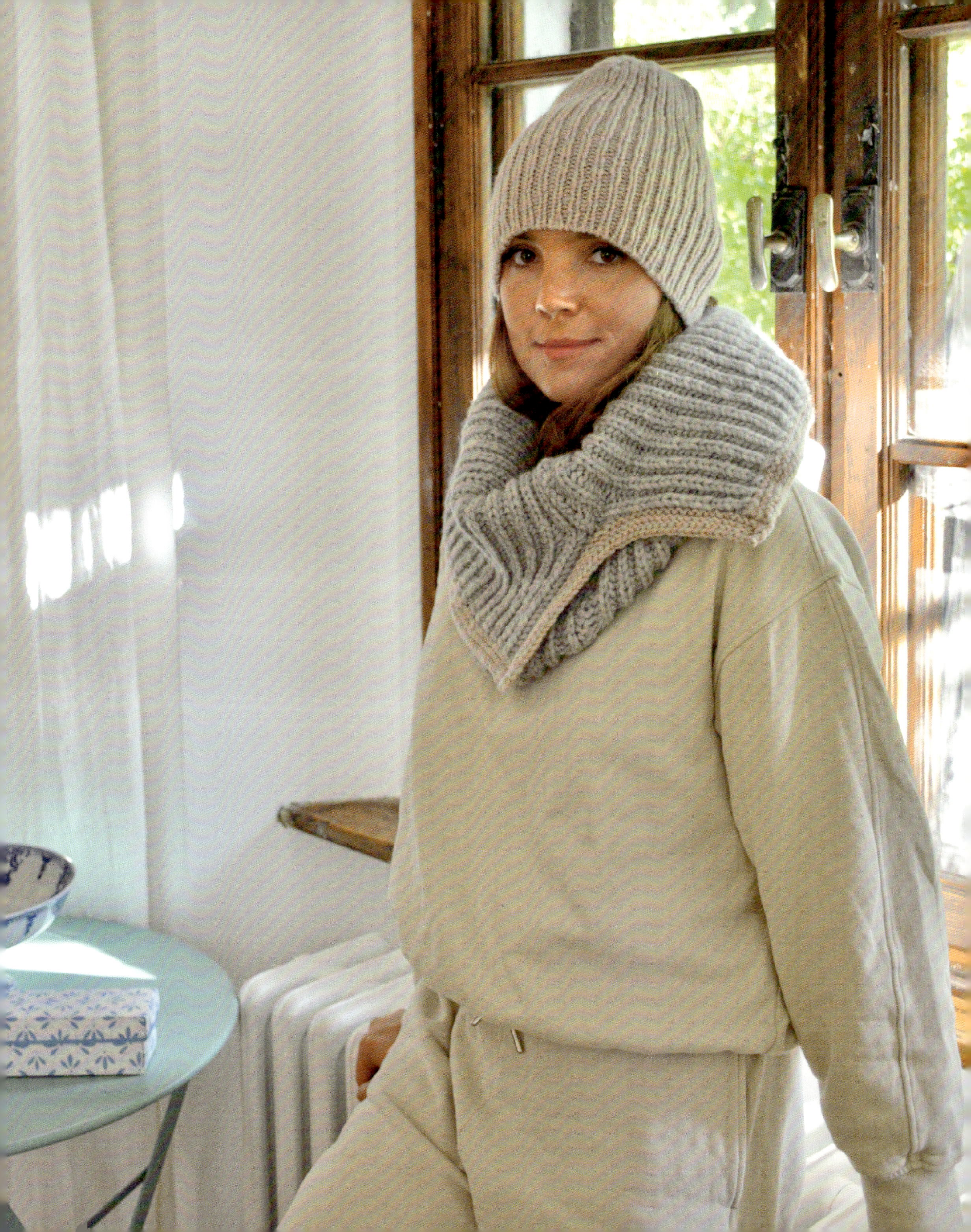

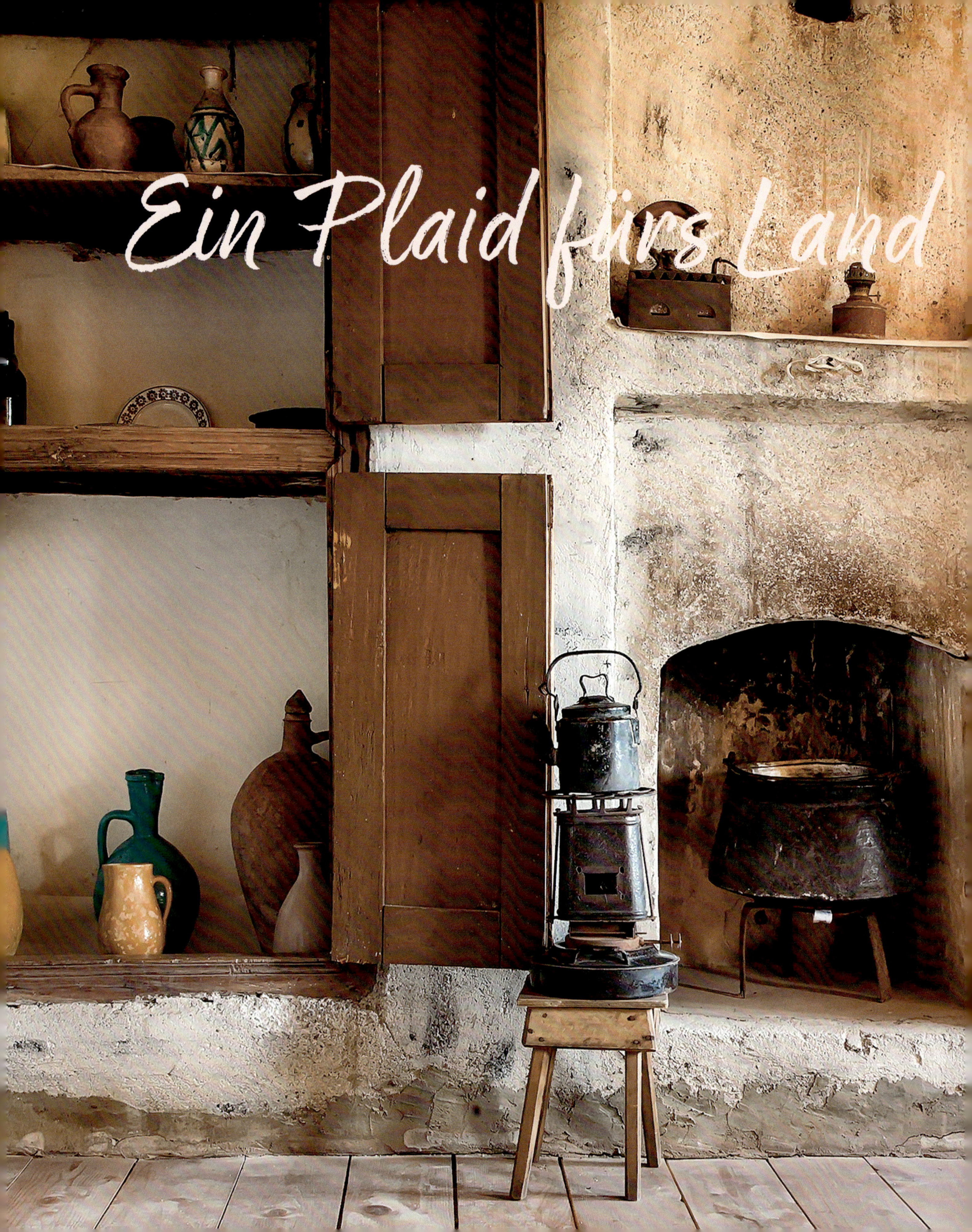
Ein Plaid fürs Land

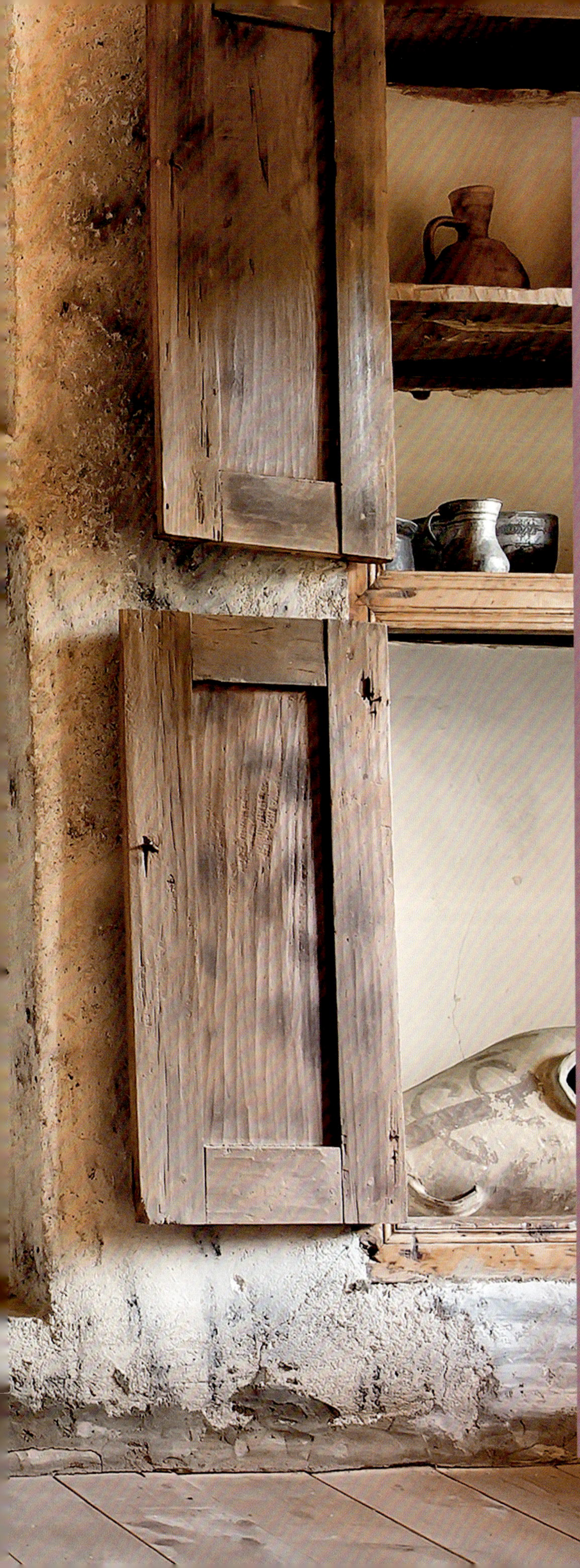

Freitag

Nein, es passiert nicht nur anderen. Man kann auch selber mal etwas gewinnen. Ja, ich habe gewonnen: ein Wochenende in Südtirol. Auf einem Schafsbauernhof mit Töpferei. Es klingt ein wenig alternativ, aber genau das ist der Reiz. Schließlich war es auch eine Tombola auf einem Biobauernmarkt, bei dem mir das Los in die Hände fiel. Am Freitagnachmittag mache ich mich auf den Weg, samt gut gefülltem Rucksack und einem Korb voller Wolle. Nina hat gesagt, ich würde Eulen nach Athen tragen, schließlich gäbe es auf dem Hof Schafe, aber bis aus Schafwolle ein weiches Gestrick wird, braucht es viele Arbeitsschritte. Dann will ich lieber aktiv am Hofleben teilnehmen und aus meiner mitgebrachten Wolle ein federleichtes Plaid stricken, das mich immer an diesen Aufenthalt erinnern wird. Ich will nur noch Nina kurz Bescheid sagen.

- Hi, Nina, ich fahre jetzt los!
- *Lass es dir gut gehen und bring ein paar Rezepte mit!*
- Werd mir Mühe geben.
- *Wirst du töpfern?*
- Keine Ahnung, ob sie das anbieten, wenn ja, dann töpfere ich dir eine Schüssel.
- *Mach dir keinen Stress, es ist dein Gewinn und du machst daraus, was dir gefällt.*
- Du bist lieb, bis bald.

Meine kleine Reisetasche ist schnell gepackt, viel größer ist die Schachtel mit der Wolle. Auch die Bergstiefel sind sperrig. Irgendwie schaffe ich es in den Zug nach Bozen. Am Bahnhof holen mich meine Gastgeber ab – mein Gewinn beginnt.

Freitagabend

Maria, die Bäuerin, ist vielleicht so alt wie ich. Ein dicker Zopf fließt ihr über die Schulter, ein buntes Bandana hält die Haarpracht am Kopf fest. Ein grob gestrickter Pullover sieht lässig zur Latzhose aus. Sie begrüßt mich aufs Herzlichste.

- Magst gleich was essen oder ein wenig später, wenn ich die Schafe zurück in den Stall getrieben habe?
- *Lass dich durch mich nicht stören, ich freue mich, wenn ich dir ein wenig über die Schulter schauen darf.*
- Dann zieh deine Bergschuhe an und komm mit, die Schafe stehen auf einer steilen Weide. Und wenn wir zurückkommen, essen wir Apfelstrudel.
- *Klingt toll, danke.*

Samstagfrüh

Der Abend in der Stube war herrlich. Maria hat mir ein Tablett mit Frühstück auf die Türschwelle gestellt und ich genieße die frischen Eier und die selbst gemachte Marmelade auf meinem sonnigen Fensterbrett. Nachher will mir Maria die Töpferei zeigen. Bis dahin stricke ich schon an meinem Plaid. Groß und leicht soll es werden und doch etwas Rustikales haben. Ich erinnere mich an den Zopf von Maria, der so kräftig und verlässlich wirkt. Mein Plaid soll auch Zöpfe bekommen, keine Hippiefransen. Mit dem etwas abgewandelten Doubleface-Muster fliegen die Maschen nur so dahin. Ein warmer Kamelhaarton flutet bald das Zimmer, denn Reihe um Reihe wächst das gute Stück.

Samstagabend

Maria und ihr Mann Marco haben Spinatkrapfen gemacht, in Butter serviert mit Parmesanspänen. Köstlich, dazu einen kräftigen roten Wein von eigenen Reben. Dann haben die beiden Musik von Ganes aufgelegt, der Frauenband aus Südtirol, die auf Ladinisch singt. Ich frage Maria:

- Was heißt Ganes?

Spinatknödel

Für 6 Knödel
150 g altbackenes Weißbrot, 170 ml Milch, 400 g Spinat, 15 g Butter, 1 kleine Zwiebel, 1 Ei, Salz, Pfeffer, 1/2 EL Mehl, 1 EL Semmelbrösel, 40 g Butter, frisch geriebener Parmesan, 1 kleine Zehe Knoblauch, Muskat

Das Weißbrot kleinwürfeln, mit so viel Milch übergießen, wie das Brot annimmt. Den Spinat in Salzwasser gar kochen, ausdrücken und passieren.
In einem Topf Butter zerlassen und Knoblauch und klein gehackte Zwiebeln darin anschwitzen, den Spinat zugeben und 5 Min. dünsten, dann etwas auskühlen lassen.
Ei und Spinat zum Brot geben, gut vermischen, mit Salz, Pfeffer und Muskatnuss würzen. Mehl und Semmelbrösel zugeben und aus der Masse kleine Knödel formen. In Salzwasser ca. 15 Min. leicht köcheln lassen.
Mit frisch geriebenem Parmesan bestreuen und mit zerlassener Butter servieren. Dazu frischen Salat reichen.

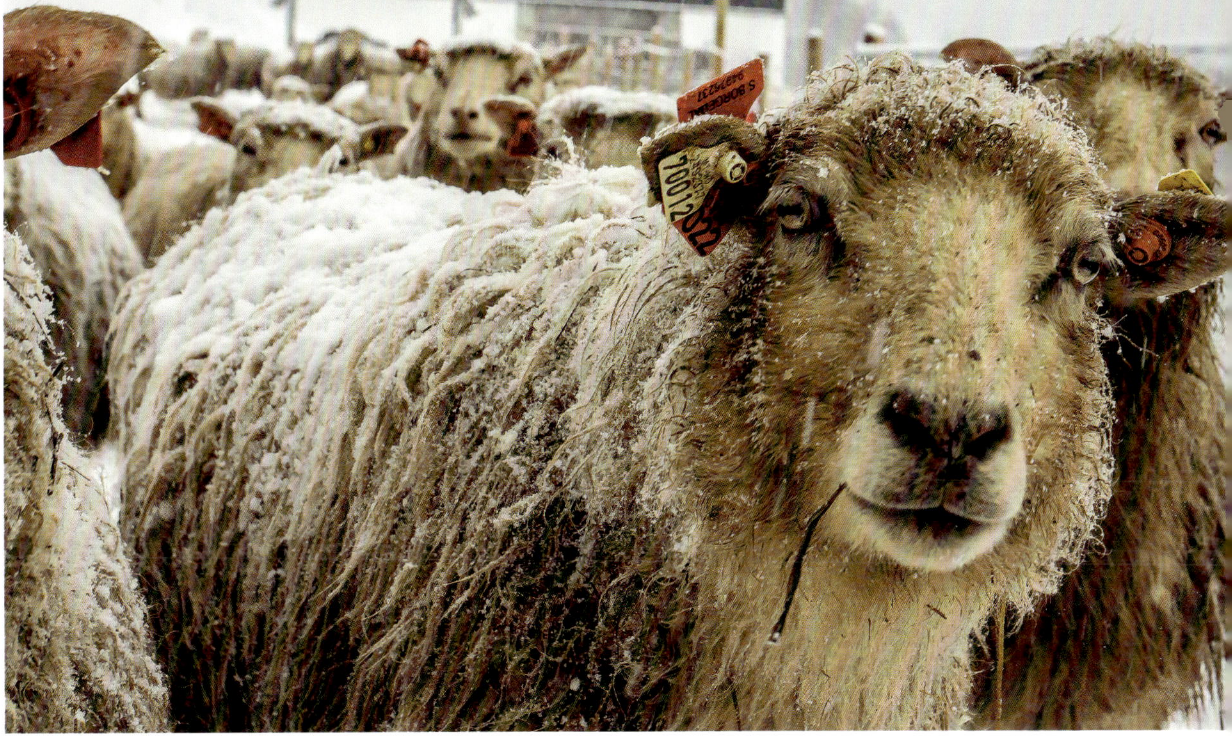

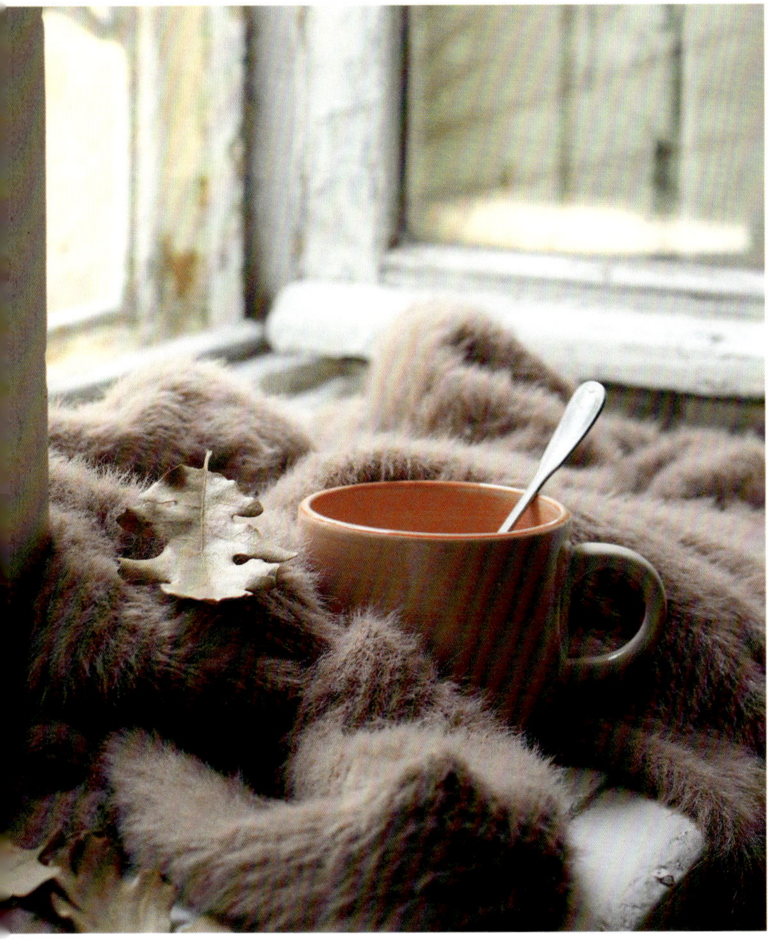

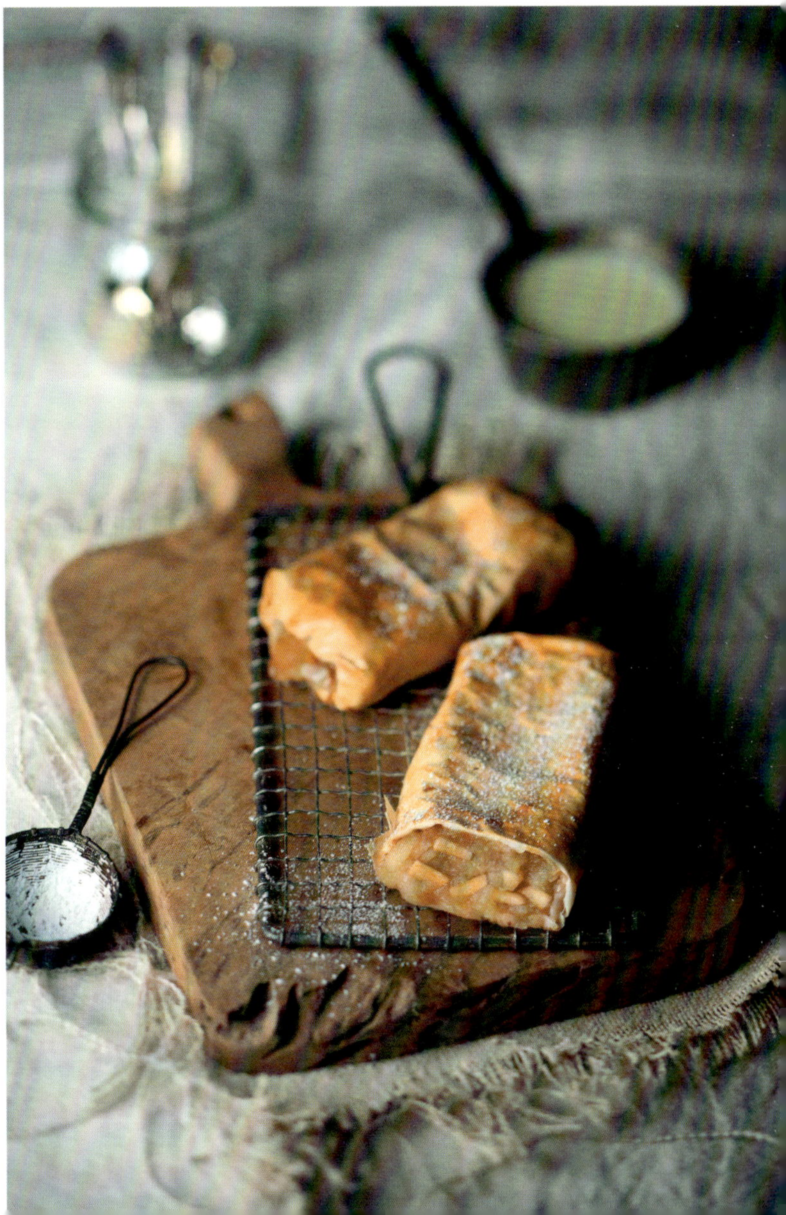

- *Ganes sind Wald- und Wasserwesen, je nachdem, wie lieb man zu ihnen ist, sind sie gut oder böse.*
- Manchmal ist die Maria auch eine Ganes!

Sagt Marco und grinst. Die beiden sind gut zusammen, bald wollen sie Kinder, damit noch ein bissl mehr Trubel auf ihrem Hof ist. Später kann ich trotz der vielen körperlichen Arbeit nicht einschlafen, vielleicht ist es die Höhenluft, vielleicht die wunderbaren, aber kräftigen Spinatknödel. Jedenfalls wächst mein Plaid in dieser Schlaflosigkeit. Über den Bergen steht der Mond, leise hört man ab und zu die Schafe. Das Holz der Deckenbalken knarzt. Es sind friedliche Stunden.

Einem Berge

Christian Morgenstern

„Du, Berg, bist gut.
Auf deinen Matten ruht
Das Auge gern und
gern auf deinem Wald;
Du bist nicht hoch
und stattlich von Gestalt,
Doch macht dein sanfter Reiz
dem Träumer Mut.
Die Sonne liegt auf deiner
breiten Brust
den langen Tag;
du gibst sie uns zurück;
Und über deinem gütevollen
Glück
entlässt das Herz
die letzte böse Lust."

Sonntagmorgen

Ich muss unter meinem nun schon wirklich großen Plaid eingeschlafen sein, Die Nadeln halte ich noch in Händen. Im Haus ist bereits Leben und ich will Maria heute in die Töpferei begleiten. Also schnelle Katzenwäsche und ein frisches T-Shirt.

- Guten Morgen, Maya, sollen wir heute ein paar Schüsseln glasieren, ich habe Rohlinge da, dann kannst du eine eigene Schüssel mitnehmen.
- *Das wäre toll, danke, ich bin bereit.*

Ich folge Maria in die Töpferei, ein herrlicher hoher Raum mit Rauch getönten Wänden.

Sonntagnachmittag

Ich habe zwei Schüsseln sonnengelb glasiert mit zarten blauen Schlieren darin. Sie sehen aus wie der Sommer. Nachdem sie ausgekühlt sind, werde ich sie in mein Plaid einwickeln, weicher geht es nicht. Und Nina wird sich über das Mitbringsel freuen. Mit Maria und Marco habe ich Freunde gewonnen. Auf ihrem Hof war ich nicht das letzte Mal. Sie sind wirklich ein Gewinn!

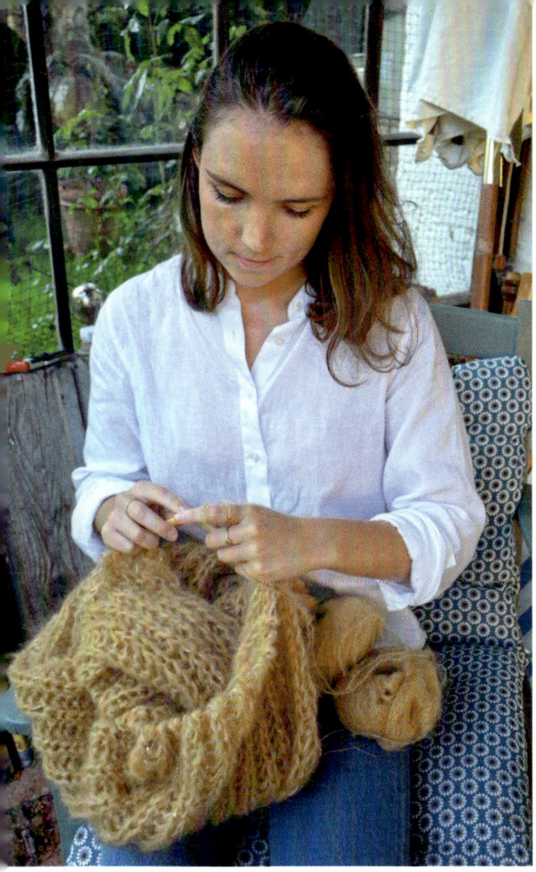
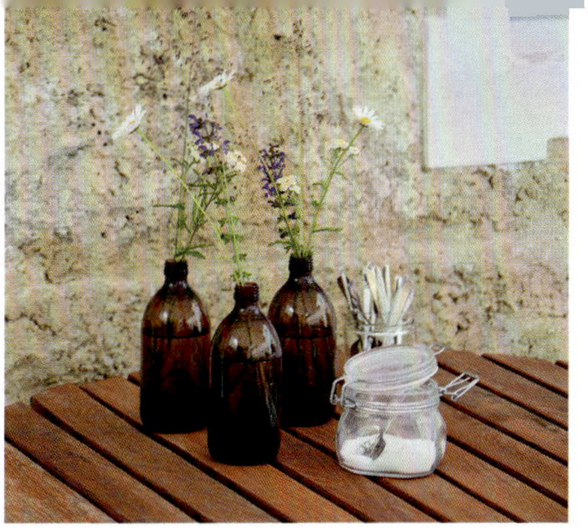
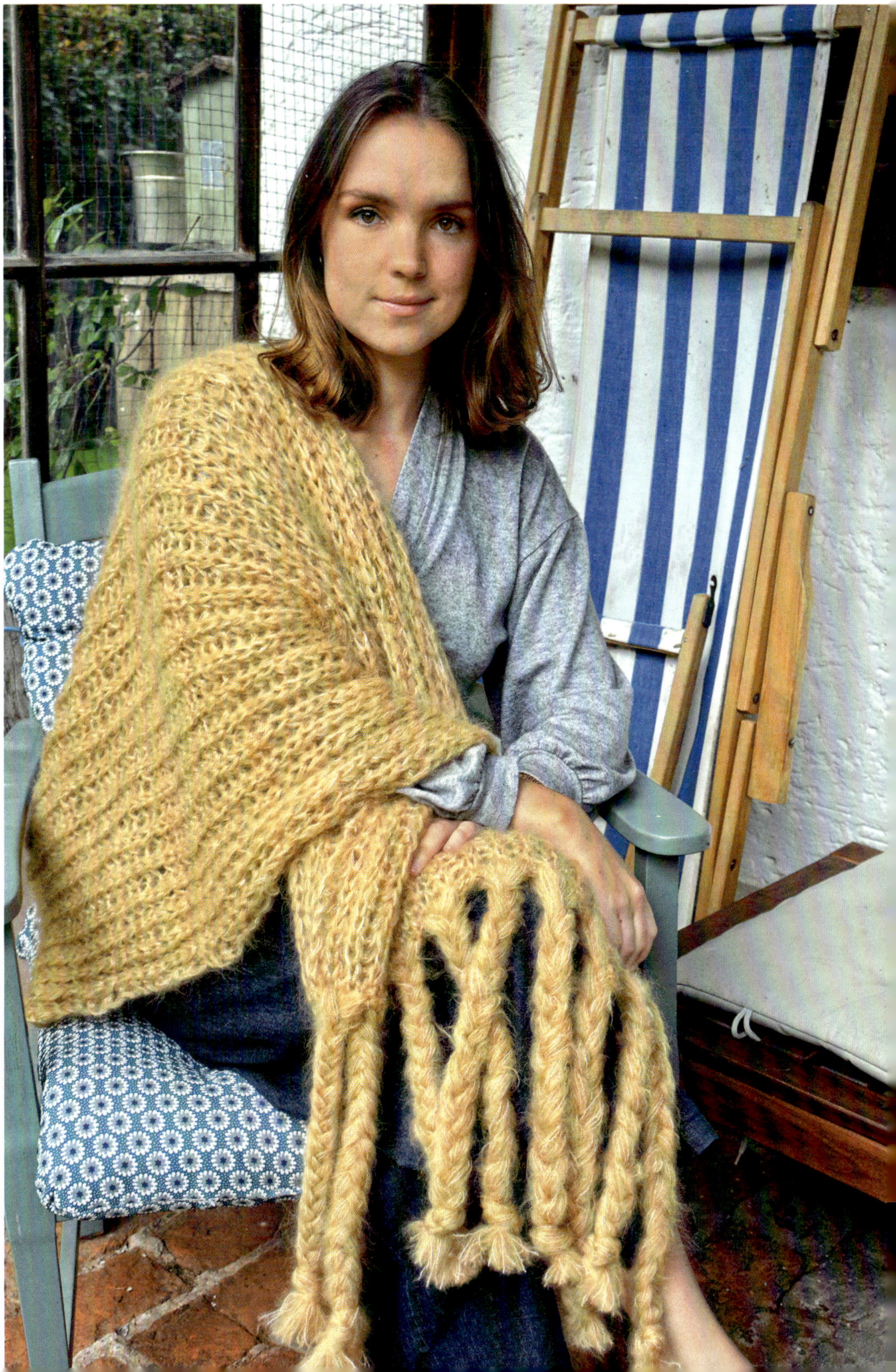

Ein Plaid fürs Land

Zöpfe und XXL-Optik

GRÖSSE:
50 cm x 170 cm (Breite x Länge) plus Zopf-Fransen

MATERIAL:
Lana Grossa **„Brigitte No. 3“** (40% Mohair, 37% Schurwolle Merino, 23% Polyamid; Lauflänge ca. 100 m/25 g), **450 g** in Camel **(Fb 19)** und Lana Grossa „**Diamante**“ (100% Polyester; Lauflänge ca. 195 m/25 g), **100 g** in Beige **(Fb 1)**; Rundstricknadel Nr. 9 in 60 cm Länge.

GLATT RECHTS IN DOUBLEFACE-TECHNIK:
Beim Doubleface-Stricken erscheinen beide Seiten des Strickstücks als rechte Seiten, also mit glatt rechts aussehenden M. Dazu die M der nach vorne weisenden Seite rechts stricken, die M der nach hinten weisenden Seite wie zum Linksstricken abheben und den Faden dabei vor der Arbeit führen. Die Übergänge von Vorder- zur Rückseite markieren.
1. R: 2 M rechts str, * 1 M mit dem Faden vor der Arbeit abheben, 1 M rechts str *, von * bis * wdh bis 3 M vor R-Ende, dann die R beenden mit 1 M rechts und die letzten beiden M wie zum Linksstricken abheben mit dem Faden vor der Arbeit. Die 1. R auf Vorder- und Rückseite, also in Hin- und Rück-R str. Die linke Seite des Strickstücks liegt innen.

MASCHENPROBE:
Mit Nadeln Nr. 9 und 2 Fäden Brigitte No. 3 sowie 1 Faden Diamante glatt rechts gestrickt ergeben 9 sichtbare M und 10 sichtbare Rd = 10 cm x 10 cm.

Hinweis: Der Schal wird durchgehend dreifädig, also mit 2 Fäden Brigitte No. 3 und 1 Faden Diamante gestrickt.

SCHAL:
Mit Nadel Nr. 9 und dreifachem Faden 92 M anschlagen.
In **Doubleface**-Technik stricken wie beschrieben.

Nach mehreren R wird sichtbar, dass auf jeder Seite des Strickstücks nur die rechts gestrickten M sichtbar sind und die links abgehobenen M zwischen den rechten M verschwinden, also innen liegen. In 170 cm Höhe alle M abketten, dabei immer 2 M zusammenstricken.

FERTIGSTELLEN:

Alle Fäden vernähen, die Anschlagskante mit einfachem Faden links auf links im Heftstich zusammennähen. An beiden schmalen Seiten geflochtene Zöpfe anbringen. Für einen Zopf * 3x 7 Fäden à 70 cm zuschneiden. Die ersten 7 Fäden bis zur Hälfte durch die 1. M ziehen, in die beiden folgenden M ebenfalls je 7 Fäden einziehen. Jeder Strang besteht also zusammengenommen aus 14 Fäden. Die drei Stränge miteinander verflechten. Nach 17 cm miteinander verknoten und die Fäden ca. 2 cm unterhalb des Knotens begradigen *. Den Vorgang von * bis * wiederholen, bis an jeder schmalen Seite 15 geflochtene Zöpfe angebracht sind.

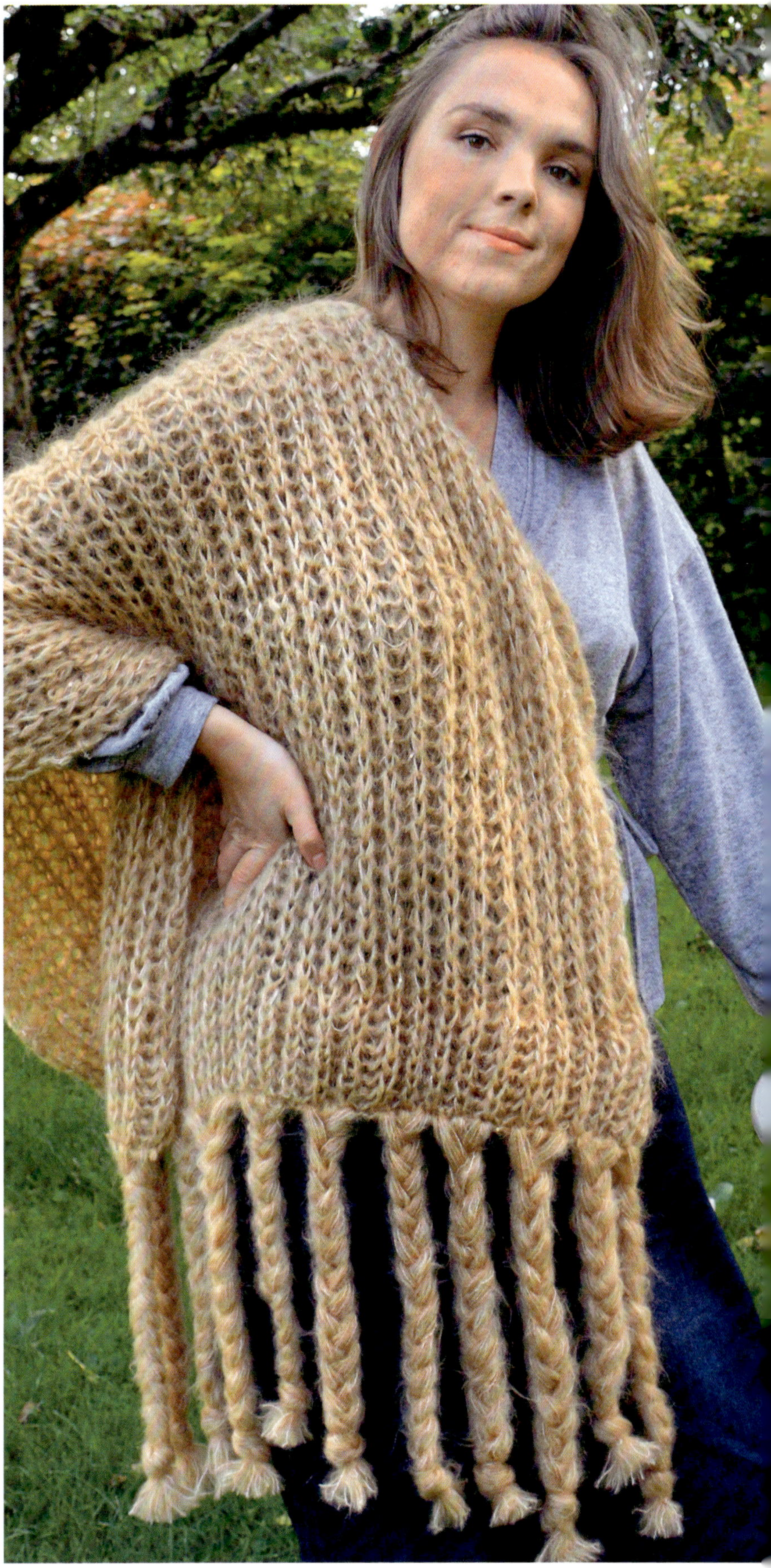

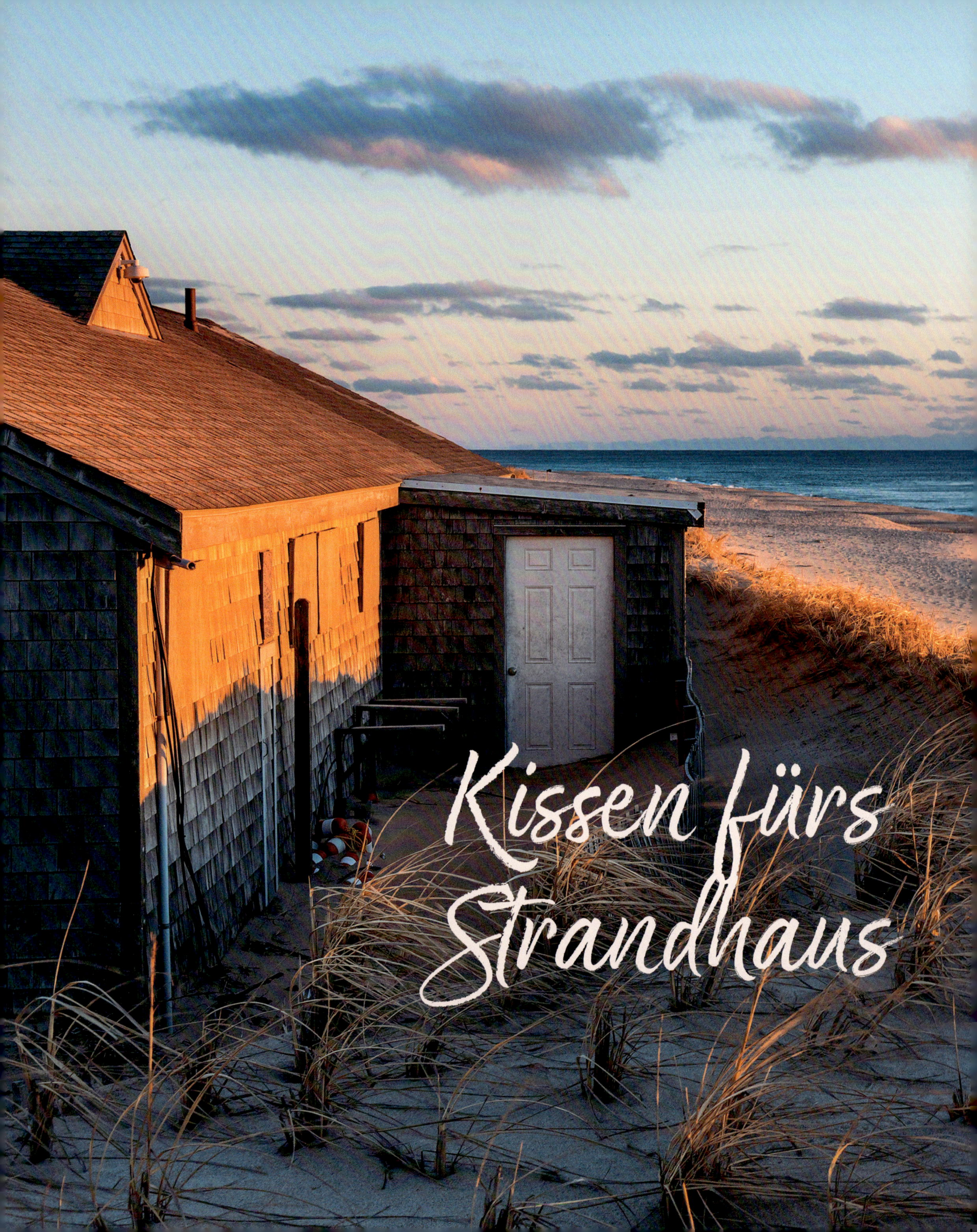

Kissen fürs Strandhaus

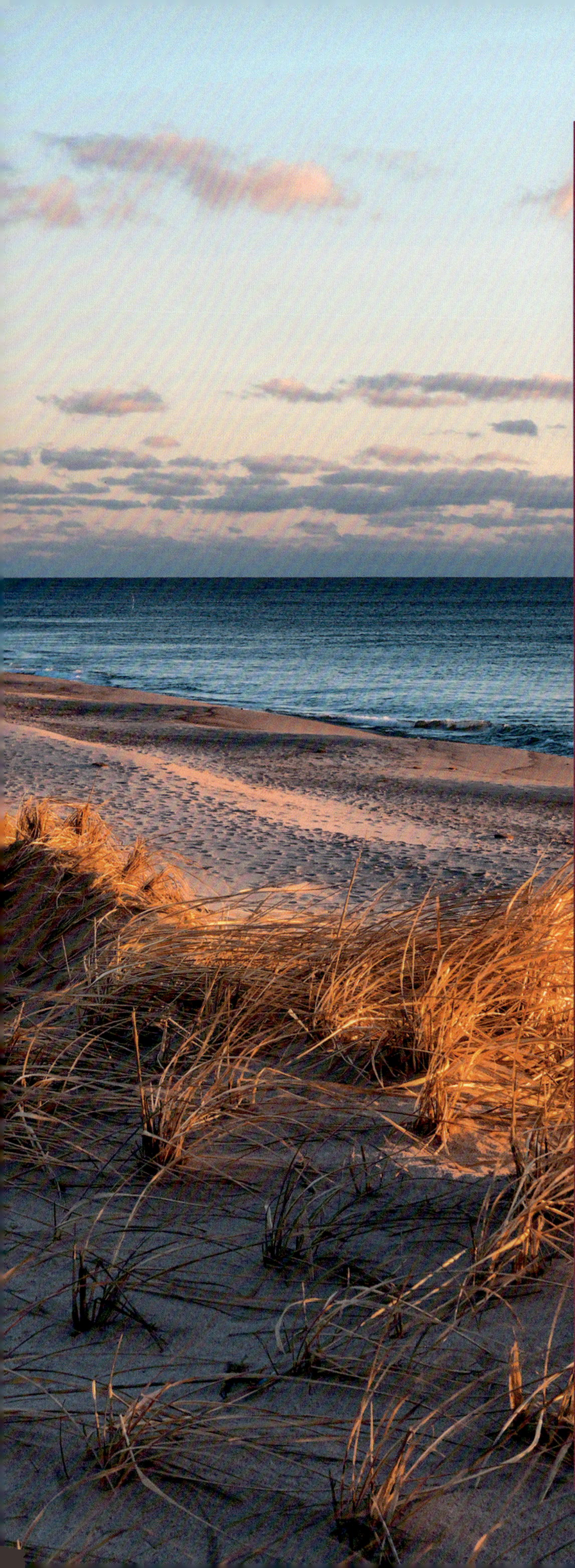

Freitag

November ist kein Monat, um ans Meer zu fahren, vielleicht in ein Spa-Hotel oder nach Südtirol, aber nur wenn es schön ist. Es regnet und stürmt aber seit Tagen. Und ein langes Wochenende steht bevor und die Freundinnen sind in eben jenes Spa-Wochenende gefahren. Ein kleiner hartnäckiger Husten hielt mich davon ab, mitzkommen. Und nun grüble ich, ob ein Novemberwochenende bei Starkregen in den eigenen vier Wänden gerade gut für mein Gemüt ist? Da finde ich die Anzeige in der Zeitung:

> Kurzfristig Strandhaus mit Heizung zu vermieten, Wochenend-Special, Wind und Wetter inklusive.

Ich schreibe an die genannte E-Mail-Adresse:

- Kann ich das Haus auch heute haben bis Sonntag? Ich weiß, es ist ein wenig kurzentschlossen, herzlichst Maya.
- *Aber sicher, ich freu mich. Sie kommen den hier beschriebenen Weg und holen den Schlüssel bei mir ab.*
- Perfekt, Danke, bin gegen 17 Uhr da, ach ja wie ist denn das Wetter?
- *Stürmisch bis heiter mit Regen und Sonne. Also alles mitnehmen, von Gummistiefeln bis Flipflop, ich heize schon mal vor.*

Keinen halben Tag später bin ich in einer anderen Welt. Ostsee, Weite, Möwen, Strandhafer und Licht! So viel Licht habe ich schon lange nicht mehr gesehen. Der Vermieter ist eine schrullige kleine Dame, nicht alt, nicht jung, die mir ohne viele Worte, aber mit einem faltenreichen Lächeln den Schlüssel aushändigt und mir noch einen dicken Kürbis aus ihrem Garten mit auf den Weg gibt.

Freitagnachmittag

In dem kleinen Strandhaus riecht die Luft nach Bast und Stroh, nach Meersalz und einer Rauchnote, die vermutlich von dem Grill herrührt, der vor dem Haus steht. Eine kleine, mit Glas abgeschirmte Veranda macht es möglich, dass ich fast draußen sitzen kann, und das im November. Nicht weit entfernt liegt ein Ruderboot, das dieselbe Farbe wie der Kürbis hat. Es leuchtet in der Abendsonne. Ich werde lange Spaziergänge machen und eine Arbeit beenden, die ich vor langer Zeit begonnen habe: Gemütliche Kissen in den Farben des Herbstes: Burgunderrot, leuchtendes Wilder-Wein-Rot, Aubergine und Hafergrau. Die Wolle enthält Cashmere und garantiert mir, dass diese Kissen echte Handschmeichler und Gesichtsstreichler werden. Im Geräteschuppen des Strandhauses finde ich einen Liegestuhl, der so vintage ist, dass man ihn mühelos in Jacques Tatis „Die Ferien des Monsieur Hulot" dekorieren könnte – das Kinoplakat dazu hängt an der Wand. Es ist meine Inspiration, meine Kissen sollen genauso werden.

Kürbissuppe

Einen Kürbis vierteln, die Schale entfernen und die Kerne ausschaben. Das Fruchtfleisch würfeln. 1 Zwiebel schälen und fein hacken. 2 Knoblauchzehen zerdrücken. Ein 1 cm großes Stück Ingwer klein schneiden. Alles in einem großen Topf in reichlich Öl anbraten, salzen, leicht zuckern, pfeffern und mit Gemüsebrühe aufgießen, bis alles gut bedeckt ist. Ca. 1/2 Stunde köcheln lassen. Dann mit dem Pürrierstab cremig rühren, mit Sahne aufgießen und abschmecken.

Samstagmorgen

Eines der Kissen ist fast fertig. Nach einem langen Spaziergang am Meeressaum fühlt sich die weiche warme Wolle richtig zwischen meinen Fingern an. Orange und Burgunderrot ergeben ein Leuchten und die frische Ostseeluft hat Appetit gemacht. Ich verarbeite meinen schönen Kürbis zu einer Suppe, die so reichhaltig ist, dass sie auch am Sonntag noch schmecken wird. Zwischen Kürbis und Kissen melden sich die Mädels von ihrem Spa-Aufenthalt.

- Wie gehts dir, Maya? Ist der Husten besser?
- *Der Husten? Ich habe ihn völlig vergessen!*
- Wie das?
- *Die Ostsee macht es möglich!*
- Du bist wo?
- *Strandhaus, Meeresrauschen, Sand unter den Füßen, Sonne!*
- Neid!
- *Aber bei euch ist es sicher auch schön!*

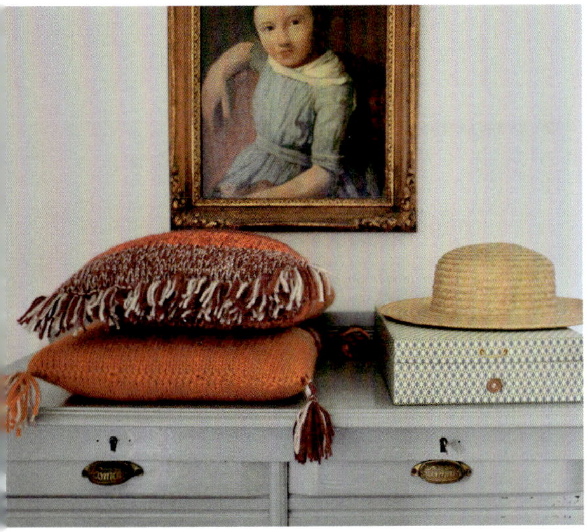

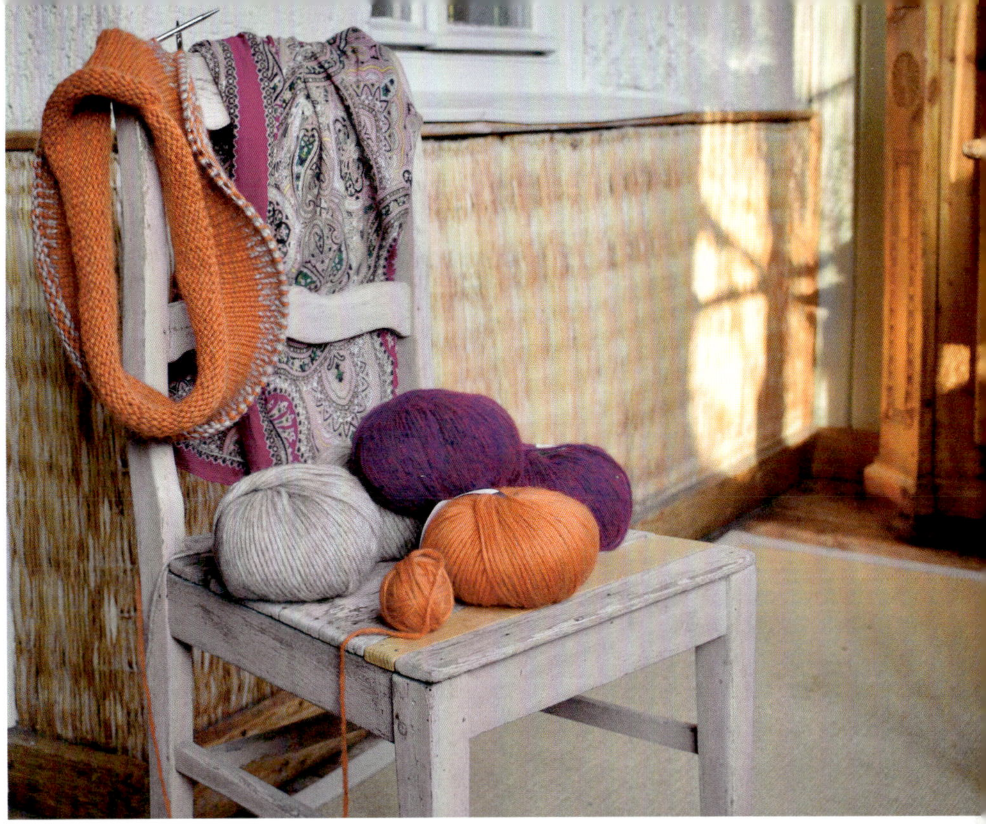

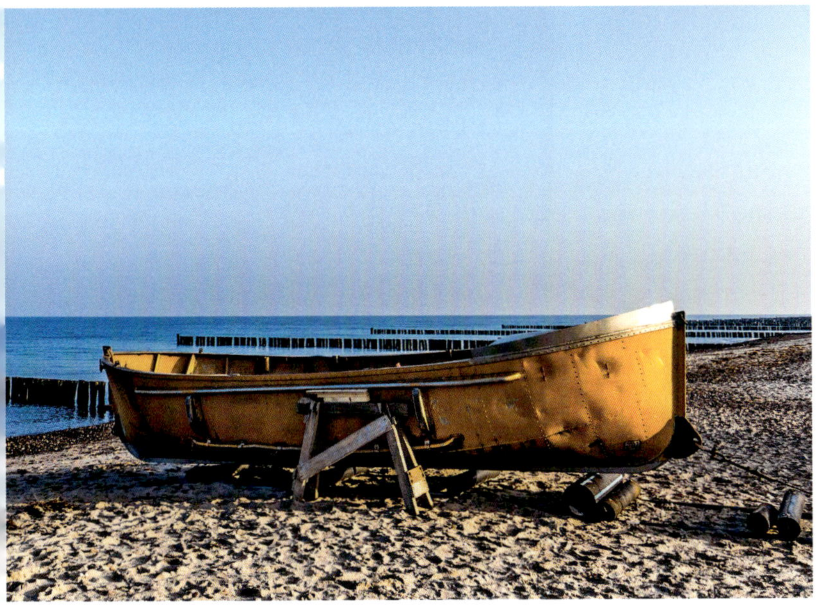

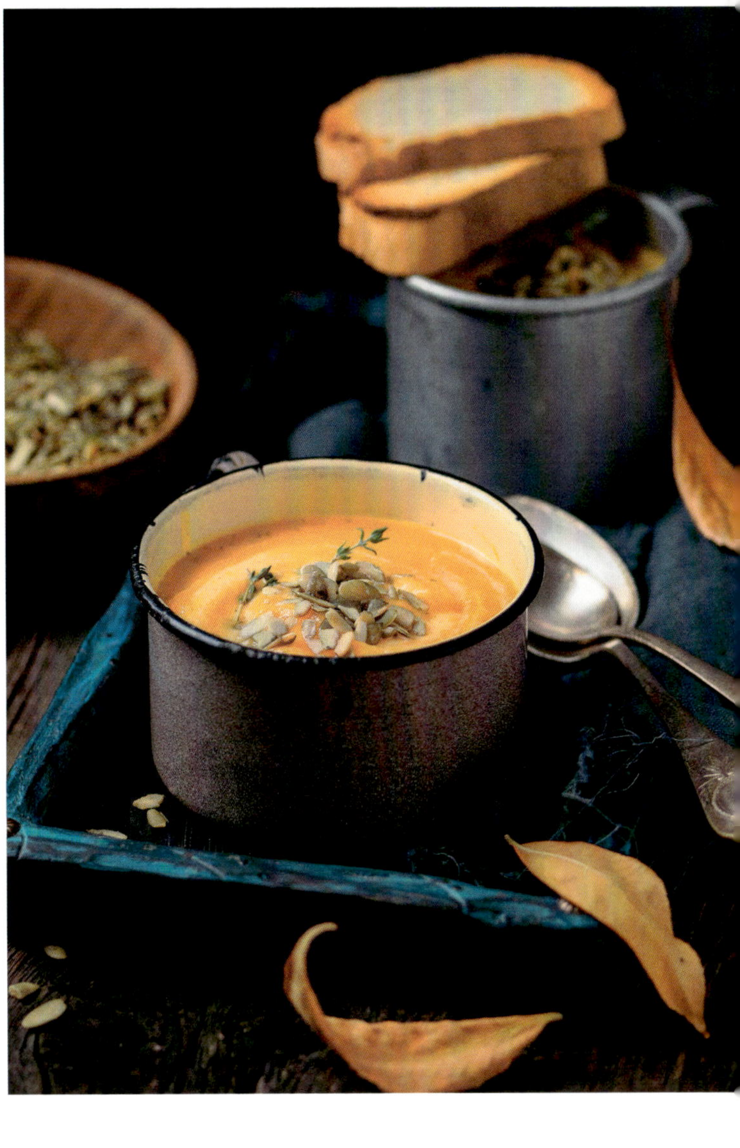

Ich schicke noch Bilder vom Strand samt Boot hinterher und ein kleines Stillleben von Strickzeug und Wolle, die ich in meiner kleinen windgeschützten Veranda dekoriert habe. Die Antwort kommt prompt.

- Ist das schööööön bei dir, Süße!
- *Da müssen wir mal zusammen her!*
- Au jaaaaaa!

Samstagnachmittag

Ich kuschle mich auf mein erstes Kissen und lasse mir die Kürbissuppe schmecken. Dazu Musik von *Coeur de Pirate*, dieser jungen kanadischen Pianistin mit der Glockenstimme. Mein Fernsehen sind die Wolkenformationen, die über der nun aufgewühlten See wilde Spiele treiben. Irgendwie macht Seeluft müde, oder ist es mein neues Kissen, das eine geheime Schlafbotschaft aussendet?

Sonntagmorgen

Das zweite Kissen ist so gut wie fertig. Noch einen Milchkaffee und einen Walk zwischen den Dünen, dann ist meine kleine Auszeit hier zu Ende, aber ich weiß, ich war nicht das letzte Mal da. Ein Andenkenfoto mit den dekorierten Kissen wird mich immer daran erinnern, wie ich hier meinen Husten mit Kissen, Kürbis und Küste geheilt habe.

Meer am Morgen

Christian Morgenstern

Herrlich schäumende Salzflut
im Morgenlicht,
die tiefen Bläuen
in weißen Stürzen
auskämmend,
hin über grünere Seichten
zur Küste stürmend
ausrollend dich nun,
die Felsen hochauf
umleuchtend!
Metallgrün
stehen die runden
rauschenden Büsche
vor deinen fernher
schwärzlichen Böen,
und rötlich milchige Wolken
strecken sich lang
in den zärtesten Himmel
darüber.

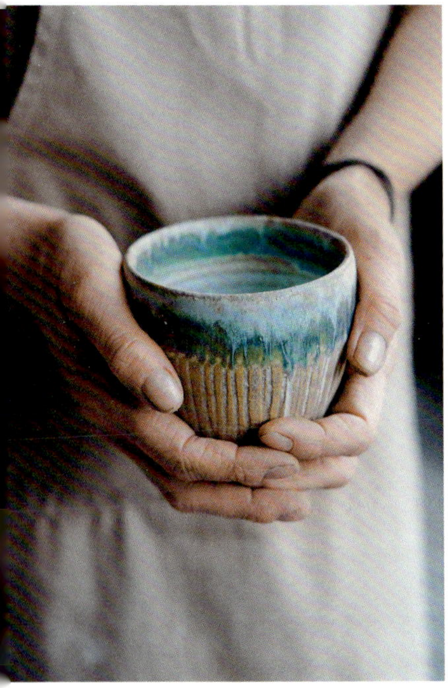
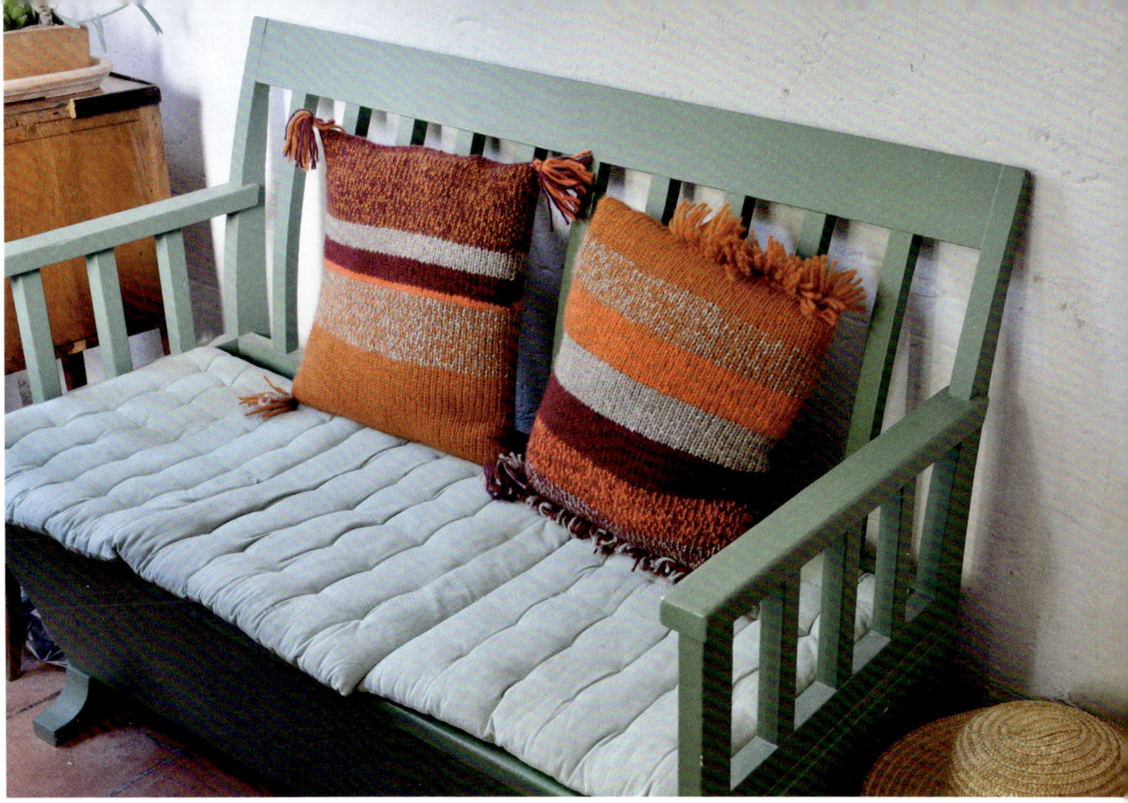
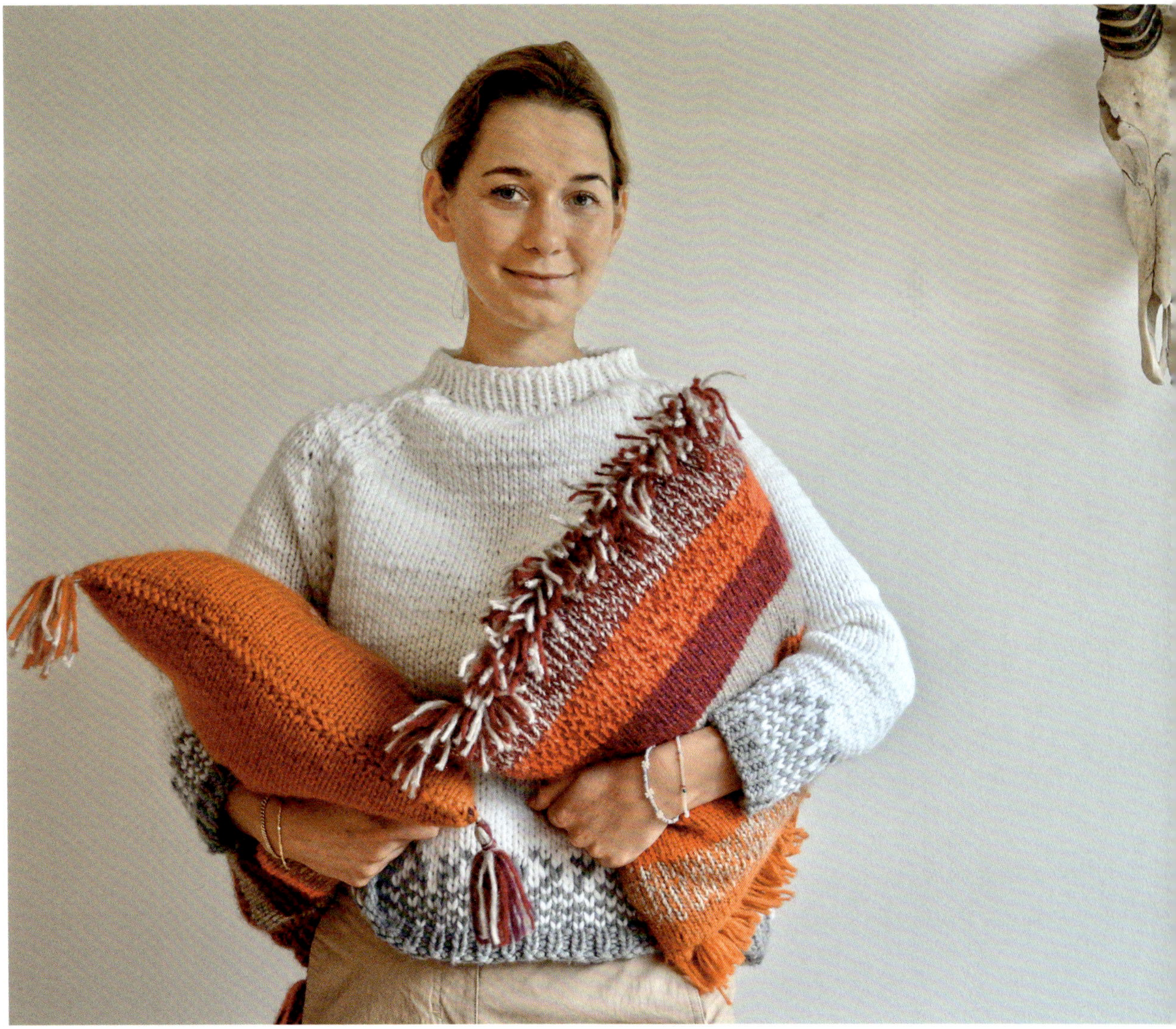

Kissen fürs Strandhaus

Kuschelige Streifen

GRÖSSE:
Ca. 40 cm x 40 cm, ohne Fransen

MATERIAL:
Lana Grossa-Qualität **„Brigitte No. 2“** (47% (Baby) Alpaka, 45% Baumwolle, 8% Schurwolle (Merino), Lauflänge = ca. 140 m/50 g): pro Kissen: ca. **100 g** Beige **(Fb 15)**,**100 g** Aubergine **(Fb 27)**, **100 g** Zimtorange **(Fb 32)**, **100 g** Koralle **(Fb 25)**, **100 g** Bordeaux **(Fb 3)**; 1 Rundstricknadel Nr. 6,5, 60 cm lang, 1 Wollhäkelnadel Nr. 5 zum Einziehen der Fransen; 2 waschbare Kissenfüllungen, 40 cm x 40 cm.

HINWEIS:
Jedes Kissen mit doppeltem Faden arbeiten, wie in der Farbfolge beschrieben.

KISSEN 1:
10 cm mit je 1 Faden Zimtorange und Aubergine, 3 cm mit 2 Fäden Beige, 3 cm mit je 1 Faden Bordeaux und Aubergine, 1 cm mit 2 Fäden Koralle, 8 cm mit je 1 Faden Beige und Zimtorange, 15 cm mit 2 Fäden Zimtorange,

KISSEN 2:
6 cm mit 2 Fäden Zimtorange, 5,5 cm mit je 1 Faden Beige und Zimtorange, 6 cm mit je 1 Faden Koralle und Zimtorange, 5,5 cm mit 2 Fäden Beige, 6 cm mit je 1 Faden Aubergine und Bordeaux, 5,5 cm mit je 1 Faden Koralle und Aubergine, 6 cm mit je 1 Faden Beige und Bordeaux,

GLATT RECHTS:
In Rd nur rechte M stricken.

MASCHENPROBE:
13 M und 19 Rd glatt rechts mit doppeltem Faden und Nadel Nr. 6,5 = 10 cm x 10 cm.

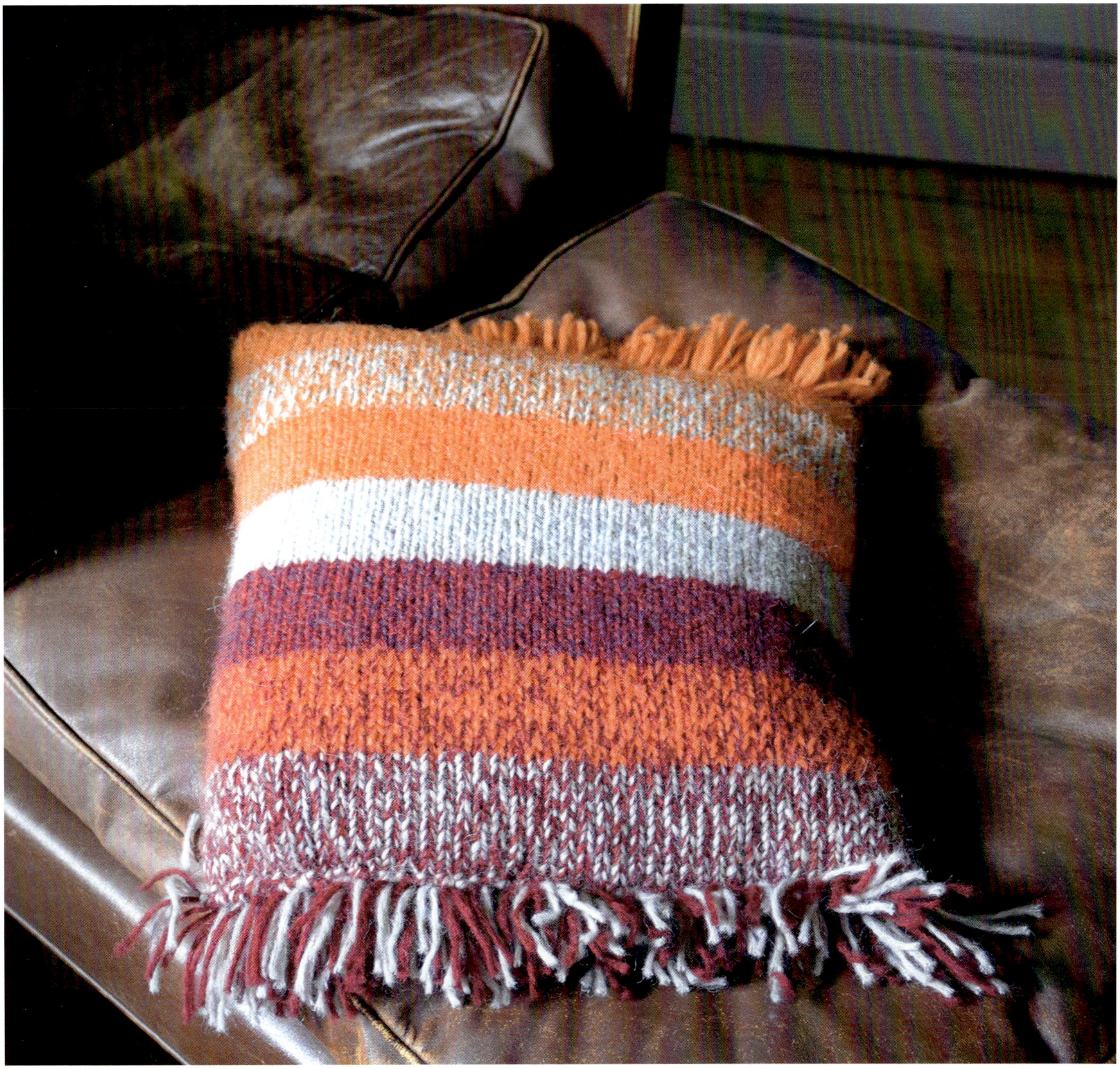

AUSFÜHRUNG:

90 M mit doppeltem Faden anschlagen und zur Rd schließen.
Den Rd-Beginn markieren. Glatt rechts in Rd je nach oben angegebener Farbfolge stricken.
Nach der letzten Rd alle M abketten.

AUSARBEITEN:

Das Teil wenden – so liegt die Glatt-linke-Seite außen – spannen, anfeuchten und trocknen lassen. Die Naht am Abkettrand schließen. Das Kissen wieder wenden, dann die Fransen einknüpfen.

An der oberen, geschlossenen Naht gleichmäßig verteilt 45 Fransen in der Wunschfarbe in den Nahtrand einknüpfen [= in jede M 1 Franse]. Pro Franse je 3 Fäden von 8 cm Länge zuschneiden. Die Fäden zur Hälfte legen und die nun entstandene Schlinge mit der Häkelnadel ein Stück durch den Nahtrand ziehen. Die Fadenenden durch die Schlinge führen und die Franse festziehen. Die fertige Fransenlänge beträgt ca. 3 cm. Die Fransen gleichmäßig auf 3 cm mit der Schere begradigen. Nun den Anschlagrand entsprechend schließen, dabei zunächst 1 Öffnung lassen und die Kissenfüllung einschieben. Dann die übrige Naht schließen. Hier die Fransen genauso einknüpfen.

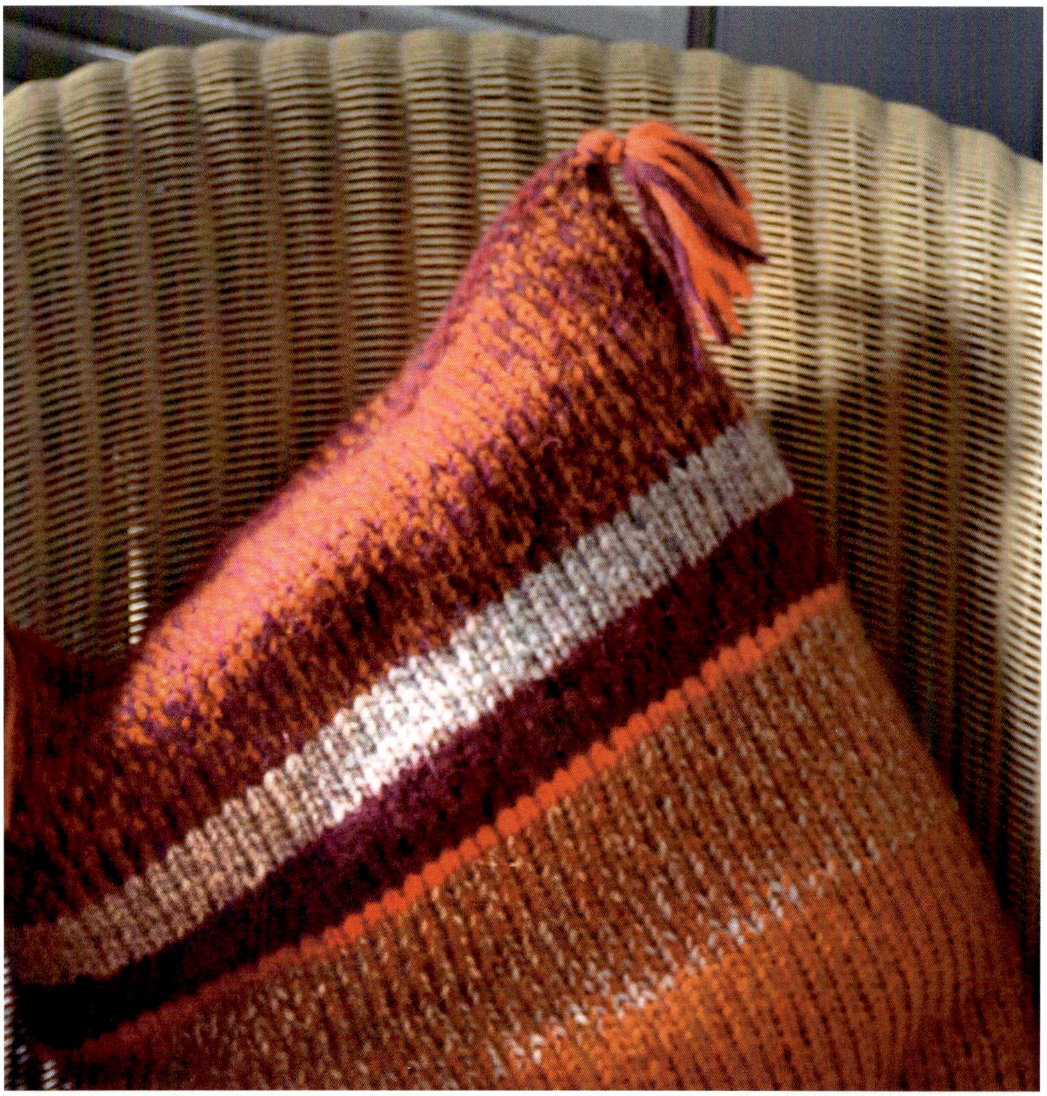

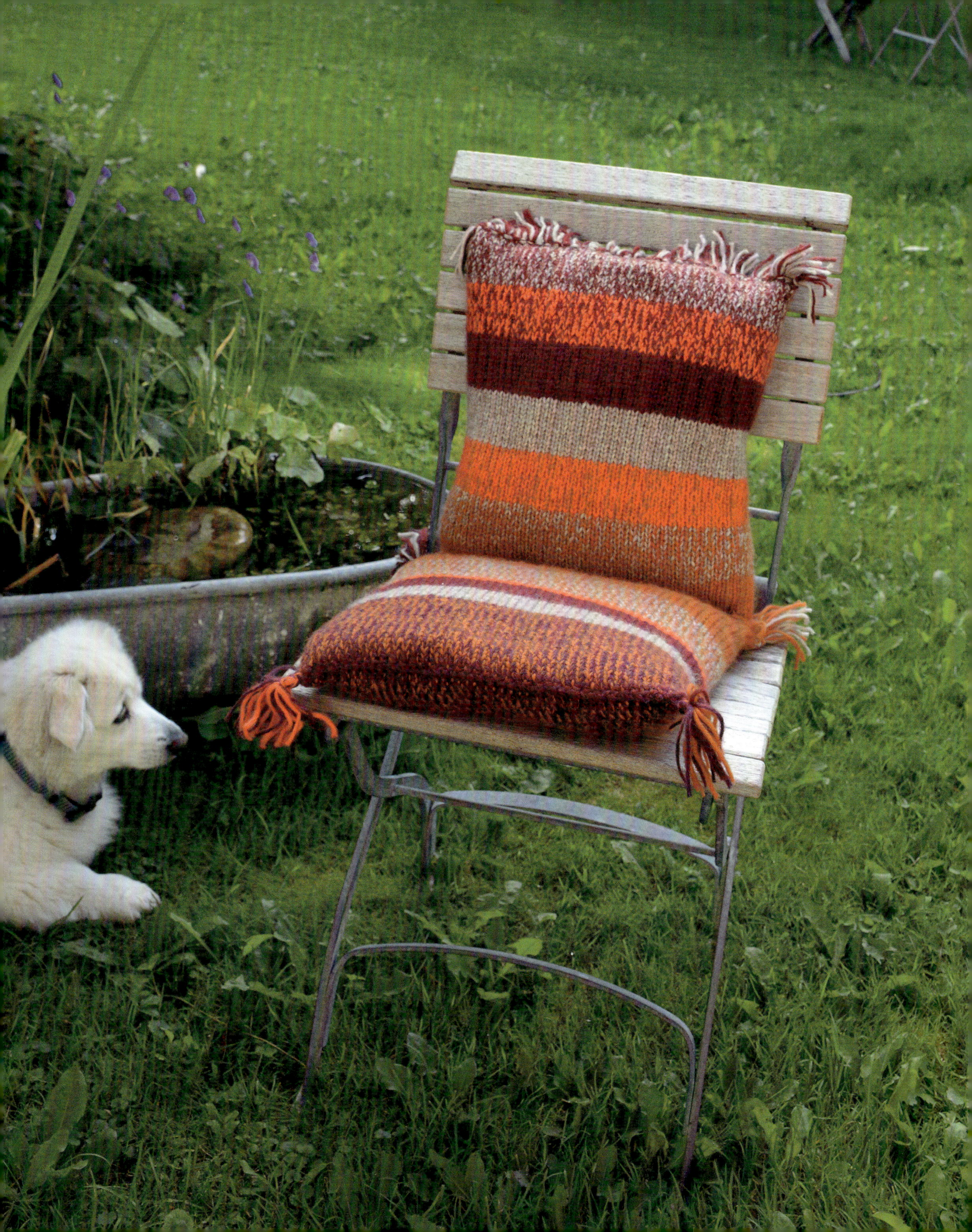

Streifenlook

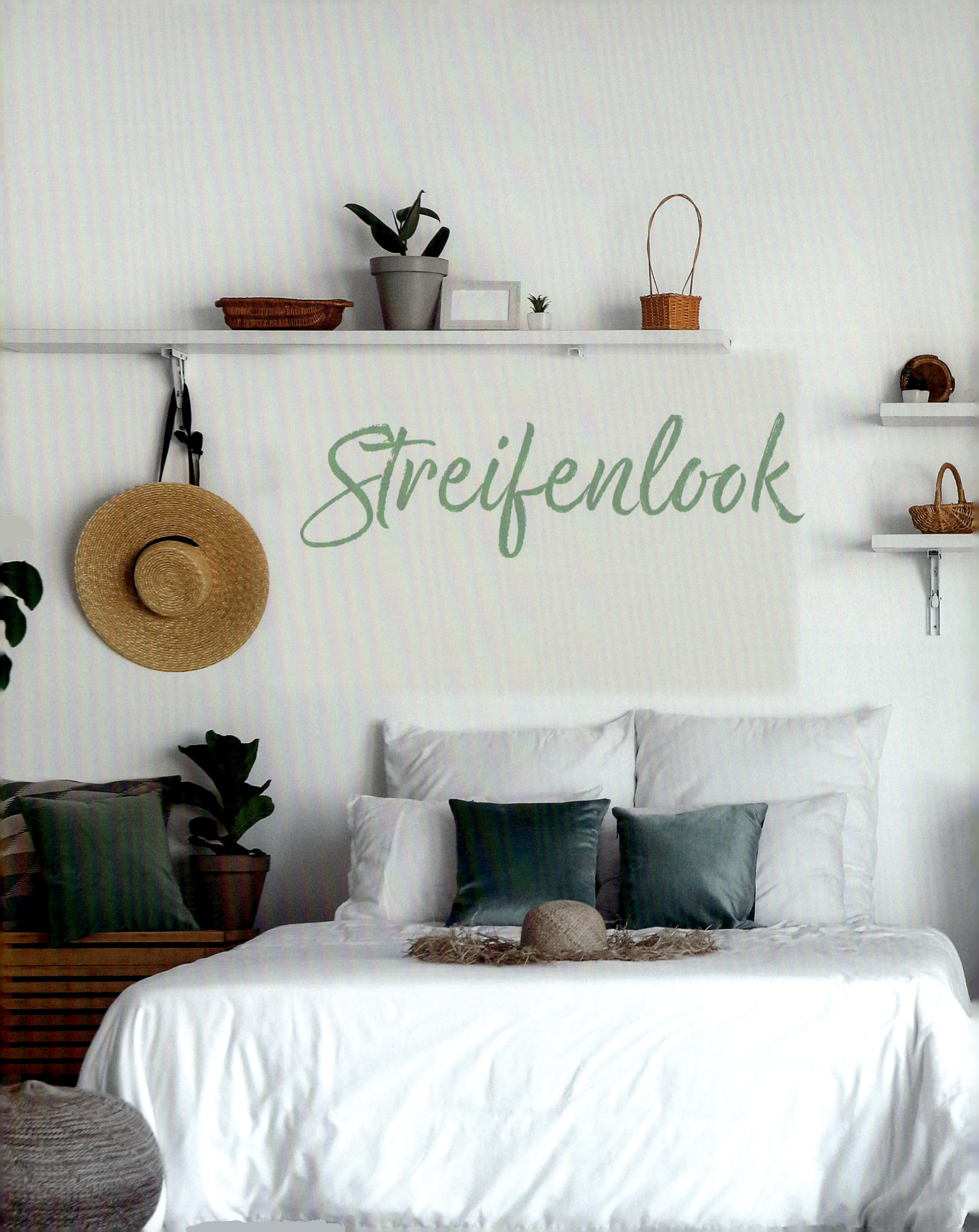

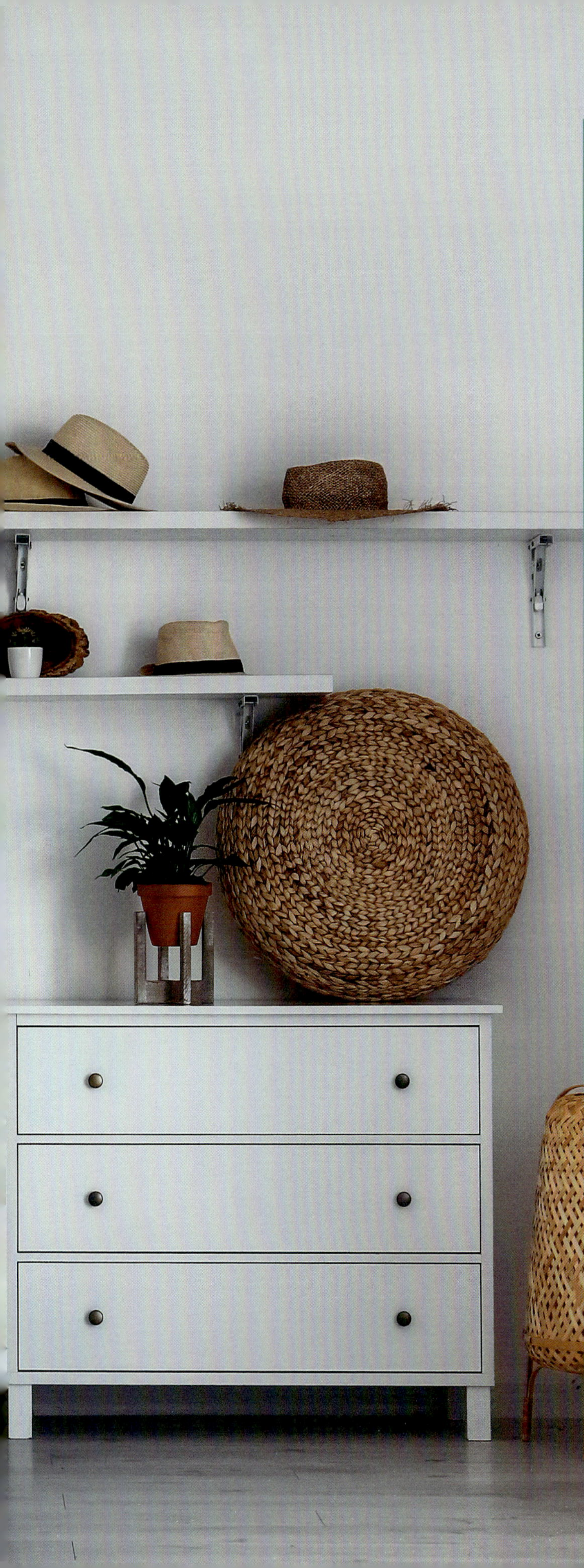

Freitag

Maya rettet mich immer aus allen Notsituationen. Wenn ich mal nicht kann, springt sie ein. Sie kümmert sich ums Blumengießen, um Liebeskummer und um köstlichen Imbiss, wenn wir uns treffen. Aber derzeit muss sie sich um Andi kümmern, so eine junge Liebe braucht ja Zeit. Und so wird aus unserem geplanten Shopping-Wochenende wohl nichts. Obwohl das super Appartement in Berlin schon gebucht ist und ich dringend mit Maya darüber sprechen wollte, ob ich den neuen Job annehmen soll. Soll ich stornieren oder allein hinfahren? Nein, ich werde fahren, Maya wird eine Last von den Schultern fallen, sie hat so ein schlechtes Gewissen. Ich muss sie noch schnell anrufen.

- Maya? Nina hier, keine Angst, ich bin nicht böse, ich werde einfach allein fahren, Emil nehme ich natürlich mit.
- *Du bist ein Schatz, hab so ein schlechtes Gewissen.*
- Brauchst du nicht, ich mach's mir im Appartement gemütlich. Und Emil liebt reisen. Und ich kann über den Jobwechsel nachdenken.
- *Du musst alles erzählen, ich bin nicht sicher, ob ich die richtige Entscheidung getroffen habe, zu Andis Oma zu fahren, statt mit dir nach Berlin.*
- Andis Oma ist jetzt wichtiger!
- *Danke, du Süße, bitte genieße es!*
- Du auch, mein Schatz.

Ich werfe noch schnell den Malkasten und den Block in den Weekender, wer weiß, vielleicht komme ich ja endlich mal dazu, zu malen. Jetzt aber schnell, Emil an die Leine und zum Zug, Berlin wartet!

Freitagmorgen

Berlin bei Nacht ist herrlich. Ich bin um Mitternacht angekommen, die Stadt pulsierte, sogar bei dem mäßigen Wetter, und Emil ist ein Großstadthund. Mein Appartement ist ein Traum, ein absoluter Traum! Neben meinem Haus ist ein kleiner Concept Store, den muss ich, sobald er öffnet, genauer ansehen. Alles im Fenster ist in Curry und Hellblau gehalten. Ich wäre nie auf die Idee gekommen, das zu kombinieren, und jetzt finde ich es großartig, zumal meine Ferienwohnung mit den gleichen Farben spielt. Und es steht eine Staffelei da und Pinsel sind so dekoriert, als würden sie sagen: So, jetzt mal los. In doppeltem Sinne! In der kleinen Bäckerei gegenüber habe ich mir völlig unvernünftig Windbeutel zum Frühstück gekauft. Sünde am Morgen! Jetzt sitze ich am Fenster mit den hübschen leuchtenden Gefäßen. Genau solche Farben will ich tragen! Das macht einfach gute Laune.

Später Freitagvormittag

Der Concept Store ist mehr als nur ein Konzept. Er verkauft wirklich Ideen und neben allem anderen auch Wollsets! Einfach coole Pullover, die nach Strand und Meer und Träumen aussehen. Ich hab' mich in ein Set verliebt, das – oh Wunder – die Farben Curry, Hellblau und Weiß enthält. Gekauft, samt der Idee, das zu meinem persönlichen Berlinprojekt zu machen. Neben Accessoires für die Wohnung und zum Anziehen hat der Laden auch noch kleine ausgesucht exotische Bücher. Und so musste „Stricken für Männer" von *Dave Fougner* unbedingt mit, „Stricken macht schön" von *Martina Behm* und die „Geschichte vom Stricken" von *Ebba D. Drolshagen*. Wenn schon, denn schon. Außerdem gibt es im Museum der Kulturen eine Ausstellung zur Wolle. Ich werde aus Berlin ein Konzept machen. Und dann schlage ich die ersten Maschen an. Weich und geschmeidig fließen die Fäden durch die Finger. Das Bündchen entsteht im Nu.

Schnelle Windbeutel

Für 4 Windbeutel
Fertigwindbeutel aus Brandteig kaufen, die Windbeutel halbieren. Quark mit dem Mark einer Vanileschote, je 1 TL Wasser und Honig anrühren. Masse zwischen die Windbeutelhälften füllen. Dazu frische Beeren oder Kirschkompott servieren.

Freitagmittag

Ein schnelles Gericht von dem entzückenden Imbiss neben dem Concept Store ist mein Mittagessen. Maiskolben mit einem Dip aus Jogurt und Kreuzkümmel. Ich bin im Strickfieber und will keine lange Pause machen. Die ersten Streifen habe ich fertig. Noch erinnert mich alles eher an einen Liegestuhl als

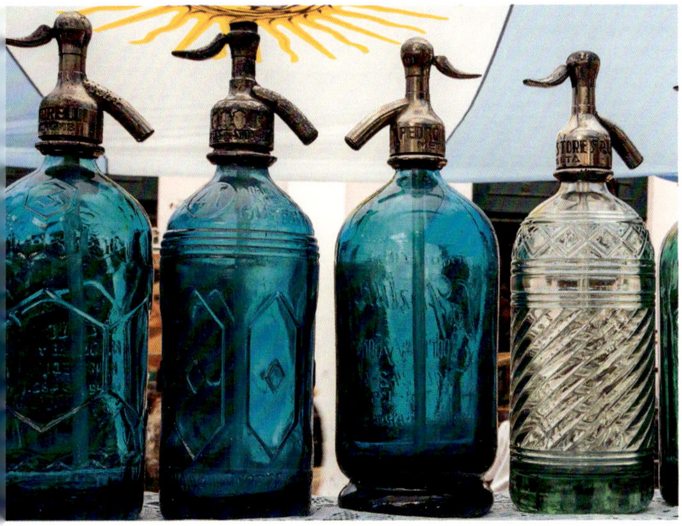

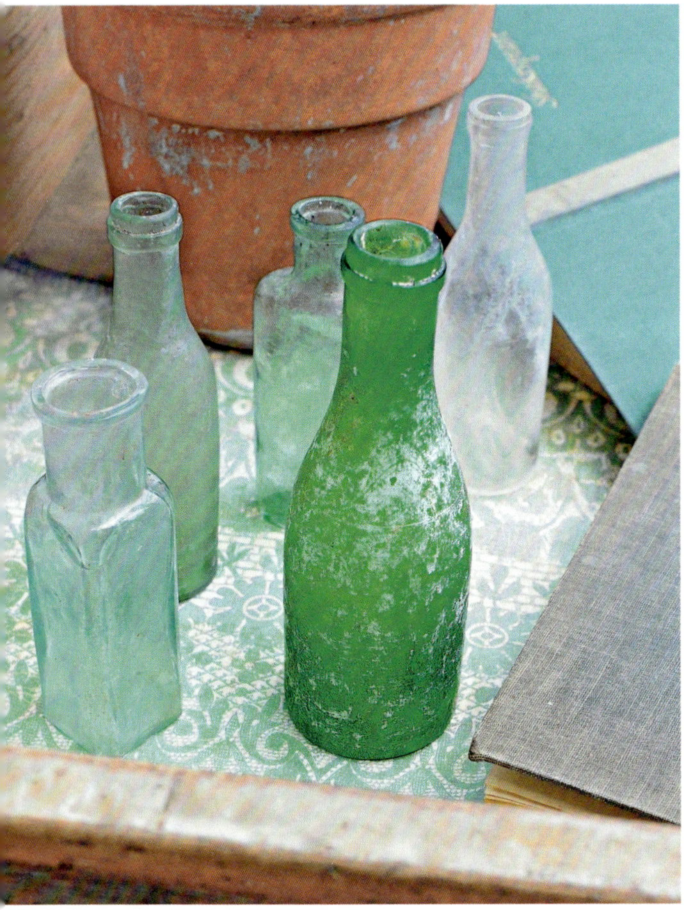

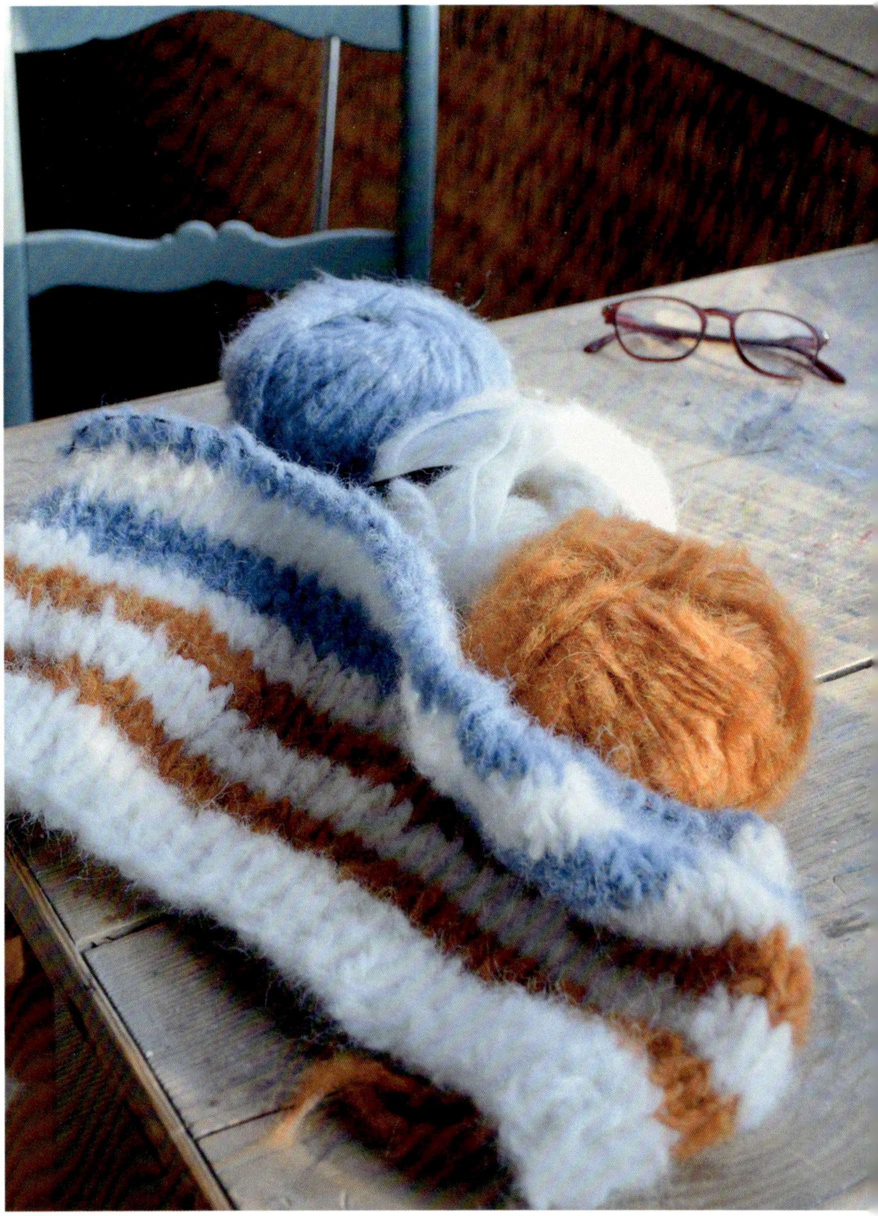

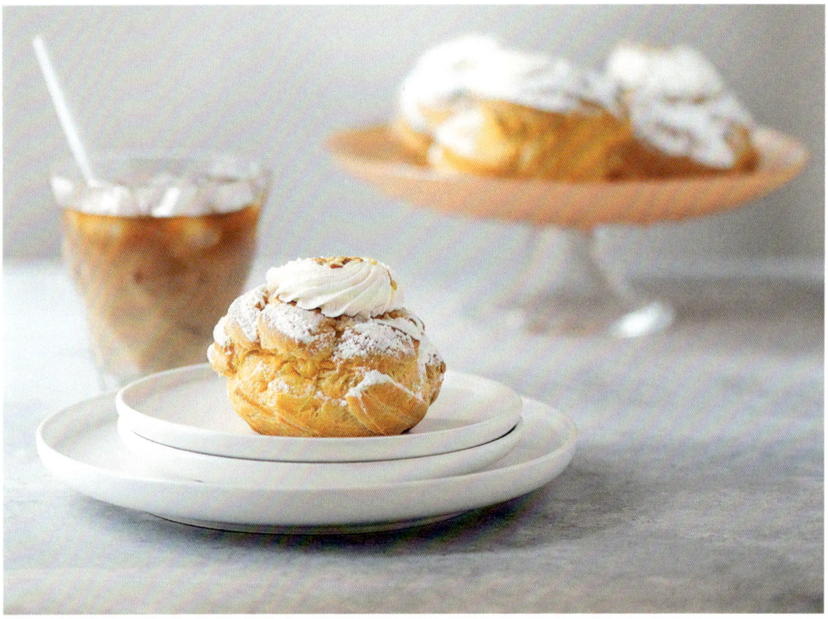

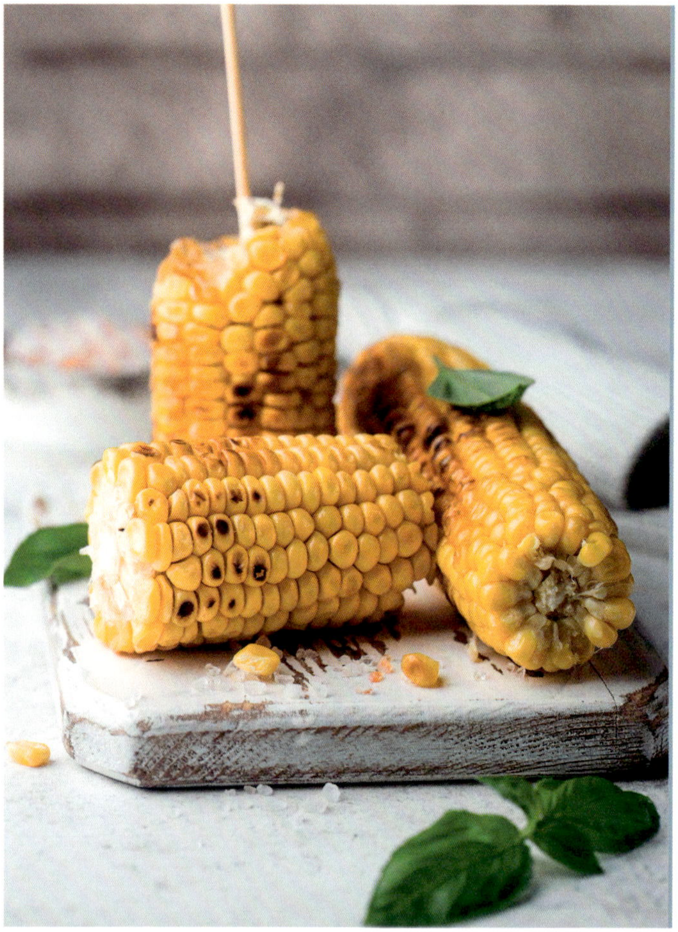
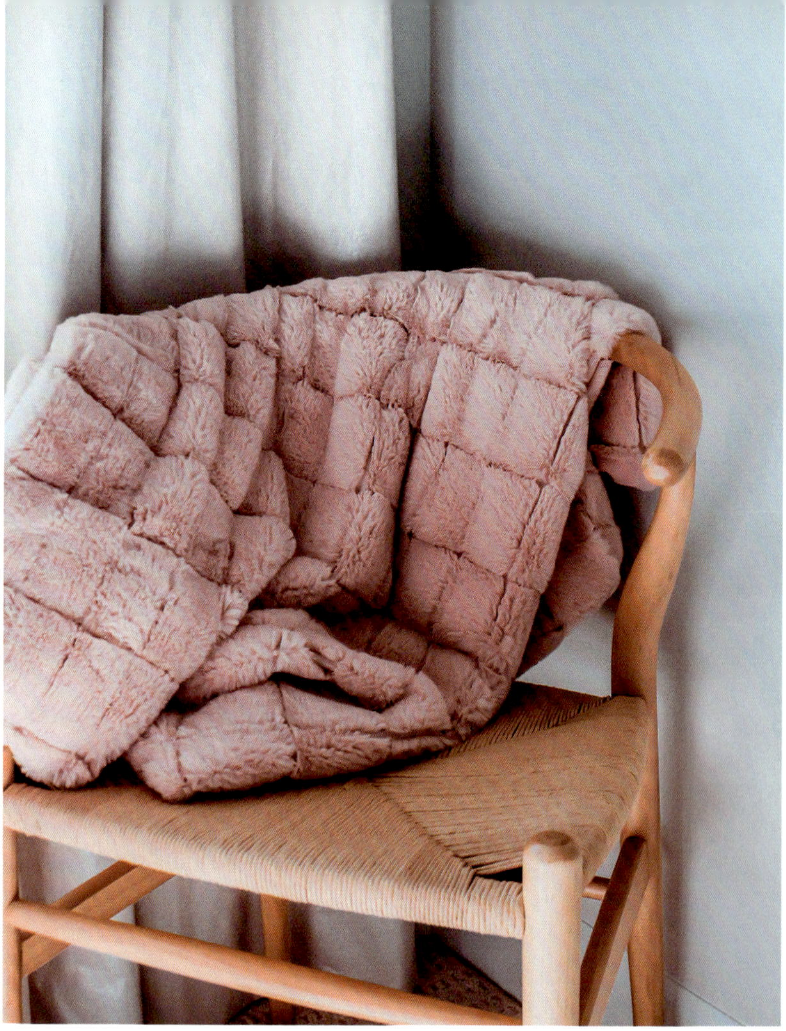
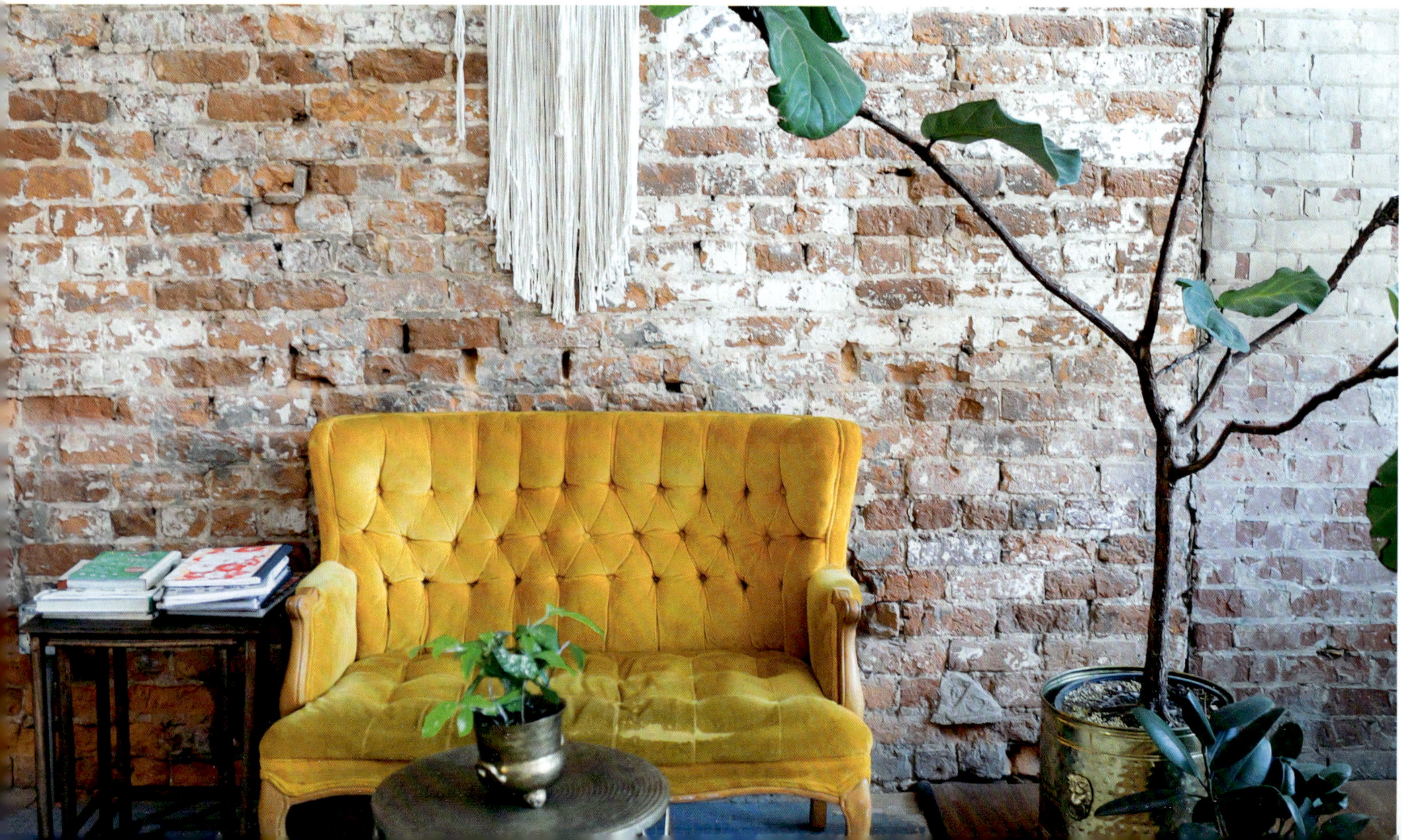

an einen Pullover, aber der philosophische Reiz des Strickens liegt im Entstehungsprozess, der ganz unterschiedliche Phasen durchläuft und im Kopf auch ganz verschiedene Glücksmomente freisetzt, wie ich in meinen beiden neuen Büchern lesen darf. Zwischen den Reihen gönne ich mir immer ein, zwei Seiten Lektüre. Das gibt dem Hirn Nahrung beim Weiterstricken. Eigentlich ist Stricken voll philosophisch.

Freitagnachmittag

Ich habe es gerade noch so ins Museum geschafft, und das war ein Glück. Einzutauchen in die Welt der Wolle, während man an einer Strickarbeit sitzt. Jetzt gleiten mir die Fäden noch ganz anders durch die Hand. Ich schnuppere an meinen Handflächen, die nach Wollfett duften. Betrachte die Fäden, die einen langen Prozess hinter sich haben, um so flockig zart zu werden, dass man sie gerne auf der nackten Haut tragen möchte.

Freitagabend

Die weichen Decken, die überall in der Wohnung herumliegen, sind zu verlockend. In einen Club will ich heute nicht mehr, obwohl es *true Berlin* wäre. Aber Stricken macht süchtig, weil so schnell ein Erfolg zu sehen ist. Und dieses abrufbare Glücksgefühl eine Verlässlichkeit darstellt. Auch so eine Weisheit aus den Büchern.

Kartoffelsalat

Für 1 Portion
2 große Kartoffeln mit Schale kochen. Sobald sie weich sind (Gabeltest), herausnehmen und auskühlen lassen. Öl, Essig, Salz, Zucker, Pfeffer zu einer Marinade verrühren. 1/2 rote Zwiebel fein hacken und in die Marinade geben. Kartoffeln schälen und würfeln und ebenfalls zur Marinade geben, gut vermengen und durchziehen lassen, evtl. mit Zitronensaft, Schnittlauch oder Senf abschmecken.

Samstagmorgen

Neben mir auf den weißen Laken liegen Emil, mein Strickzeug und die beiden Bücher. Sonne scheint durch die Fenster und die vielen Strohhüte an den Wänden erinnern eher an ein Strandhaus in Südfrankreich als an *busy Berlin*. Ich habe jetzt schon Lust loszustricken, eine Reihe Meerblau, dann ab ins Bad, mich aufhübschen, heute wird Berlin unsicher gemacht.

Samstagmittag

Ich war in ein paar Galerien und habe Kunst aufgesaugt. Manchmal hat man das – man quillt über vor Kreativität und will malen, Musik machen und performen gleichzeitig. Ich will stricken und malen! Berlins unsicheres Wetter hat mir die

Wahl leicht gemacht. Nachdem ich noch im KaDeWe war, haben mich eine dicke Regenwand und scharfer Ostwind zurück in mein kleines Retiro getrieben. Hier fange ich an zu malen und zu lesen, dazwischen werden wie von selbst Vorder- und Rückenteil fertig. Zwei flauschige Streifenteile, die ich zum Trocknen spanne und anfeuchte. Auf meiner Malpalette finden sich die Farben Curry, Meer, Weiß und Flaschengrün – ist es ein Wunder?

Samstagabend

Auf Netflix kommt ein französischer Spielfilm, eine jener federleichten, liebesrauschenden Geschichten, die nur in Frankreich funktionieren. Strand, Flirt, Eifersucht, Verwechslung, schöne Menschen und eine mediterrane Leichtigkeit, die ansteckend ist. Ich gönne mir ein Glas Rosé, und das mitten im Winter. Dabei stricken sich die Ärmel weg wie nichts. Da der Pullover oversized ist, müssen sie nicht riesig sein, und das Strandambiente des Films passt gut zu den Streifen.

Dip

100 g Joghurt mit Zitrone und etwas Salz verrühren. Koriander klein hacken und unterrühren, evtl. mit Honig und Chili abschmecken. Zu Maiskolben oder Gurken servieren.

Sonntagvormittag

Ich habe viel zu lange geschlafen, aber fühle mich prächtig! Vielleicht auch weil ich noch eingekuschelt in meinen beiden Strickbüchern lese und dazu einen Café au Lait trinke. Bis Mittag habe ich beide Ärmel fertig und befeuchte sie nur leicht – heute Abend geht es mit dem Zug zurück, dann will ich mein persönliches Berlin-Modell anziehen. Während alles trocknet, male ich ein Bild, etwas angelehnt an die Ausstellungen gestern. Grafische Muster in den Farben der letzten Tage. Dann noch einmal mit der U-Bahn nach Berlin-Mitte und ein wenig an den Spreekanälen entlanggehen, den Duft von Bulletten und Kartoffelsalat in der Nase, der von einem kleinen Kiosk ausgeht.

Sonntagnachmittag

Mein Weekender quillt über mit den kleinen Geschenken aus dem Concept Store und Bilderrollen. Den Pulli habe ich gleich angezogen, nachdem ich ihn mit den Nähnadeln aus dem KADeWe gefinisht habe. Streifen für Streifen kann ich nun zurückverfolgen, was ich die letzten Tage gemacht habe. Eine Art gestricktes Tagebuch. Aus meinen Büchern lerne ich etwas über das therapeutische Stricken und ja, Stricken macht gute Laune und lässt die Gedanken anders wandern. Wer strickt, findet Lösungen, nicht nur für Muster und Formen, sondern auch für sich. Ich werde den neuen Job annehmen.

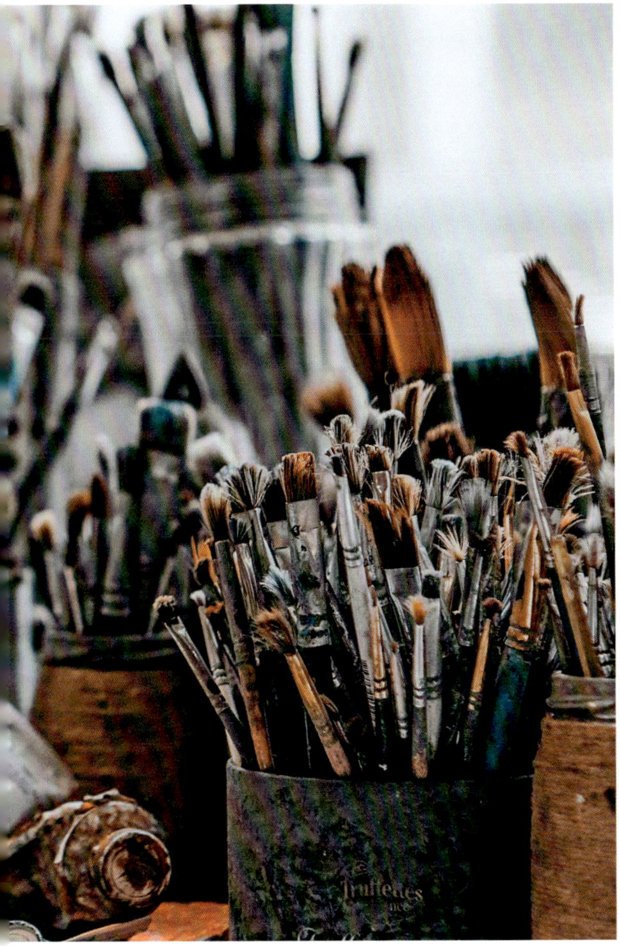

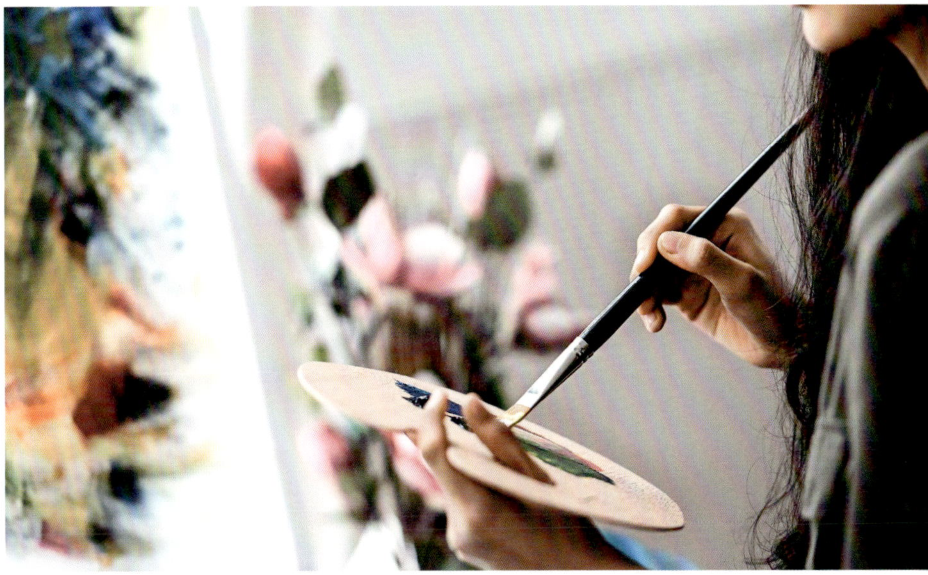

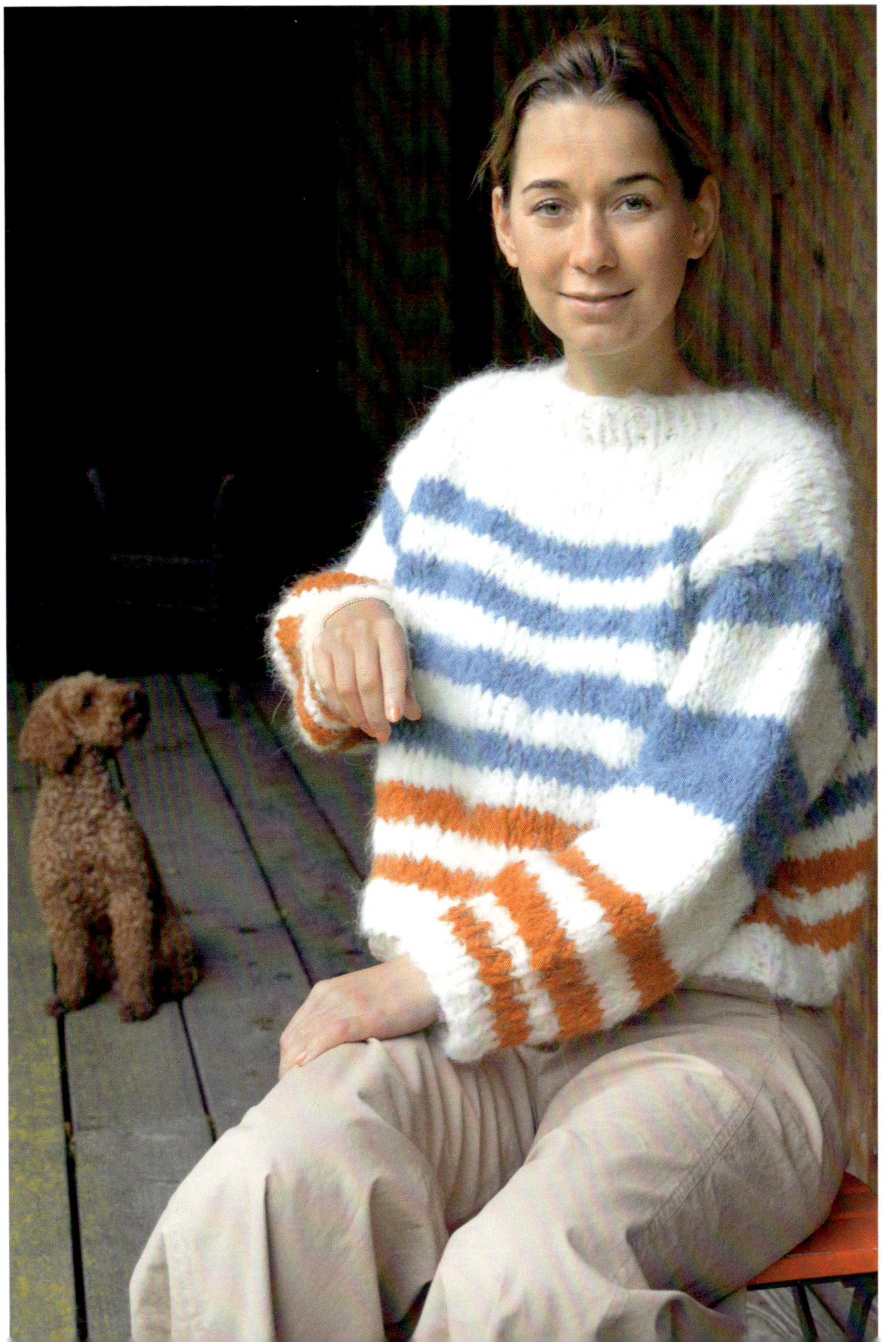

Streifenlook

Ringelpulli Oversize

GRÖSSE:
36/38 (40/42)
Die Angaben für Größe 40/42 stehen in Klammern. Steht nur eine Angabe, so gilt sie für beide Größen.

MATERIAL:
Lana Grossa-Qualität **„Lala Berlin Furry“** (90% (Baby) Alpaka, 10% Polyamid, Lauflänge 75 m/50 g): ca. **200 (200) g** Rohweiß **(Fb 1)**, **150 (150) g** Jeans **(Fb 10)**, **100 (100) g** Orange **(Fb 13)**, Stricknadeln Nr. 8 und 12, 1 Rundstricknadel Nr. 8, 50 cm lang.

RIPPEN:
1 M rechts, 1 M linke im Wechsel stricken.

GLATT RECHTS:
Hin-R rechte M, Rück-R linke M stricken.

STREIFENFOLGE A [RÜCKEN- UND VORDERTEIL]:
Bund in Rohweiß, danach glatt rechts 4 R Orange, 4 R Rohweiß, 4 R Orange, 4 R Rohweiß, 3x im Wechsel 4 R Jeans und 4 R Rohweiß, 4 weitere R Jeans, dann das Vorder- und Rückenteil in Rohweiß beenden.

STREIFENFOLGE B [ÄRMEL]:
Bund aus 5 R Rohweiß im Rippenmuster und dann noch je 4 R in Orange und Rohweiß im Rippenmuster, danach glatt rechts 4 R Orange, 4 R Rohweiß, 4 R Orange, je 10 R Rohweiß, Orange und Rohweiß, Ärmel beenden in Jeans.

MASCHENPROBE:
9 M und 12 R glatt re mit Nadeln Nr. 12 = 10 cm x 10 cm.

RÜCKENTEIL:
54 (58) M mit Nadel Nr. 8 in Rohweiß anschlagen.
Für den Bund 3,5 cm = 5 R Rippen stricken, dabei mit 1 Rück-R beginnen. Danach mit Nadel Nr. 12 glatt rechts in der Streifenfolge A weiterarbeiten. Beidseitig für die Schrägungen in der 9. R ab Bundende 1 M zunehmen, indem neben den Rand-M jeweils 1 M aus dem Querfaden zugenommen wird. Danach noch 2x in jeder 8. R je 1 M zunehmen = 60 (64)M.
In 26,5 cm = 32 R ab Bundende beidseitig für die Armausschnitte 1 M abketten = 58 (62) M. und noch 3x in jeder 2. R noch je 1 M abk = 52 (56) M. Nun wieder gerade weiterstricken.
In 19,5 (21,5) cm = 24 (26) R Armausschnitthöhe für den Halsausschnitt die mittleren 20 M abketten und beide Seiten getrennt weiterstricken. In 3,5 cm = 4 R Halsausschnitthöhe die restlichen 16 (18) Schulter-M abketten. Die andere Seite gegengleich beenden.

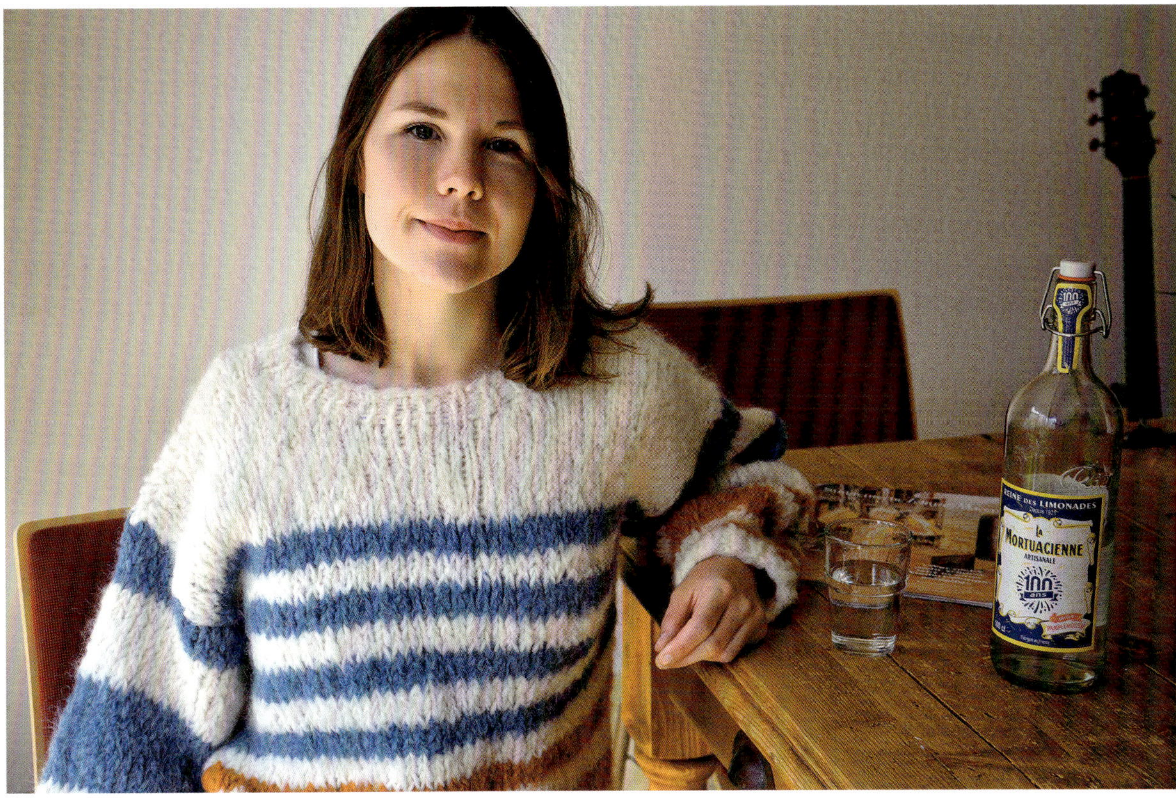

VORDERTEIL:

Wie das Rückenteil stricken, jedoch mit tieferem Halsausschnitt.
Dafür bereits in 14,5 (16,5) cm = 18 (20) R Armausschnitthöhe die mittleren 8 M abketten und beide Seiten getrennt weiterstricken. An der zum Ausschnitt zeigenden Seite für die weitere Rundung in jeder 2. R noch 1x 3 M, 1x 2 M und 1x 1 M abketten. Die restlichen 16 (18) Schulter-M am äußeren Rand in gleicher Höhe wie am Rückenteil abketten. Die andere Seite gegengleich beenden.

ÄRMEL:

26 M mit Nadel Nr. 8 in Rohweiß anschlagen. Für den Bund 9 cm = 13 R Rippen stricken, dabei mit 1 Rück-R beginnen und ab 1. Hin-R die Streifenfolge B einhalten. Nach dem Bund mit Nadel Nr. 12 glatt rechts stricken und die Streifenfolge fortsetzen.
In der 1. R nach dem Bund nach der 4. (2.) M und noch 17x (20x) nach jeder folgenden M 1 M rechts verschränkt aus dem Querfaden zunehmen = 44 (47) M. Nach 33,5 cm = 40 R ab Bundende beidseitig für die Armkugel 2 M abketten, dann in jeder 2. R noch 2x je 1 M abketten. In der folgenden R die restlichen 36 (39) M locker abketten.

AUSARBEITEN:

Die Teile spannen, anfeuchten und trocknen lassen. Die Seiten- und Schulternähte schließen. Die Ärmelnähte bis zum Beginn der Schrägungen schließen.
Mit der Rundnadel Nr. 8 mit Rohweiß aus dem Halsausschnittrand 52 M auffassen. Für die Blende Rippen in Runden stricken. Nach 2 cm = 3 Rd Blendenhöhe die M locker abketten, wie sie erscheinen. Die Ärmel einnähen.

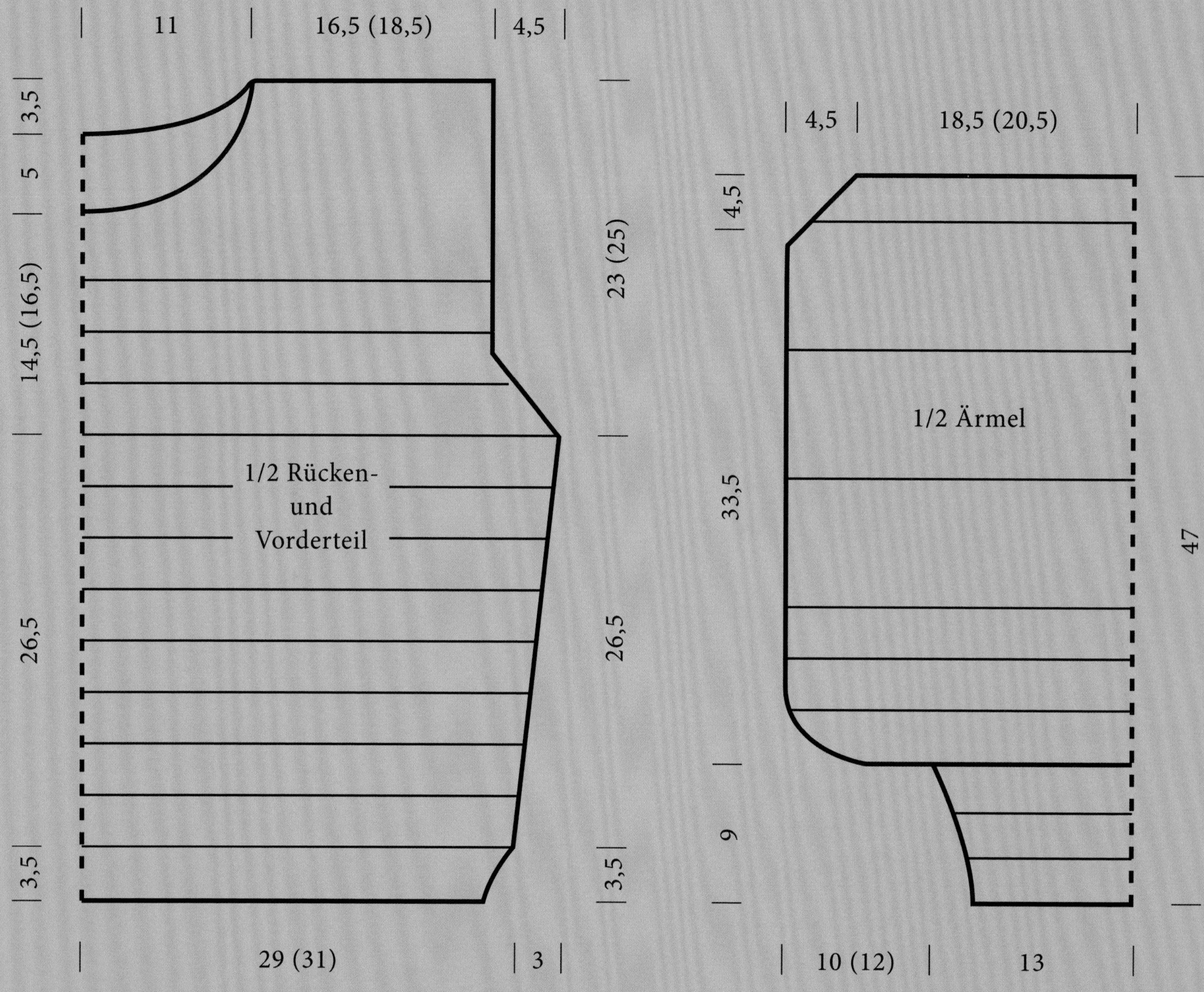
11
16,5 (18,5)
4,5
3,5
5
14,5 (16,5)
26,5
3,5
23 (25)
26,5
3,5
1/2 Rücken-
und
Vorderteil
29 (31)
3
4,5
18,5 (20,5)
4,5
33,5
9
47
1/2 Ärmel
10 (12)
13

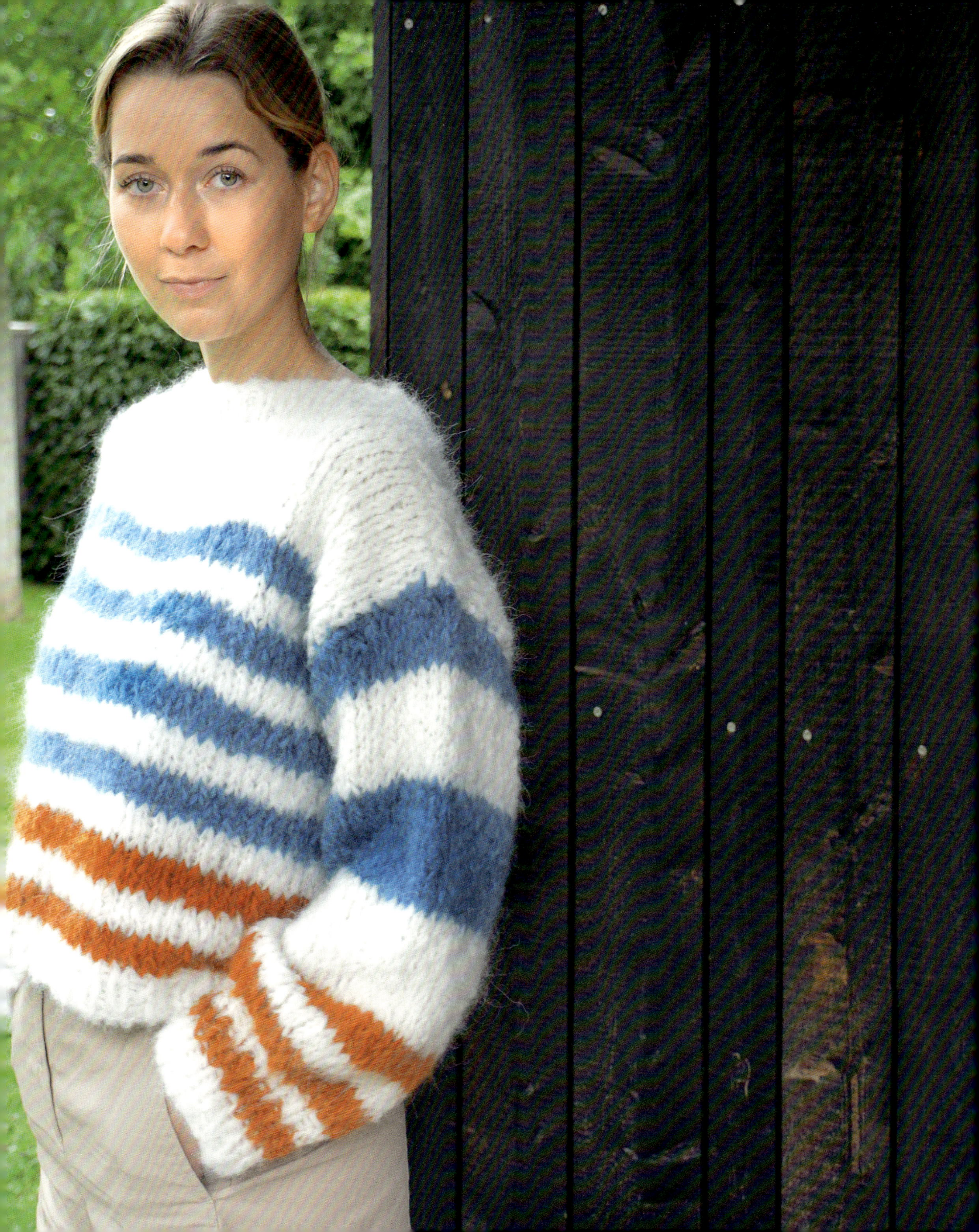

Spätsommer-kuchen mit Freunden

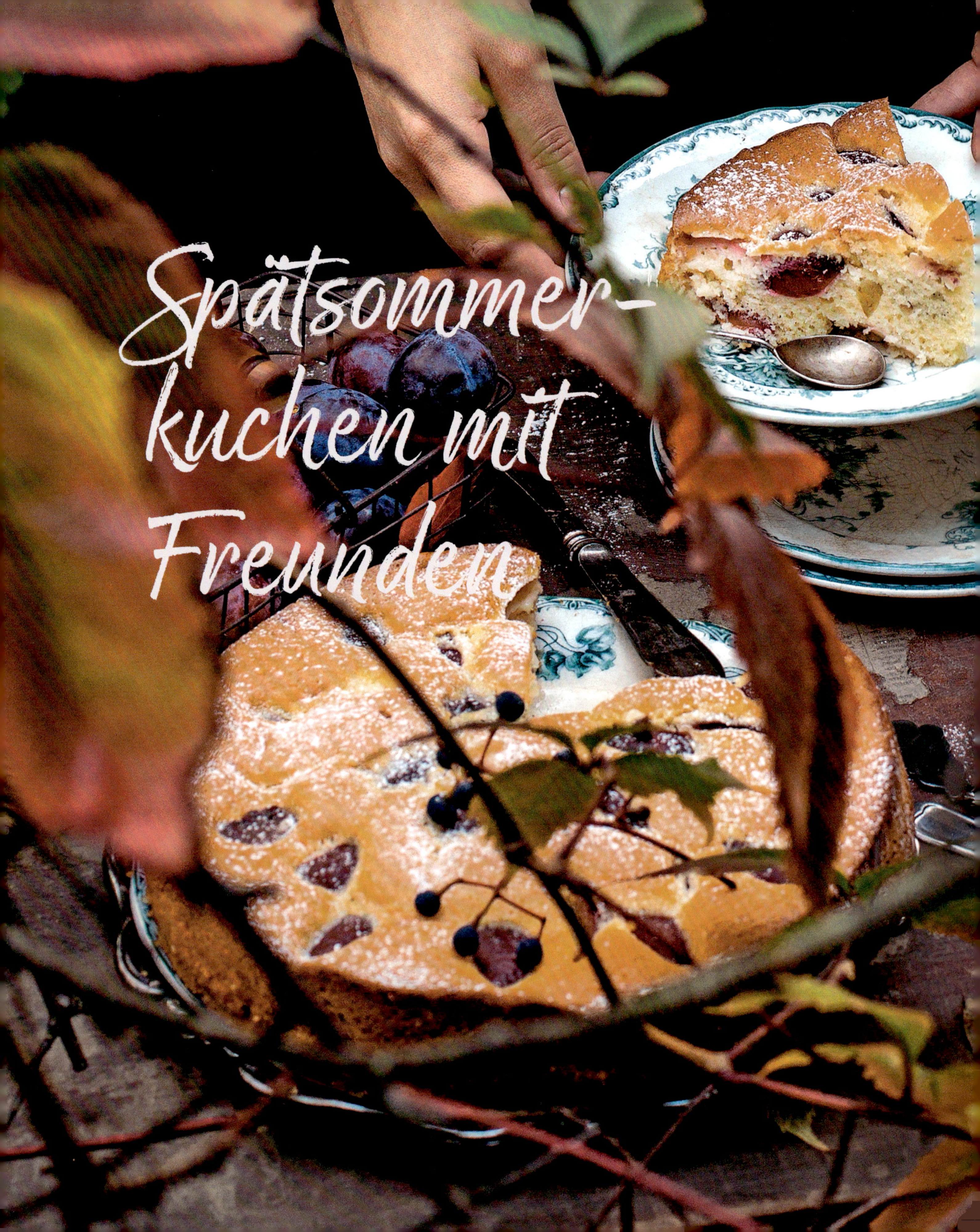

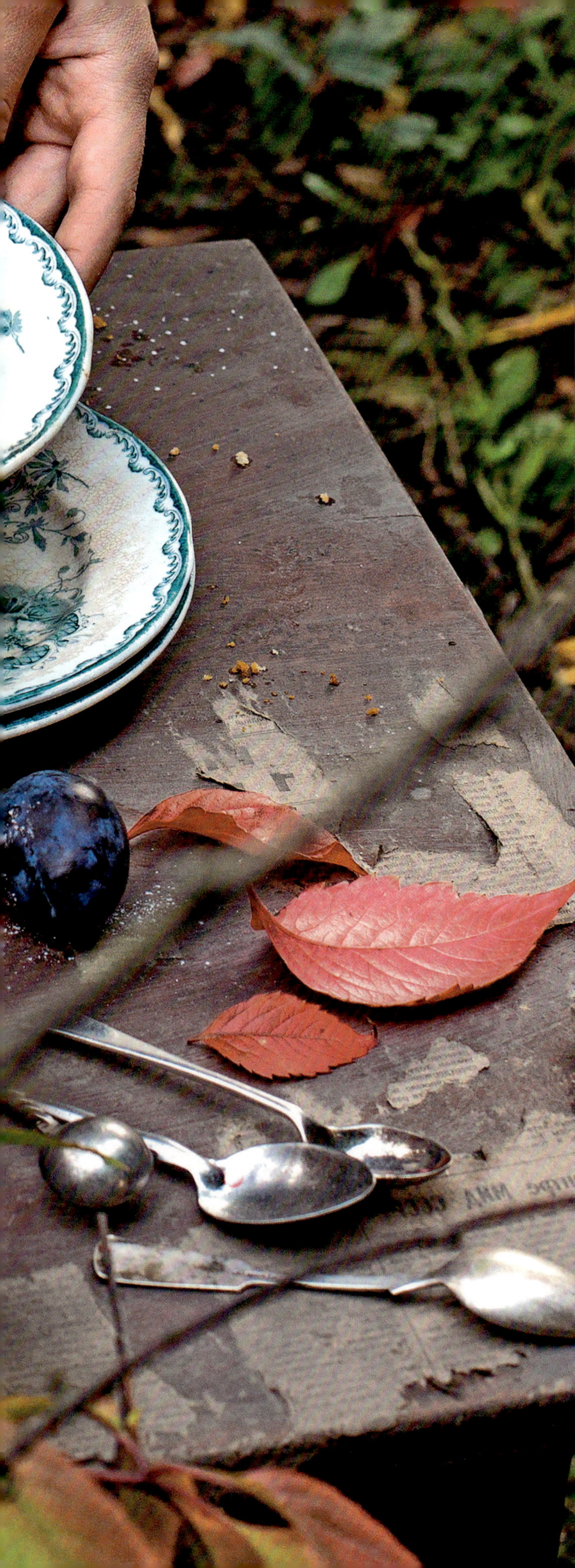

Freitagmorgen

Ich bin schon wieder auf Tournee, am Sonntag werde ich zurück sein. Der Sommer strengt sich noch einmal an, besonders gefällig zu sein. Obwohl er eigentlich schon ein Herbst ist. Meine Konzertreise hat mich an Weingebieten vorbeigeführt. Ist zum Teil sogar Open Air gewesen, in kleinen Gartenanlagen, die hinter Schlössern liegen oder in urbanen Clubgärten, die das Brüchige und doch Grüne einer Stadt betonen. Ich mag solche Touren, denn jeden Abend macht das Ambiente etwas Besonderes aus jedem Konzert. Aber jetzt habe ich ein wenig Heimweh. Gerade rechtzeitig läutet das Telefon, Nina ruft an.

- Katja, wann kommst du?
- *Sonntag, wenn hoffentlich alle Züge fahren.*
- Dann lass uns ein Willkommenskonzert bei mir im Garten machen, ich backe Kuchen aus Mirabellen, dieses Jahr bricht der Baum fast zusammen.
- *Unheimlich gerne, ich liebe deine Mirabellen, und vielleicht muss ich ja auch kein ganzes Konzert spielen.*
- Natürlich nicht, nur ein Lied zur Einstimmung. Und dann stürzen wir uns aufs Kuchenbüffet. Maya kommt und Andi und Max und wenn du magst, dann rufen wir Nils an, schließlich muss das doch mal was werden mit euch beiden.
- *Auf eure Verantwortung.*
- Also abgemacht?

Ein bisschen Bammel habe ich schon. Der Abschied von Nils vor einem Monat war ein wenig missglückt und wir haben uns nur sporadisch geschrieben.

Freitagabend

Seit einem Monat schleppe ich das Strickzeug von Konzert zu Konzert, aber es will nicht recht vorwärts gehen. So wie meine Beziehung zu Nils. Vielleicht sollte ich das symbolisch sehen? Wenn ich das Westchen bis Sonntagmittag fertigbekomme, dann wird es was mit uns?

Samstagmorgen

Ich fange noch nach dem Konzert an, weiterzustricken. Das Westchen ist ein Mustermix, alle Teile sind ein wenig anders, passend zu den Stimmungen, in denen ich sie gestrickt habe. Doch die Farbe sieht nach Unbeschwertheit aus. Ein altes Hellblau wie aus den 1950er Jahren, überhaupt ist das ganze Westchen sehr retro und sieht nach einer altmodischen Form von Glück aus.

Samstagmittag

Ein Vorderteil und das Rückenteil sind schon zusammengenäht. Wenn ich mich vor dem Konzert und auf der Zugfahrt ranhalte, ist das Westchen bis zum Mirabellenkuchen fertig. Ich sollte mich aber lieber auf das Konzert konzentrieren, das in einem alten Schlosspark stattfindet. Die Bühne ist von Wildem Wein eingerankt. Die Stühle stehen kreuz und quer in der Wiese verstreut, dazwischen kleine Tischchen, auf die die Veranstalter Teelichter, Kürbisse und Blumengestecke gelegt haben. Der morbide Charme vergilbter Blätter und von Fallobst lässt den ganzen Garten wie eine Freilichtbühne des Barock aussehen. Dazwischen scheinen Steinfiguren ein Konzert auf Füllhörnern zu geben und eine moderne Installation aus Plastikhunden bricht die ganze antike Atmosphäre. Von den Hunden der Gastgeberin ganz zu schweigen, ein aufgedrehter Jack Russel, der ausgesprochen musikalisch der Generalprobe lauscht, und eine Dachsbracke, die sich für die schönste hält.

Später sitzen die Konzertgäste eingehüllt in Stolas und Plaids, denn der Abend im Park wird frisch. Ich wünschte, ich hätte das Westchen schon fertig, aber es fehlen noch ein paar Reihen. Bis

Mirabellenkuchen

125 g Zucker, 125 g weiche Butter, 2 Eier, 1 Prise Salz, 1 Pck. Vanillezucker, 250 g Mehl, 2 TL Backpulver, 1 TL geriebene Zitronenschale, 1–2 EL Zitronensaft, ca. 1–1,25 kg Mirabellen

Butter schaumig rühren, Zucker dazugeben und rühren, bis er sich aufgelöst hat. Nach und nach Eier und Salz dazugeben und weiterrühren. In einer weiteren Schüssel Backpulver und Vanillezucker mit dem Mehl vermischen, das Ganze über die Ei-Zuckermasse sieben und unterheben. Zitronensaft und geriebene Zitronenschale unterrühren. Spingform mit etwas Fett ausstreichen. Den Teig hineingeben und glatt streichen. Backofen auf 200 Grad vorheizen. Die Mirabellen waschen und abtropfen lassen, dann halbieren und entkernen. Mirabellenhälften stehend, dicht an dicht auf den Teig drücken. Den Kuchen auf mittlerer Schiene ca. 30 Min. bei 200 Grad mit Ober/Unterhitze backen, dann auf 175 Grad zurückschalten und in weiteren 10 Min. fertigbacken. Den Kuchen nach dem Backen mit Zucker bestreuen.

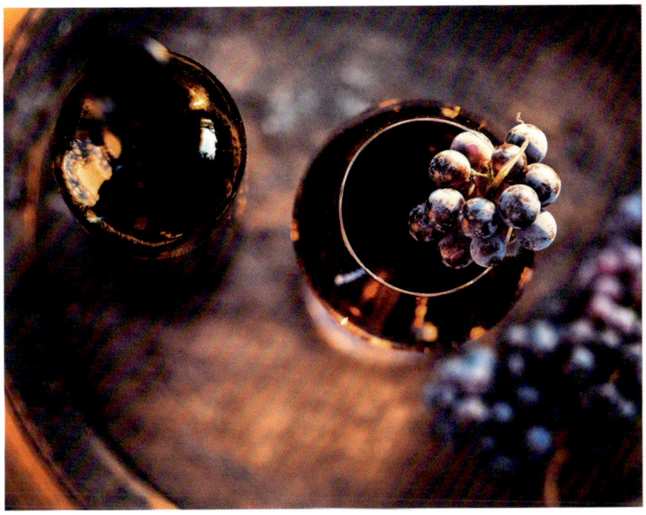
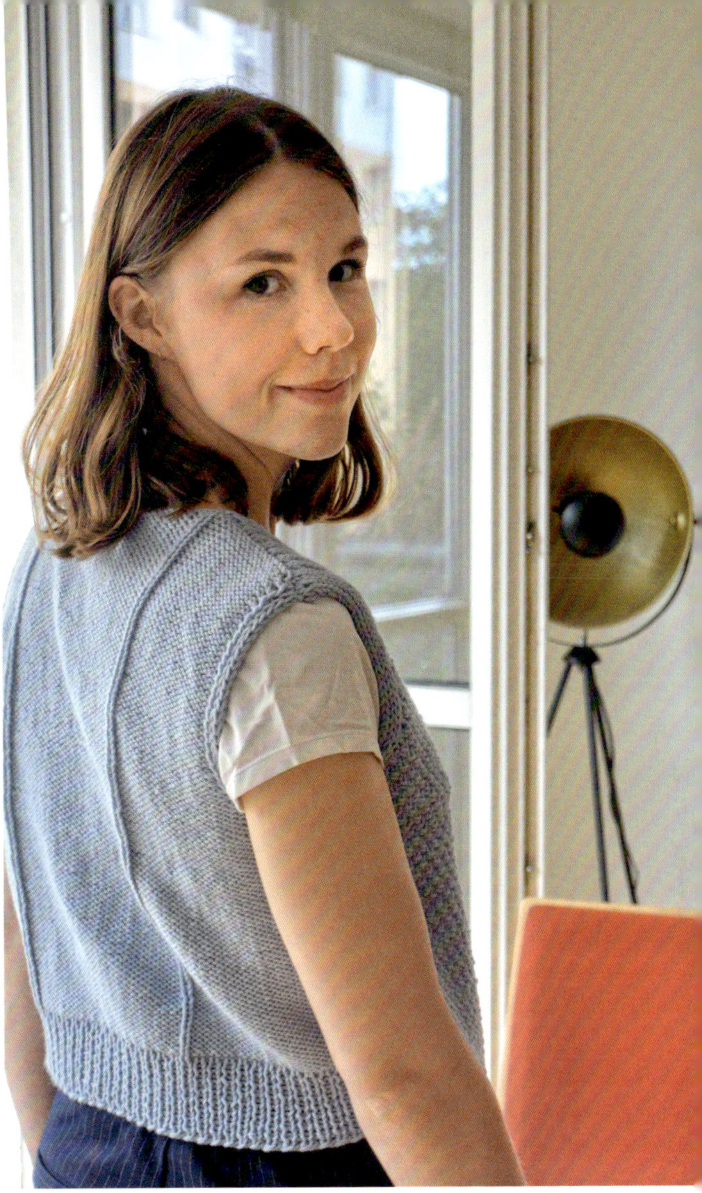
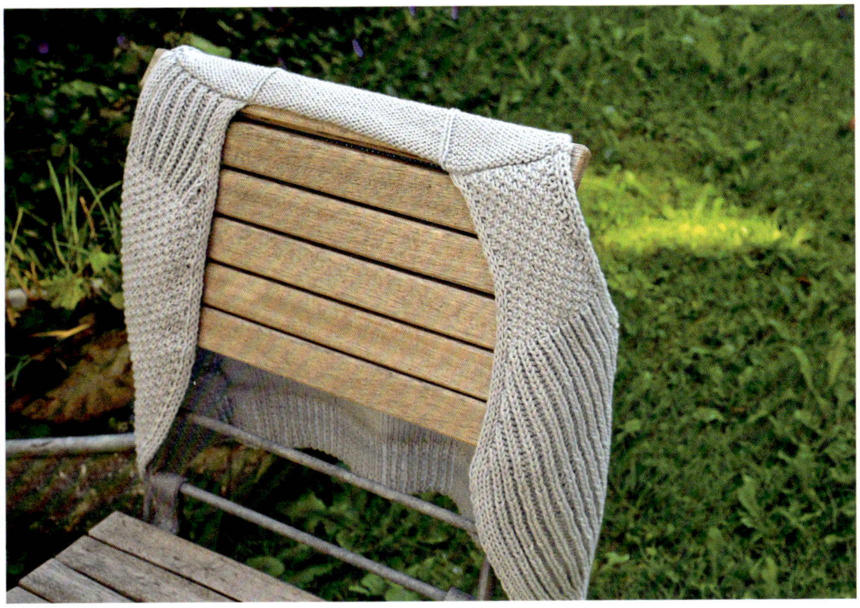
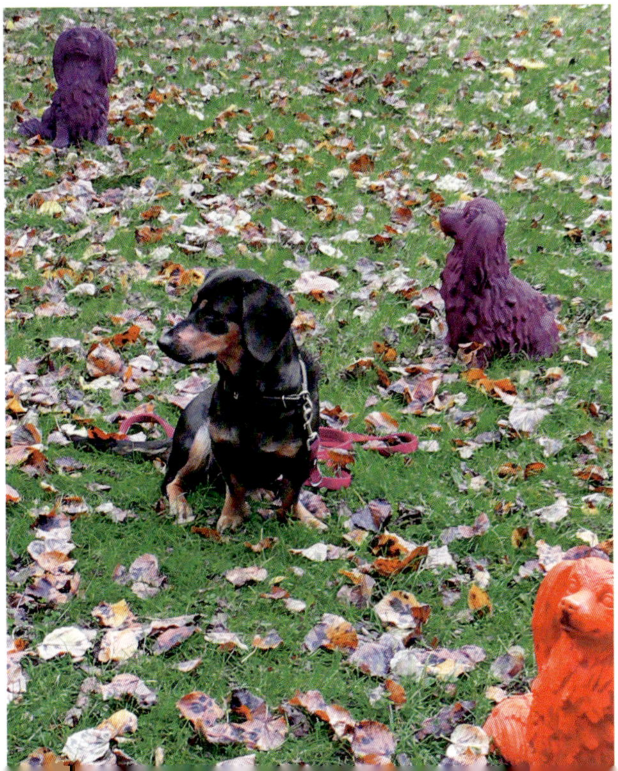
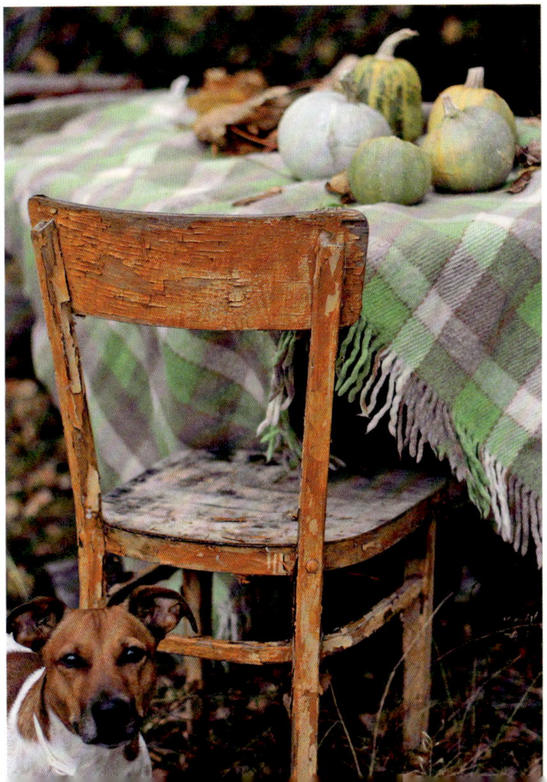

morgen Nachmittag habe ich alles und werde es tragen können. Vielleicht wird Nils nie erfahren, wie viel diese Weste mit ihm zu tun hat. Aber dann habe ich es wenigstens versucht, das Glück mit ein wenig Aberglauben zu überlisten. Zwischen den Stühlen und Tischen gehen Kellner mit Rotweinflaschen herum und gießen auf Wunsch ein. Nach dem Konzert wird die Gastgeberin mit uns im Schlosspark feiern.

Sonntagmorgen

Die Feier wurde lang und ich muss mich beeilen, sowohl, um zum Zug zu kommen, als auch mit der Weste. Nach drei Stunden Fahrt setze ich den letzten Nadelstich, alle Fäden sind vernäht, das kleine Kleidungsstück, das man ohne weiteres als Herzwärmer bezeichnen könnte, kann angezogen werden.

Sonntagnachmittag

Der Mirabellenkuchen von Nina ist ein Gedicht. Nachdem ich ein Lied zur Gitarre gespielt habe, steht Nils plötzlich neben mir. Ich hatte ihn nicht kommen sehen. Wir gehen in Ninas Haus, um kurz ein wenig allein zu sein nach der langen Zeit. Er überreicht mir einen Brief.

- Ich habe nicht gewusst, wohin in ihn schicken soll. Und als SMS wollte ich ihn nicht schreiben.
- *Das ist aber lieb. Vielleicht ein wenig altmodisch, aber ich mag das.*
- Das sehe ich, die Weste ist so süß retro, neu?
- *Hab ich gestrickt.*
- Echt, das kannst du?
- *Es war das Projekt, das meine Tournee begleitet hat. Lange Zeit ging nichts vorwärts.*
- Wie mit meinem Brief, gestern ist er fertig geworden.
- *Die Weste heute Mittag.*

Nils schaut mir in die Augen. Das Projekt Westchen hat geholfen. Er nimmt meine Hand und zieht mich mit sich in den Garten zu den anderen. Max und Nina umarmen sich und Maya und Andi auch. Dann fällt es nicht auf, wenn wir dasselbe tun. Auf dem Tisch steht eine Schüssel Mirabellen und schaut uns leuchtend zu.

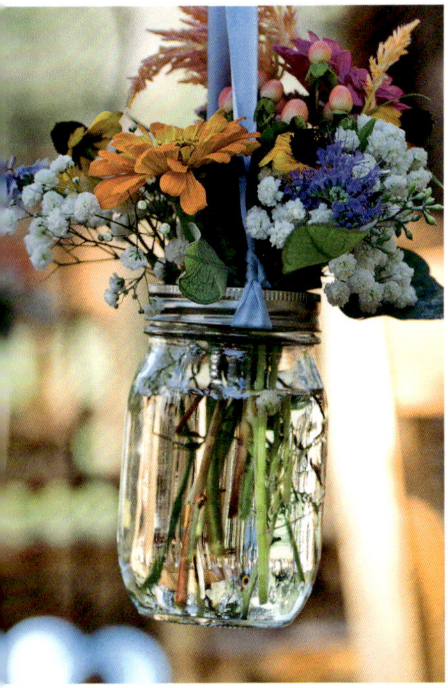

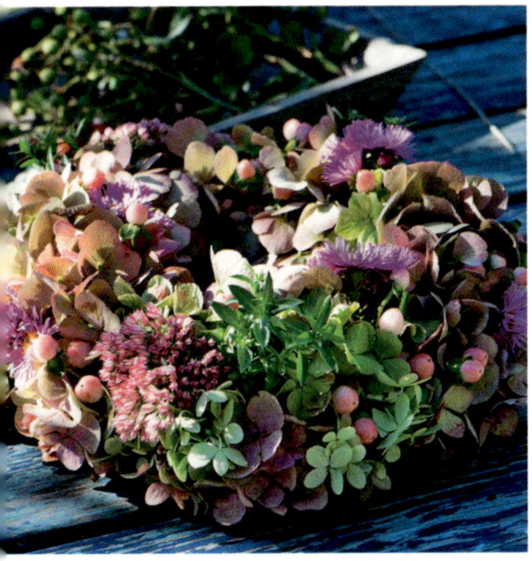

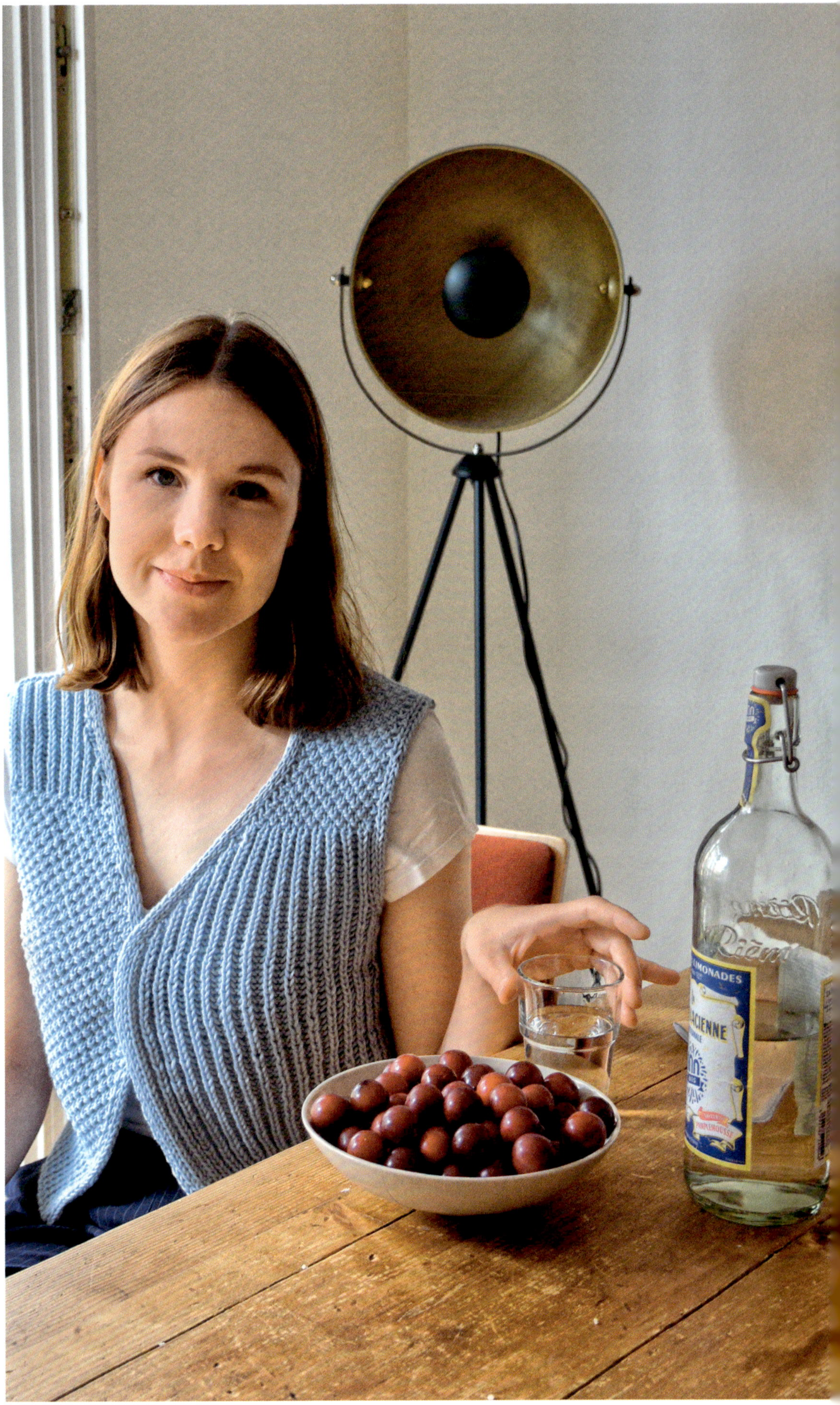
LIMONADES

Spätsommerkuchen mit Freunden

Kleine, coole Weste

GRÖSSE:
36/38 (40/42)
Die Angaben für Größe 40/42 stehen in Klammern. Steht nur eine Angabe, so gilt sie für beide Größen.

MATERIAL:
Lana Grossa-Qualität **„Fourseason“** (45% Bio Schurwolle (Merino extrafine), 40% Bio Baumwolle, 15% rec. Kaschmir, Lauflänge 105 m/50 g): ca. **200 (250) g** Hellblau **(Fb 1)**.

KNÖTCHENRAND:
Die 1. M jeder R wie zum Rechtsstricken abheben. Die letzte M jeder R rechts stricken.

PATENTRAND ÜBER 2 MASCHEN:
In den Hin-R am R-Anfang die 1. M rechts stricken, die 2. M wie zum Linksstricken abheben, dabei den Faden hinter der M weiterführen, am R-Ende die vorletzte M wie zum Linksstricken abheben, dabei den Faden hinter der M weiterführen, die letzte M rechts stricken. In den Rück-R am R-Anfang die 1. M wie zum Linksstricken abheben, dabei den Faden vor der M weiterführen, die 2. M links stricken, am R-Ende die vorletzte M links stricken, die letzte M wie zum Linksstricken abheben, dabei den Faden vor der M weiterführen.

BÜNDCHEN-RIPPEN:
1 M rechts und 1 M links im Wechsel stricken. In den Rück-R die M stricken, wie sie erscheinen.

GLATT LINKS:
Hin-R linke M, Rück-R rechte M stricken.

GLATT RECHTS:
Hin-R rechte M, Rück-R linke M stricken.

PERLMUSTER:
1 M rechts, 1 M links im Wechsel stricken. Die M in jeder R versetzt stricken.

RIPPEN A UND PATENTMUSTER B [LINKES VORDERTEIL]:
Nach Strickschrift A/B stricken. Die Zahlen links außen bezeichnen die Rück-R, rechts außen die Hin-R. Die Rand-M am rechten Rand als Knötchenrand arbeiten. Die 3 grau unterlegten M am linken Rand gelten als 1 glatt linke M und 2 M Patentrand-M. In der Breite die R mit den M vor dem 1. Pfeil beginnen, den MS [= 2 M] zwischen den Pfeilen fortlaufend stricken, mit den M nach dem 2. Pfeil enden.

In der Höhe entsprechend der Anleitung das Rippenmuster nach Strickschrift A, das Patentmuster nach Strickschrift B stricken, dabei jeweils 1x die 1. – 3. R arbeiten, dann die 2. – 3. R stets wdh. Der Deutlichkeit halber sind je 3 MS in der Breite gezeichnet.

RIPPEN C UND PATENTMUSTER D [RECHTES VORDERTEIL]:

Nach Strickschrift C/D stricken, dabei wie beim linken Vorderteil arbeiten, jedoch den Patentrand und die glatt linke M am rechten Rand [grau unterlegt] ausführen.

BETONTE ABNAHMEN:

Am R-Anfang jeweils die glatt linke M mit der folgenden M links zusammenstricken. Am R-Ende jeweils die glatt linke M mit der M davor links zusammenstricken. Es wird jeweils 1 M abgenommen.

MASCHENPROBEN:

17 M und 22 R glatt rechts mit Nadel Nr. 6 = 10 cm x 10 cm; 16 M und 36 R (=18 sichtbare R) im Patentmuster = 10 cm x 10 cm.

RÜCKENTEIL:

83 (91) M mit Nadel Nr. 6 anschlagen.
Für den Bund 5 cm = 11 R Rippen mit Knötchenrand stricken, dabei mit 1 Rück-R und nach der Rand-M mit 1 M rechts beginnen, am R-Ende vor der Rand-M mit 1 M rechts enden. Dann glatt links mit Knötchenrand weiterarbeiten. Die M wie folgt einteilen: 1 Rand-M, 21 (25) M glatt links, 1 M glatt rechts, 37 M glatt links, 1 M glatt rechts, 21 (25) M glatt links, 1 Rand-M.
Nach 18 (20) cm = 40 (44) R ab Bundende beidseitig über die ersten und letzten 2 M den Patentrand und 1 M danach bzw. davor glatt links stricken. Nun gleichzeitig beidseitig für die Armausschnitte 1 M betont abnehmen, dann in jeder 2. R noch 4x je 1 M betont abnehmen = 73 (81) M.
Mustergemäß weiterstricken. In 20 (21) cm = 44 (46) R Armausschnitthöhe alle M abketten, dabei die mittleren 31 M für den rückwärtigen Halsausschnitt markieren. Die je 21 (25) M davor und danach gelten für die Schultern. Hinweis: Das Rückenteil wird 4 cm kürzer als die Vorderteile gestrickt, da die Vorderteile [siehe gestrichelte Linien im Schnittschema] jeweils über 2 cm in das Rückenteil ragen. So ergibt sich die rückwärtige Ausschnitttiefe. Die Schulternähte sind also ins Rückenteil verlagert. Die gestrichelten Linien geben die Schulterlinien an!

LINKES VORDERTEIL:

41 (45) M mit Nadel Nr. 6 anschlagen.
Für den Bund 5 cm = 11 R im Rippenmuster arbeiten. Den Patentrand an der linken Seite am Ende der Hin-R arbeiten. Nach dem Bund im Patentmuster mit Patentrand stricken. In 22 (24) cm Gesamthöhe den V-Ausschnitt arbeiten.
Nach 17 (19) cm ab Bundende für die Ausschnittschrägung am linken Rand 1 M betont abn [= 40 (44) M], dann in jeder 4. R noch 14x je 1 M betont abnehmen. Gleichzeitig am Anfang der Hin-R nun auch einen Patentrand arbeiten und die Abnahmen für den Armausschnitt wie beim Rückenteil beschrieben ausführen = 5 M Abnahme für den Armausschnitt.
In 33 (36) cm Höhe weiter statt Patentmuster nun im Perlmuster stricken. In 47 (50) cm Höhe die verbleibenden 21 (25) Schulter-M abketten.

RECHTES VORDERTEIL:

Gegengleich zum linken Vorderteil stricken, jedoch die Muster vertauschen. Nach dem Rippenmuster zunächst mit dem Perlmuster

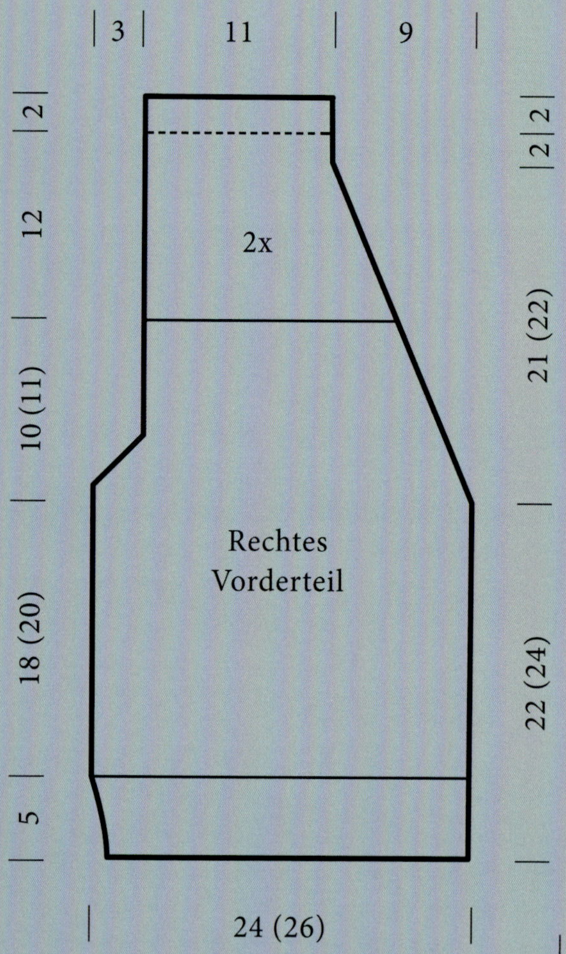
3
11
9
2
12
2x
2 2
21 (22)
10 (11)
Rechtes
Vorderteil
18 (20)
22 (24)
5
24 (26)

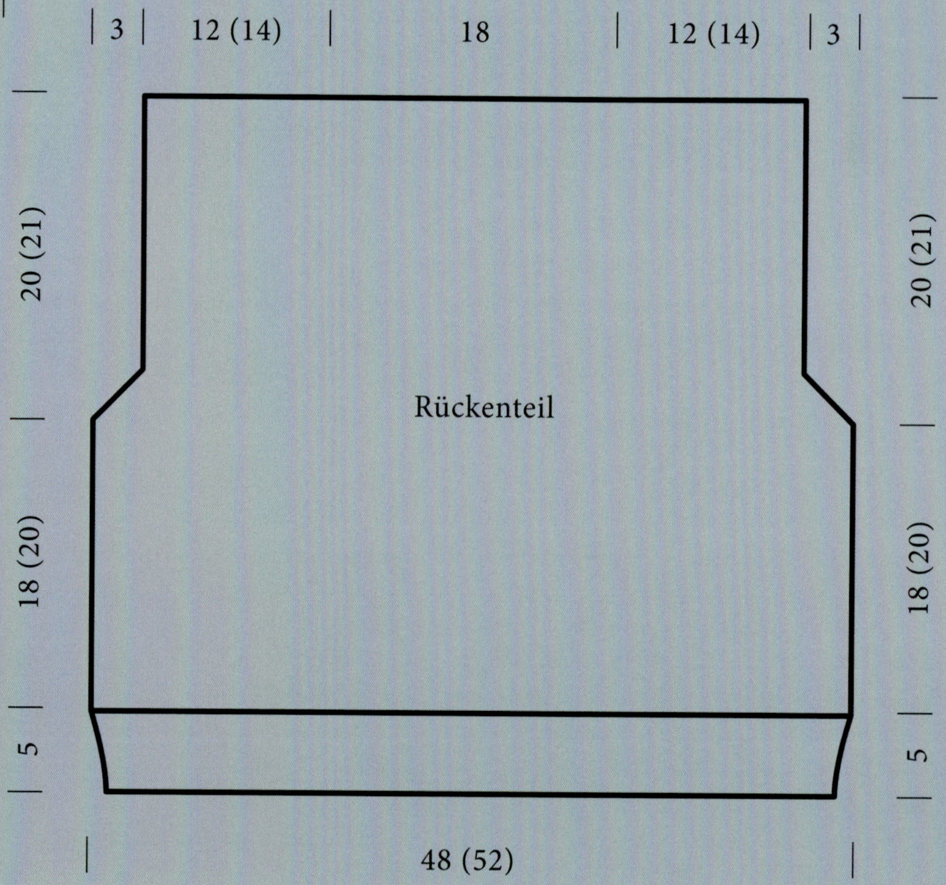
3
12 (14)
18
12 (14)
3
20 (21)
20 (21)
Rückenteil
18 (20)
18 (20)
5
5
48 (52)

Strickschriften A/B, C/D

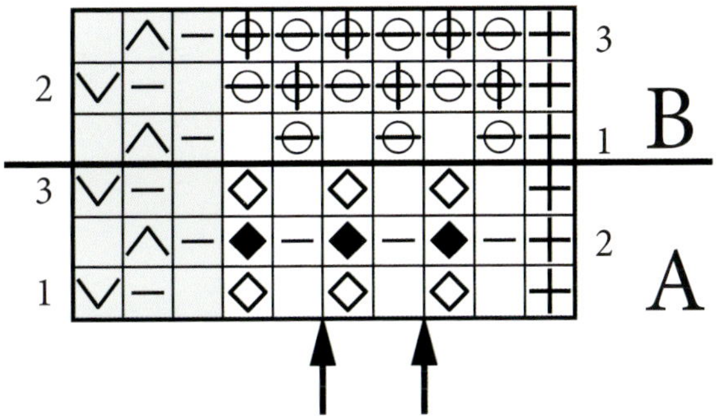

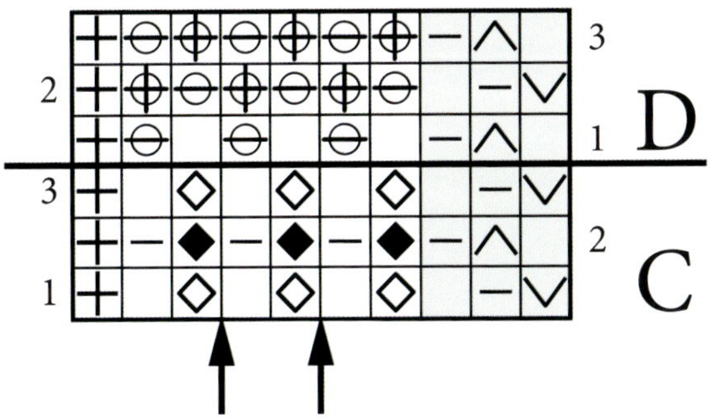

Zeichenerklärung:

= 1 Rand-M

= 1 M rechts

= 1 M links

= 1 M mit 1 Umschlag links abheben.

= 1 M und 1 Umschlag rechts zusammenstricken

= 1 M links verschränkt

= 1 M rechts verschränkt

= 1 M wie zum Linksstricken abheben, dabei den Faden vor der M weiterführen

= 1 M wie zum Linksstricken abheben, dabei den hinter der M weiterführen

beginnen und erst im oberen Bereich im Patentmuster stricken.

AUSARBEITEN:

Die Teile spannen, anfeuchten und trocknen lassen.

Die Nähte schließen. Den rückwärtigen Halsausschnittrand mit der Häkelnadel Nr. 5 mit 1 R Kettmaschen überhäkeln.

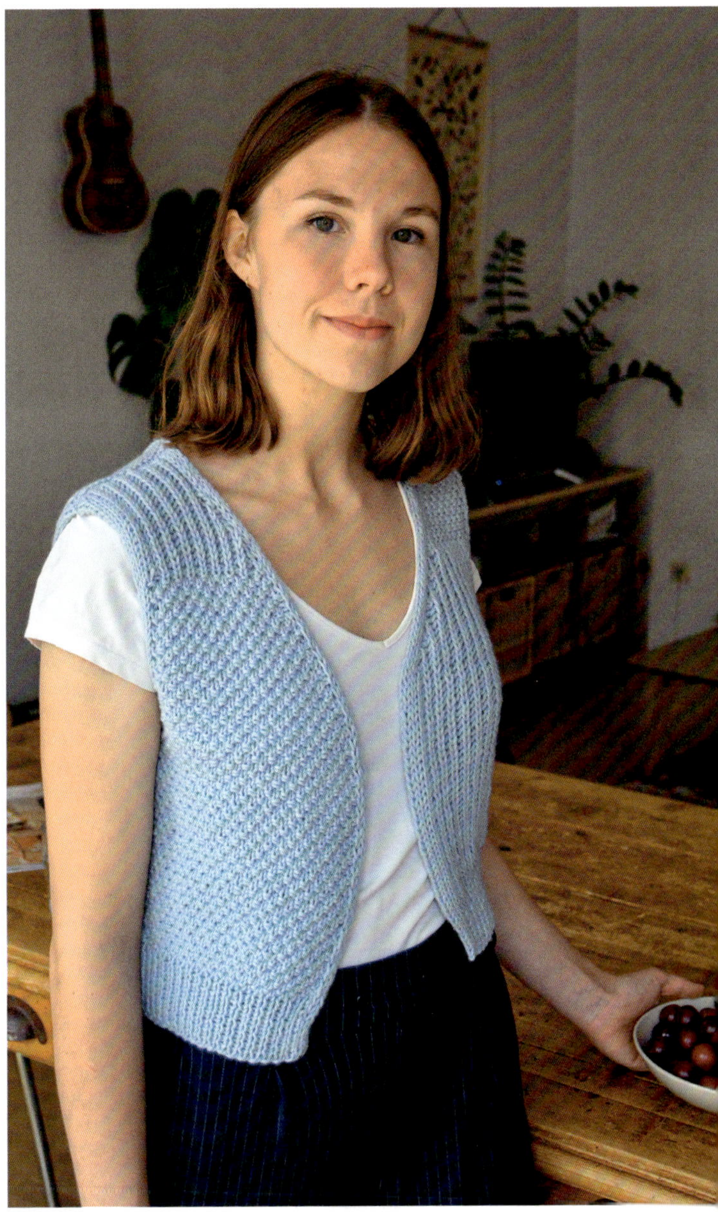

Eine Jacke für eine liebe Freundin

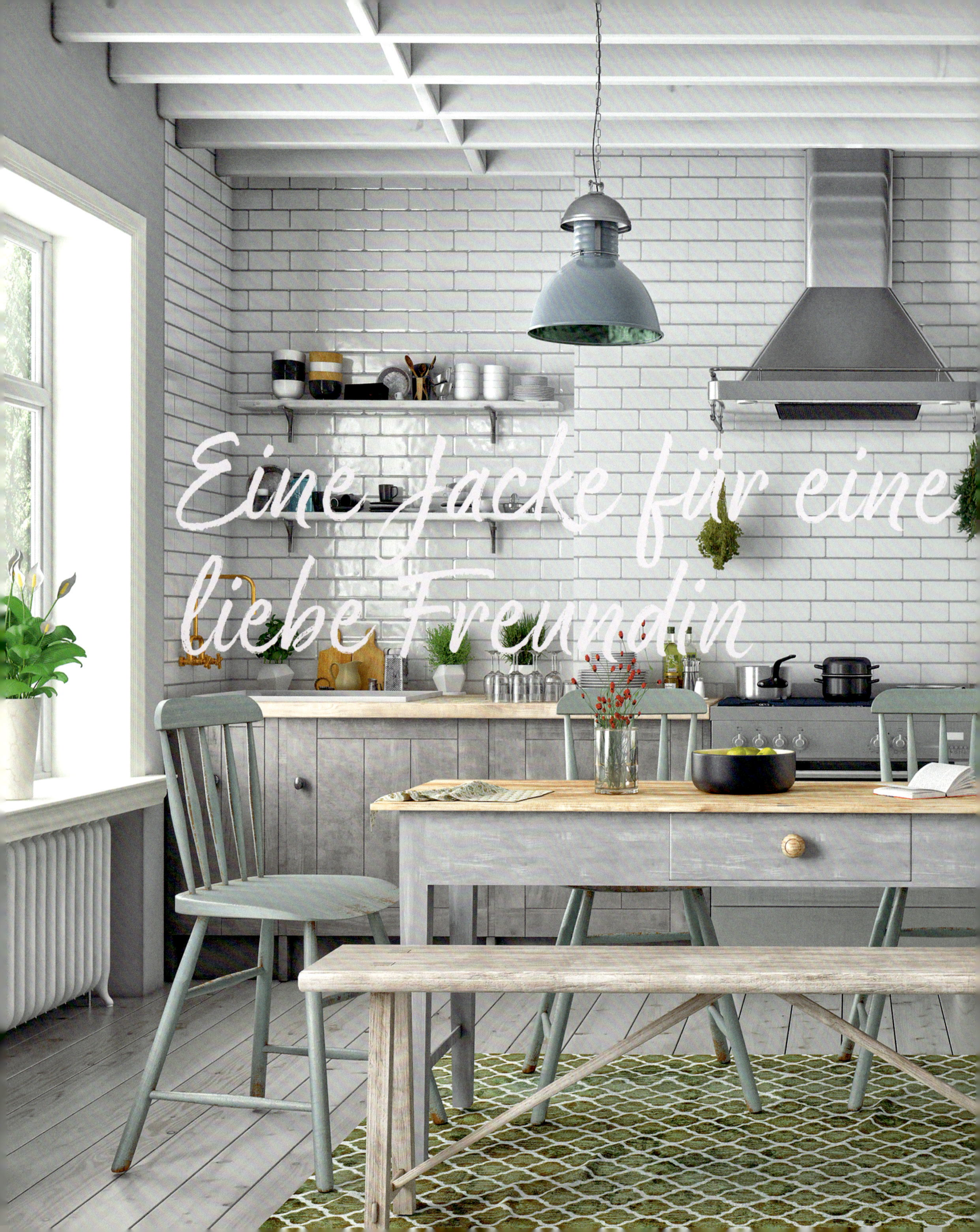

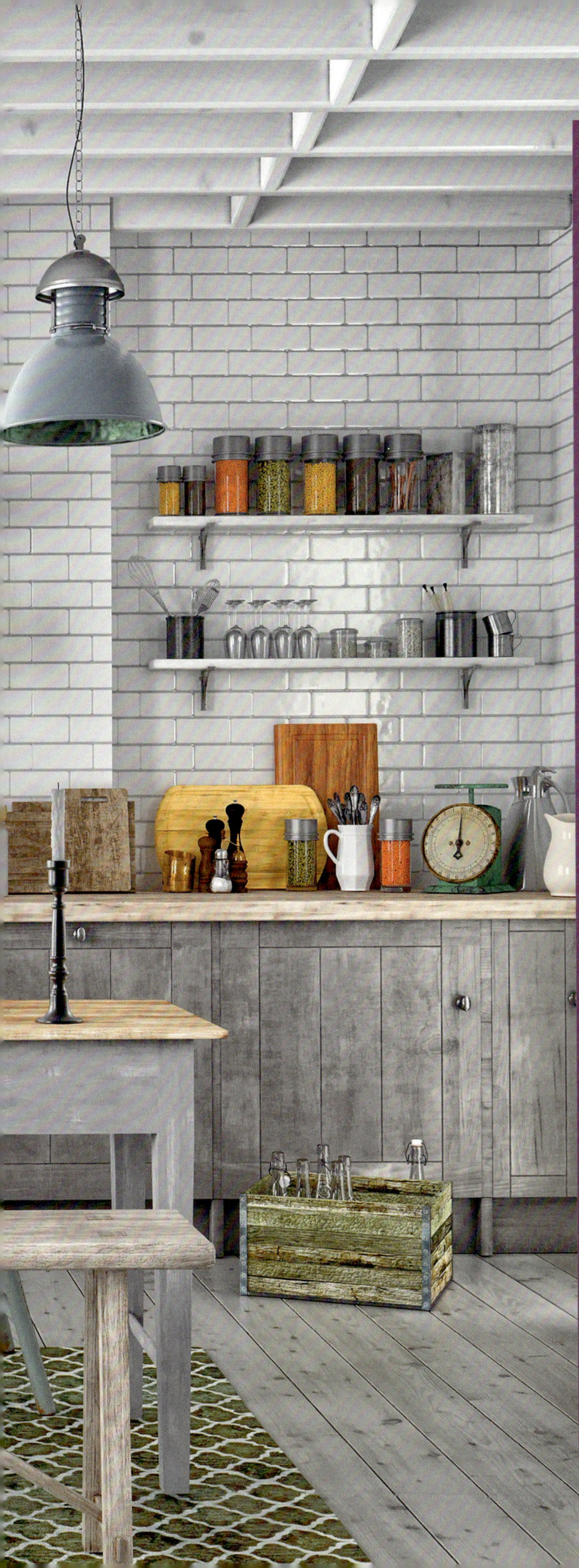

Freitagmorgen

Ich habe nichts zum Anziehen! Definitiv. Mein Schrank quillt über, doch nichts scheint für den Augenblick richtig. Das Problem kennen wahrscheinlich viele Frauen, aber ich traue mich kaum, es Maya zu sagen, denn sie kennt meinen Kleiderschrank und würde sich totlachen. Wenn man vom Teufel spricht, schon ruft sie an.

- Na, Nina, was macht das Leben?
- *Ich habe nichts anzuziehen, lach jetzt nicht.*
- Ich lache gar nicht, du hast einfach lauter gleiche Sachen im Schrank. Weiße Blusen, beige Hosen und blaue Jacken oder Pullover.
- *Danke, so habe ich es noch gar nicht gesehen. Also fehlt es mir an Abwechslung?*
- Auch. Aber du musst einfach wertschätzen, was du anziehst, und am besten geht das, indem du die Kleider selber machst. Entweder nähen oder stricken.
- *Puh, das sind ja Aussichten, dann werden sich meine Neuanschaffungen drastisch verringern.*
- Nicht das Schlechteste, oder?
- *Du hast recht, es ist wesentlich nachhaltiger, mit eigener Hände Arbeit etwas anzufertigen, statt in den nächsten Laden zu rennen und sich etwas zu kaufen.*

Ich durchforste einen Stapel Zeitschriften und stoße auf eine graue Jacke, die ich ziemlich gut finde. Jetzt noch eine Anleitung finden, Wolle kaufen und schon kann es losgehen.

Freitagmittag

In einem schicken Wollladen hatten sie genau das Garn, das ich gesucht habe. Ein sanftes Silbergrau. Emil, mein kleiner Pudel, ist begeistert, er liebt Shopping und er liebt Wolle, Grau steht ihm sowieso. In dem Wollladen hat die Besitzerin für genau das richtige Ambiente gesorgt – eine Art Wintergarten, in dem sich die Kundinnen hinsetzen können, um gemeinsam zu stricken oder in ultraschicken Magazinen zu blättern, falls man sich nicht sicher ist, wie das gute Stück werden soll. Ich bleibe einfach eine Weile und trinke einen Chai-Latte.

Freitagnachmittag

Wenn ich im Wollladen nicht versumpft wäre, hätte ich von meinem Edeljäckchen schon mehr gestrickt. Die Teile gehen relativ gerade dahin, bis auf einen sanft gerundeten Ausschnitt, bei dem man sorgfältig arbeiten muss. Aber das geometrische Muster läuft gut und ähnelt ein wenig Strickjacken aus den 1920er-Jahren. Bis auf den Schnitt, der mit seinen leichten Tütenärmeln und der kurzen Knopfleiste ultra angesagt ist.

Samstagmorgen

Ich habe wirklich Lust, den ganzen Tag zu stricken und das geht am besten, wenn man eine Belohnung zwischenrein bekommt. Da meine Küche so schön hell und licht ist und mein großer Esstisch für vielerlei Tätigkeiten Platz bietet, bleibe ich heute der Küche treu. Ich finde im Brotkasten noch Scheiben von trockenem Weißbrot, ideal für Arme Ritter, die wirklich mit Minimalaufwand extrem gut schmecken. Während dieser kleine Auflauf im Ofen vor sich hin backt, stricke ich Reihe für Reihe. Man kommt automatisch in so einen Flow, wenn man das Muster einmal verinnerlicht hat und nicht bei jeder Masche auf einen Anleitungsbogen gucken muss.

Arme Ritter

Altbackene Semmeln in dünne Scheiben schneiden und in etwas lauwarmer Milch, Vanillezucker und verquirlten Eiern einweichen – die Flüssigkeit muss von den Semmeln vollständig aufgesogen werden. Dann eine Auflaufform buttern und die Semmelmasse hineinschichten. So lange backen, bis die Oberfläche goldbraune Blasen wirft. Dann kurz herausnehmen, zuckern und nochmals für 10 Min. in den Ofen geben.

Schon die Römer haben aus alten Weizenfladen „Arme Ritter" hergestellt. In den Kochbüchern des 14. und 15. Jh. kommen sie ebenfalls vor. Angereichert mit Zimt, Äpfeln und Rosinen heißt das Gericht „Scheiterhaufen". Mit Vanillesoße serviert bekommt es den Namen „Ofenschlupfer".

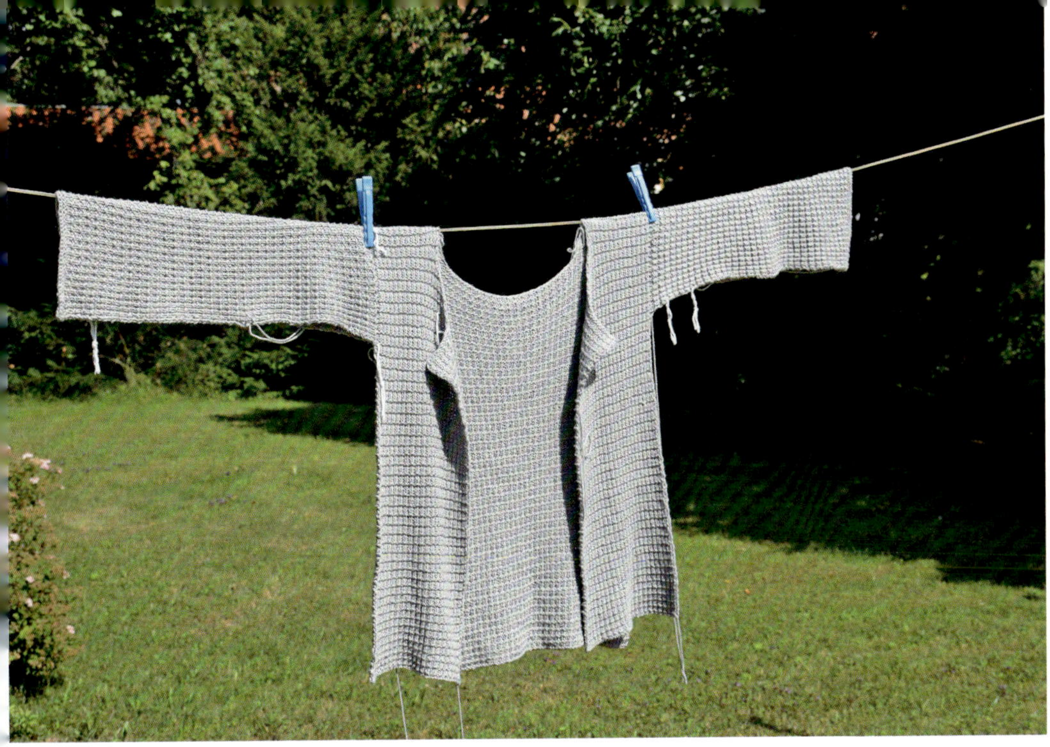

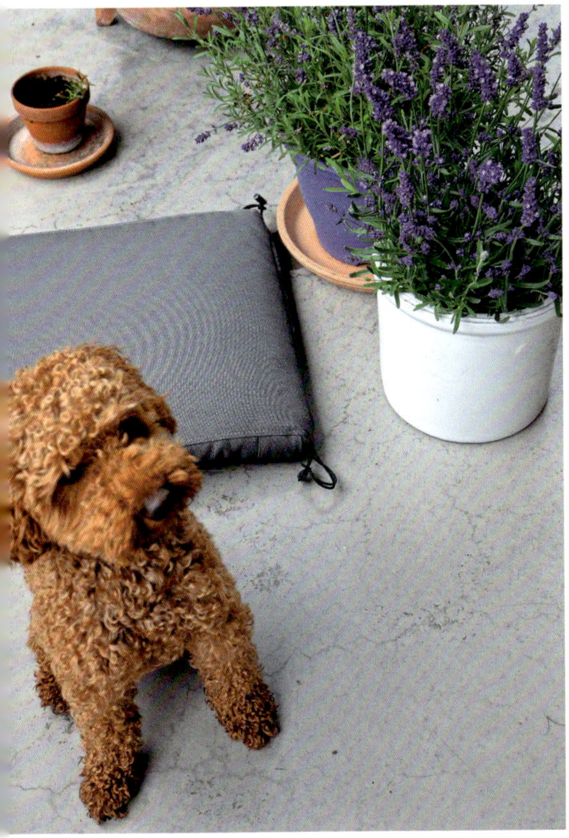

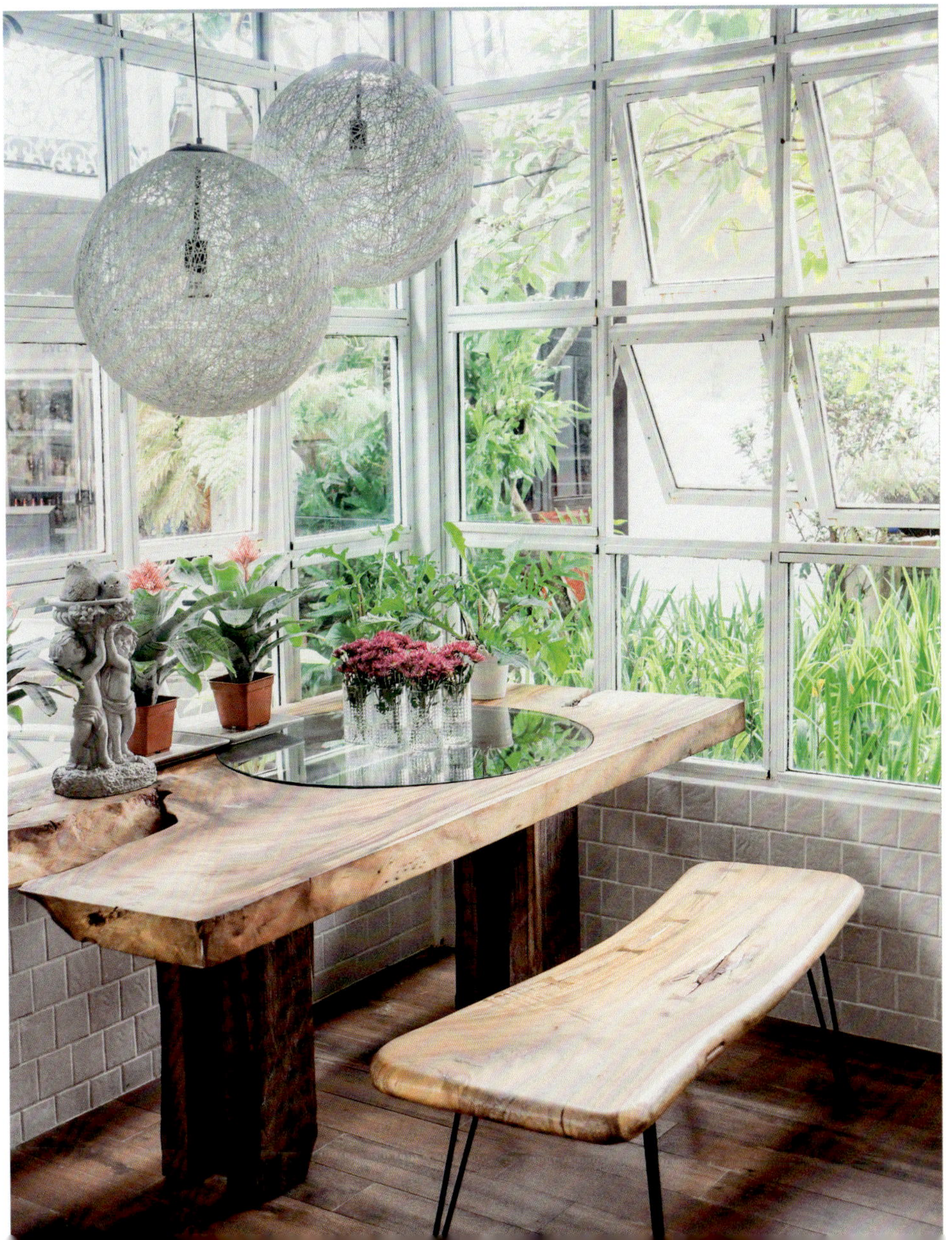

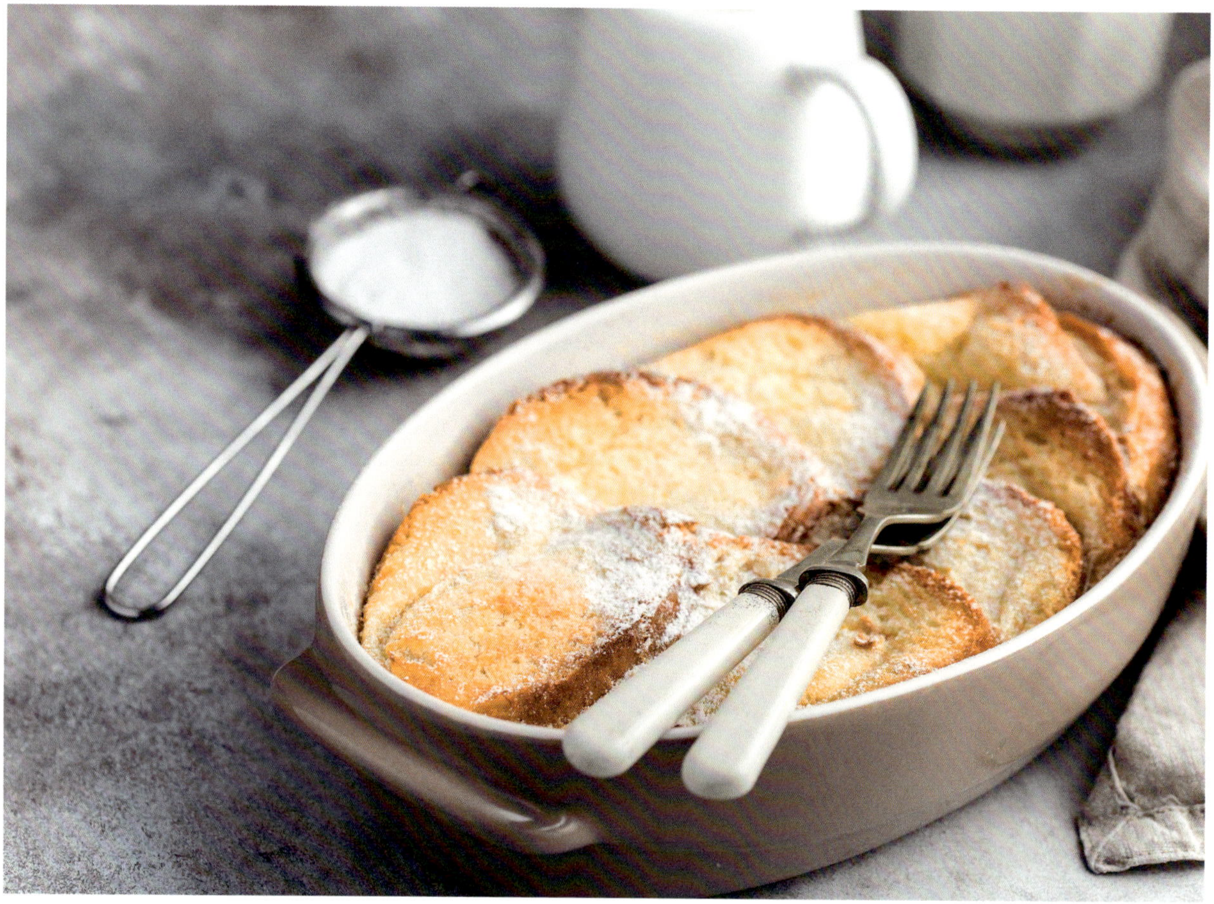

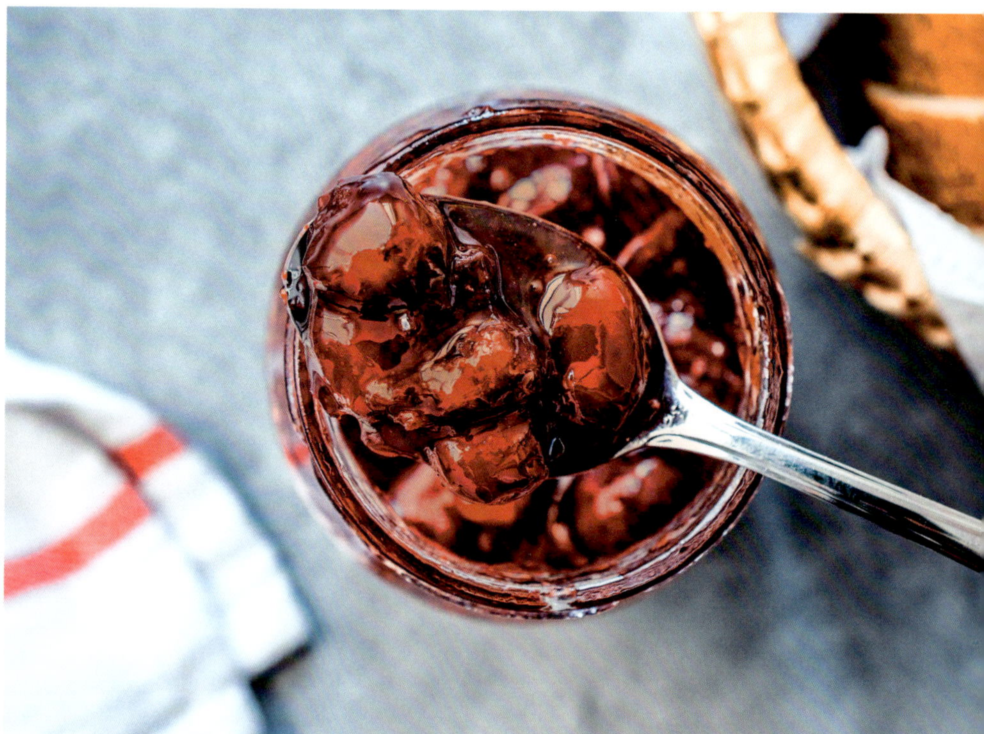

Samstagmittag

- Nina, was machst du? Kommst du mit zum Eislaufen?
- *Nein danke, Katja, ich habe ein Projekt angefangen und das lässt mich gerade nicht los. Ist zwar auch eisfarben, aber es wird mich wärmen und nicht auskühlen.*
- Was wird es?
- *Eine Jacke, retro, aber sehr schick.*
- Kann ich mir bei dir gut vorstellen. Dann mach's gut und melde dich, wenn sie fertig ist, dann machen wir einen Einweihungsabend.
- *Das wird mich antreiben, ciao, Katja, auf bald.*

Heiße Kirschen

Tiefgefrorene Kirschen zusammen mit etwas braunem Zucker und einem Gläschen Kirschgeist aufkochen lassen. Gerne auch mit Zitronensaft oder Orangenschalen abschmecken und zu den heißen „Armen Rittern" servieren.

Nur Arme Ritter sind auch keine Lösung. Ich finde im Tiefkühler noch Sauerkirschen, die ich auftaue, das geht schnell neben dem Ofen. Ich nehme mir noch zwanzig Reihen vor, dann ist süße Pause.

Samstagabend

Fast alle Teile sind fertig, am nächsten Morgen werde ich sie anfeuchten und in der milden Herbstsonne trocknen lassen. Während ich Fäden vernähe und Nähte schließe, kommt meine Nachbarin vorbei, sie hat sich auch einen Toypudel zugelegt, der noch jung und verspielt ist und sich auf einen Stapel Bücher zurückgezogen hat.

Nur Emil hat jetzt wirklich keine Lust mehr, länger drinnen zu sitzen, ich werde einen langen Spaziergang mit ihm machen. Wird mir auch guttun, nach dem üppigen Brotauflauf, der leider mit den Kirschen zusammen so gut geschmeckt hat, dass aus einer, zwei Portionen wurden. Meine Nachbarin kommt mit, nachdem ich sie von der Delikatesse „Arme Ritter" überzeugen konnte. Wir nehmen unsere beiden Hunde und lassen sie durch den Stadtpark toben, bis die Sonne untergeht.

Sonntagmorgen

Die Jacke hängt auf der Wäscheleine und schwingt im Wind, bevor ich letzte Hand anlege. Ich rufe Katja und Maya an, ob sie am Nachmittag vorbeikommen, auf einen kleinen Umtrunk in meiner Küche, plus ein wenig über Bücher diskutieren. Denn die neue Jacke wirkt ungeheuer literarisch, finde ich. Außerdem können wir dann auch gleich Fotos machen. Ein leichter Föhnwind hat warme Luft gebracht und ich traue mich, das neue Top bauchfrei und barfuß zu tragen.

Sonntagmittag

So richtig literarisch wurde es dann gar nicht, eher philosophisch, denn wir haben uns die therapeutische Wirkung von Stricken eingegroovet, natürlich mit dem Standardwerk von *Betsan Corkhill* „Mit Stricken gesund und glücklich werden". Stricken macht etwas im Kopf, mit der Feinmotorik und mit dem Denken. Es macht geduldig, trainiert die Nerven und verinnerlicht das Gefühl, dass manche Dinge eben ihre Zeit brauchen. Schritt für Schritt ans Ziel, oder Masche für Masche ein großes Ganzes formen. Kein Wunder, warum Stricken als Therapeutikum eingesetzt wird. Wir sind jedenfalls maximal entspannt, also ich bin es, denn die Mädels haben nun auch Lust bekommen, so eine literarische Jacke anzufertigen. Gute Entscheidung!

Heiße Kirschen

Hugo Salus

Heut hatt' ich einen Kinder-
traum.
Sein Inhalt war:
ein Kirschenbaum,
Sonst nichts. Der war so
kirschenschwer,
Man sah von seinem Grün
nichts mehr.

Der rote Baum stand ganz allein
Und strahlte nur von
Sonnenschein.
Die Kirschen waren
wie aus Glas,
Was für ein heller Glanz war das!

Wie ich so in die Kirschen guck',
Aus jeder Kirsche, wie ein Spuk,
In kirschen-, kirschenrotem Licht
Lacht mir entgegen
mein Gesicht.

Zehntausend Kirschen sicherlich,
Nicht übertrieben, zählte ich;
Nun stellt euch vor,
zehntausendmal
Lacht' ich mich an
im Sonnenstrahl!

Da ich schon lange aufgewacht,
Hab' ich noch vor mich
hingelacht
Und lag und lag
noch halb im Traum
Und lachte in den Kirschenbaum.

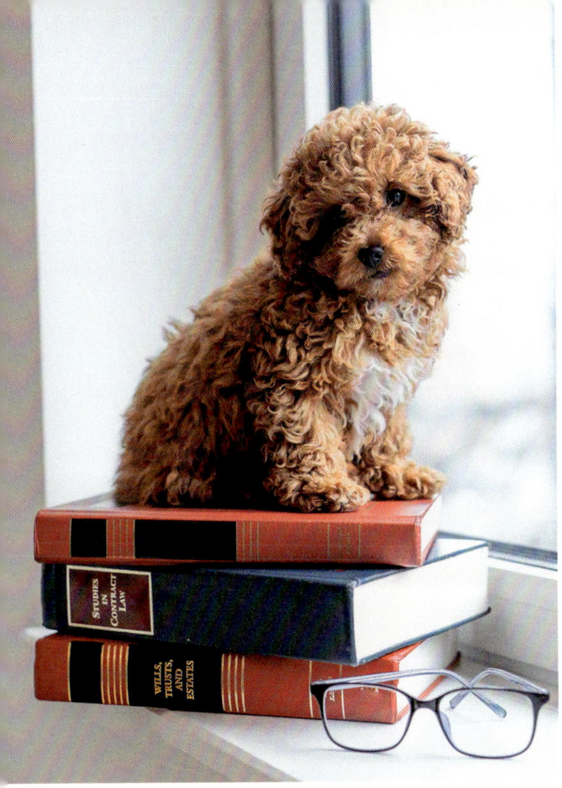
STUDIES IN CONTRACT LAW
WILLS, TRUSTS, AND ESTATES

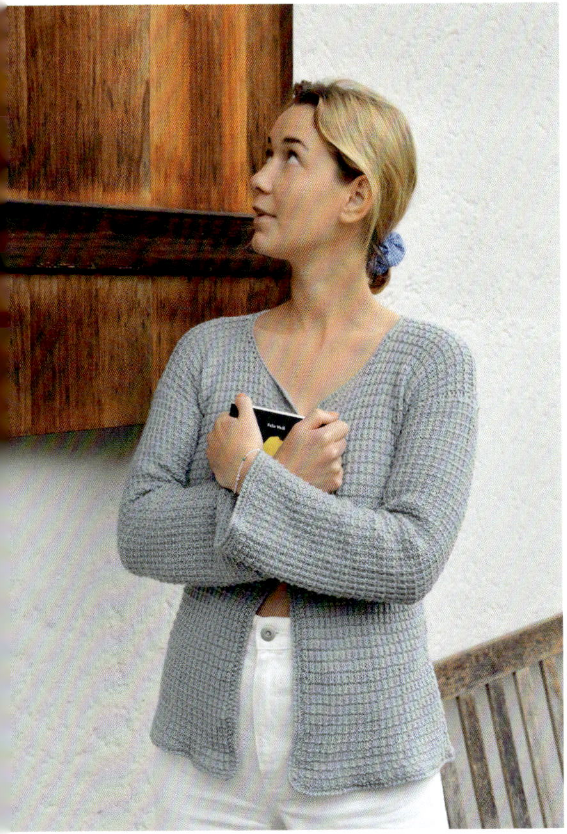

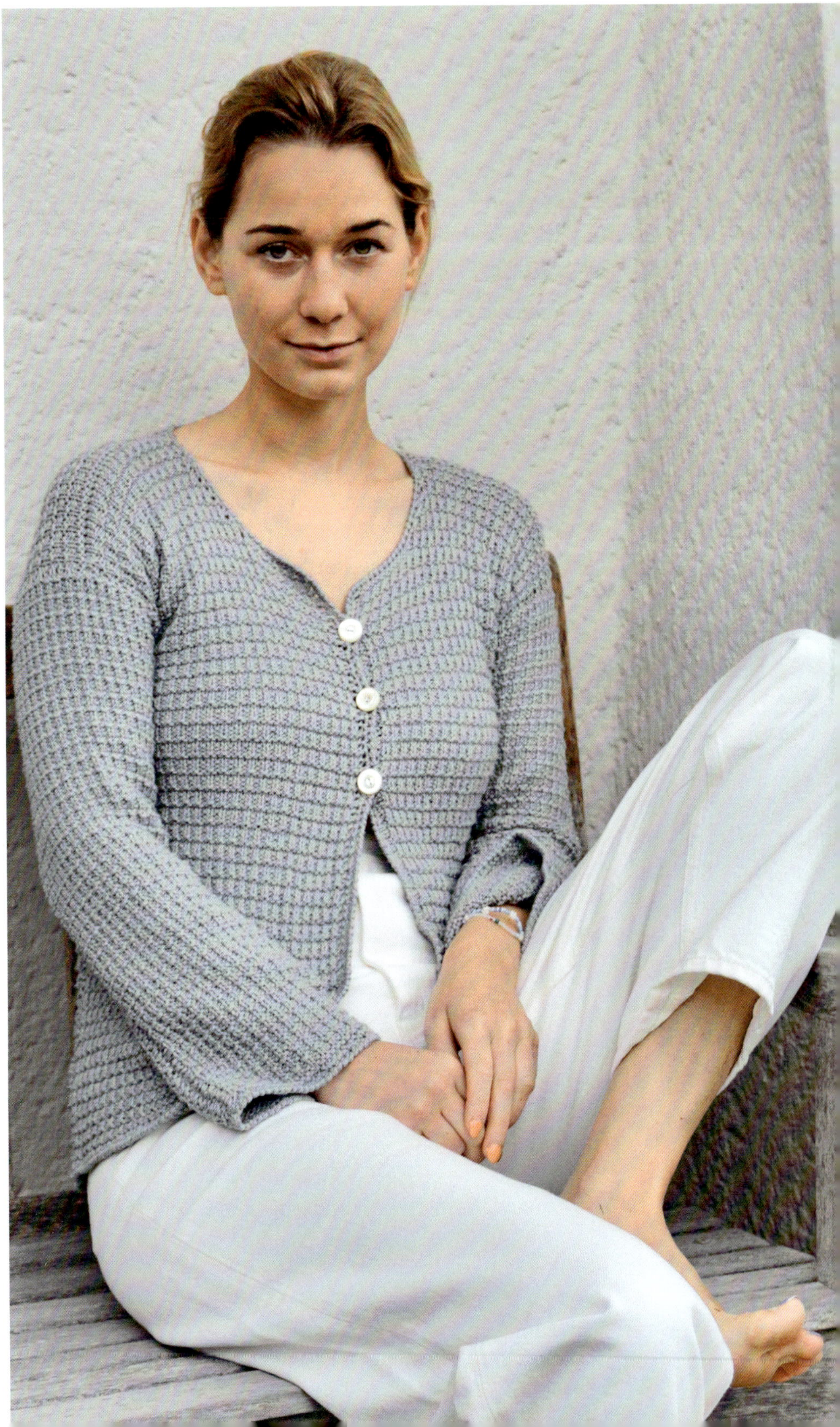

Eine Jacke für eine liebe Freundin

Lässiger Cardigan

GRÖSSE:
36/38, 40/42, 44 und 46. Die Angaben für Größe 40/42, 44 und 46 stehen in Klammern. Ist nur eine Angabe gemacht, gilt diese für alle Größen.

MATERIAL:
Lana Grossa **„Alta Moda Cotolana“** (45% Schurwolle Merino, 45% Pima Baumwolle, 10% Polyamid, Lauflänge 150 m/50 g), **400 (450 – 500 – 550) g** Grüngrau **(Fb 9)**; Stricknadeln Nr. 5, 1 Häkelnadel Nr. 4 und 3 Perlmuttknöpfe, Durchmesser 18 mm.

GRUNDMUSTER:
M-Zahl teilbar durch 2 + 1 + Rand-M. Die ungeraden R bilden die Hin-R, die geraden R die Rück-R.
1.R: Zwischen den Rand-M 1 M rechts und 1 M links im Wechsel stricken und mit 1 M rechts enden.
2.R: Die M zwischen den Rand-M stricken, wie sie erscheinen.
3.R: Zwischen den Rand-M alle M rechts stricken.
4.R: Zwischen den Rand-M alle M rechts stricken.
Die 1. – 4. R fortlaufend wiederholen.

MASCHENPROBE:
Grundmuster mit Nadeln Nr. 5, leicht gedämpft gemessen: 20 M und 22 R = 10 cm x 10 cm.

RÜCKENTEIL:
101 (109 – 117 – 125) M mit Nadeln Nr. 5 anschlagen und 1 Rück-R rechte M str. Weiter 60 (61 – 62 – 63) cm im Grundmuster stricken.
Dann für den hinteren Halsausschnitt die mittleren 37 M auf einer Hilfsnadel stilllegen. Beide Seiten getrennt beenden. An der zum Halsausschnitt zeigenden Seite noch 1x 2 M abketten und nach 4 R nach Stilllegung der M auch die verbleibenden 30 (34 – 38 – 42) Schulter-M stilllegen.

RECHTES VORDERTEIL:
51 (55 – 59 – 63) M mit Nadeln Nr. 5 anschlagen und 1 Rück-R rechte M stricken. Weiter 50 (51 – 52 – 53) cm im Grundmuster stricken. Für den vorderen Halsausschnitt am Anfang der R 13 M abketten. Danach in jeder 2. R (=Hin-R) am Anfang der R noch 1x 3 M 1x 2 M und 3x 1 M abketten = 30 (34 – 38 – 42) M. In 62 (63 – 64 – 65) cm Höhe die M stilllegen.

LINKES VORDERTEIL:
Wie das rechte Vorderteil, nur gegengleich arbeiten.

ÄRMEL:
Die Schulternähte zusammenstricken.
Die Ärmel werden von oben nach unten gestrickt und gleich an Rücken- und Vorderteil angestrickt. Der Pfeil in der Schnitt-

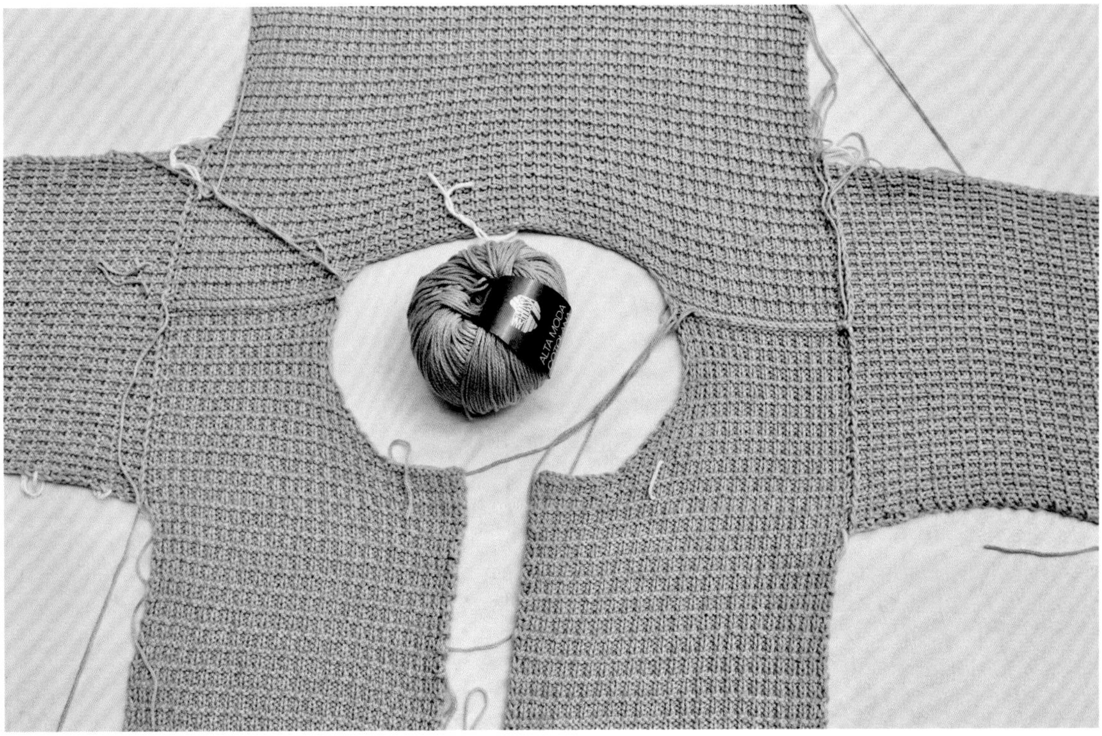

zeichnung gibt die Strickrichtung an.
Aus dem Seitenrand zwischen den Markierungen lt. Schnittskizze 67 (71 – 75 – 79) M auffassen.
Mit Nadeln Nr. 5 zunächst 1 Rück-R rechte M stricken, dann zwischen den Rand-M im Grundmuster arbeiten, wie oben beschrieben. Geradeaus und ohne Ärmelschräge arb. In 44 cm Ärmellänge in der Hin-R nach einer 4. R alle M rechts abketten, dabei rechts stricken.

HINWEIS:

Die Ärmel werden durch das Tragen etwas länger, deshalb ist die Ärmellänge in der Anleitung kürzer angegeben.
Sollten sich die Ärmel durch häufiges Tragen zu sehr aushängen, können sie einfach gekürzt werden, da von oben nach unten gestrickt wurde.

FERTIGSTELLEN:

Die Jacke wie auf dem Foto dargestellt offen hinlegen, spannen, anfeuchten und trocknen lassen. Die Seiten- und Ärmelnähte schließen.
Die Kanten der Vorderteile, den Halsausschnitt, den hinteren Ausschnitt und den Saum in einem Arbeitsgang mit 1 Rd festen Maschen und 1 Rd Krebsmaschen (= feste M häkeln, dabei aber nicht wie gewohnt von rechts nach links arbeiten, sondern in umgekehrter Häkelrichtung von links nach rechts arbeiten) umhäkeln. In der 1. Rd an den Ecken jeweils 3 feste M arbeiten. Den hinteren Halsausschnitt leicht einhalten und den Saum leicht ausdehnen.
Die übrigen Ränder so umhäkeln, dass sie weder gedehnt noch eingehalten werden. Die Knöpfe auf das linke Vorderteil nähen: Den 1. Knopf 6 cm ab Halsausschnitt, die restlichen 2 Knöpfe im Abstand von je 6 cm annähen.
Knopflöcher sind nicht erforderlich. Man knöpft durch die Maschen des Musters.
Den Ärmelsaum ebenso umhäkeln.

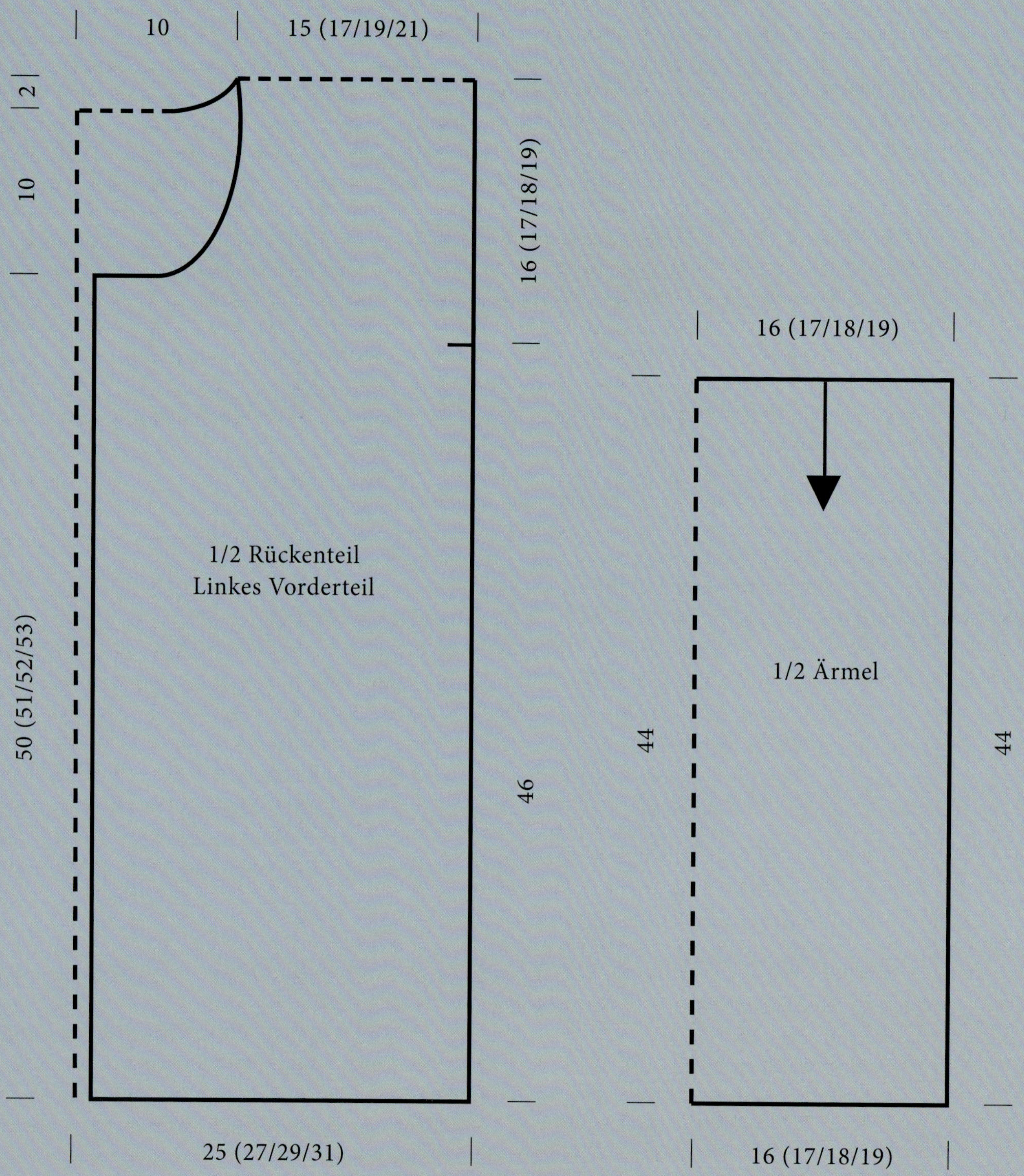
10
15 (17/19/21)
2
10
16 (17/18/19)
50 (51/52/53)
46
1/2 Rückenteil
Linkes Vorderteil
25 (27/29/31)
16 (17/18/19)
44
1/2 Ärmel
44
16 (17/18/19)

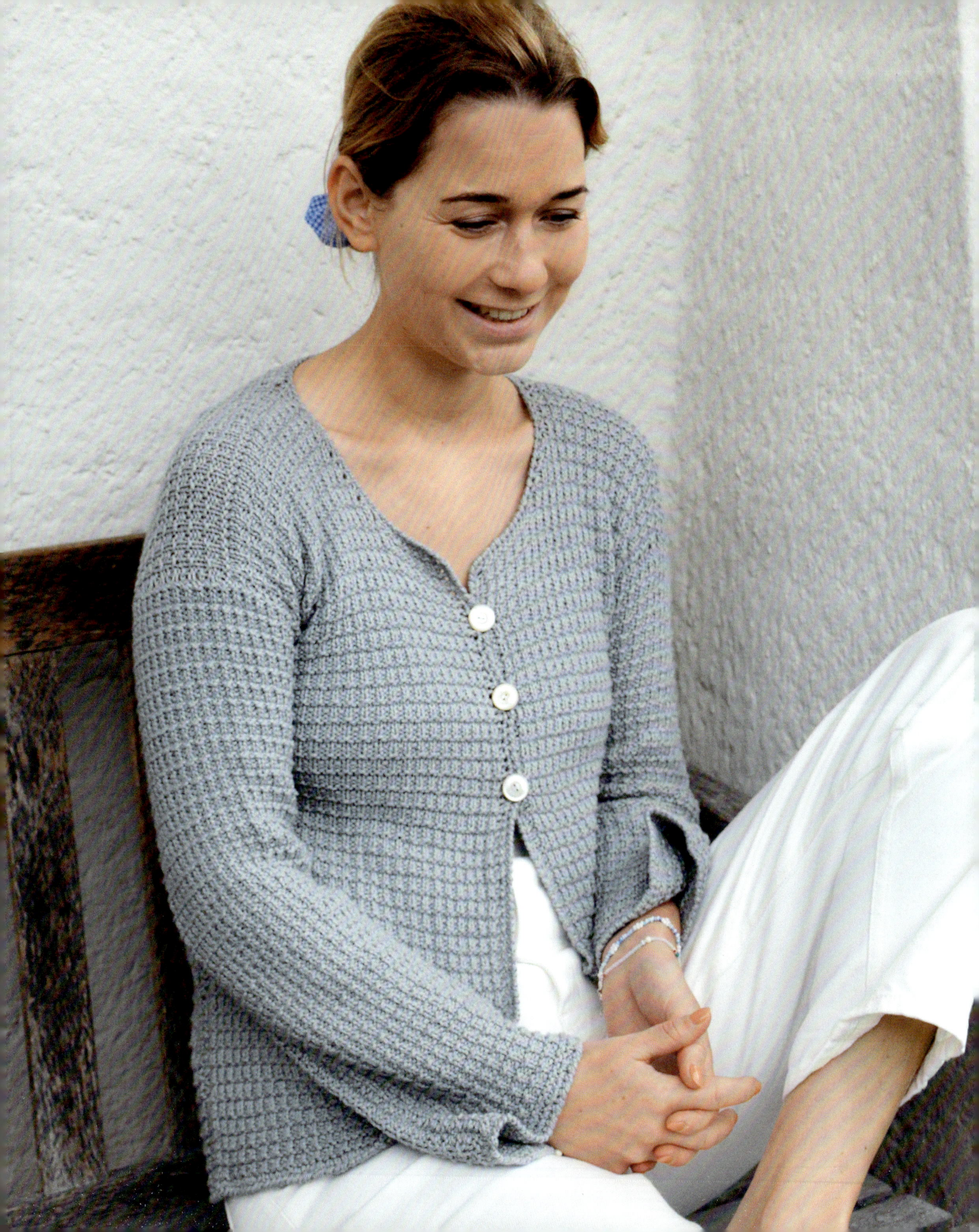

Frühstück mit Stola

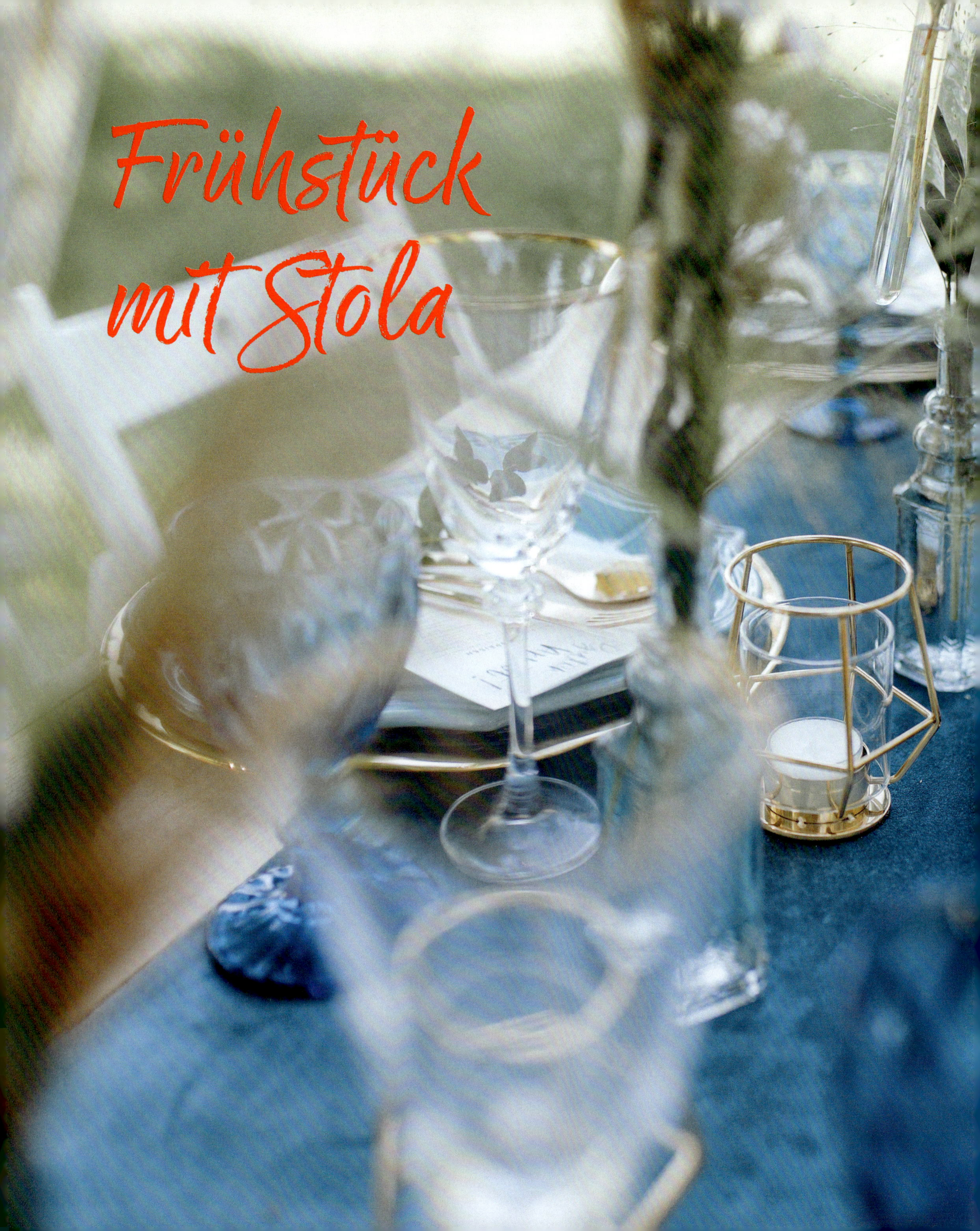

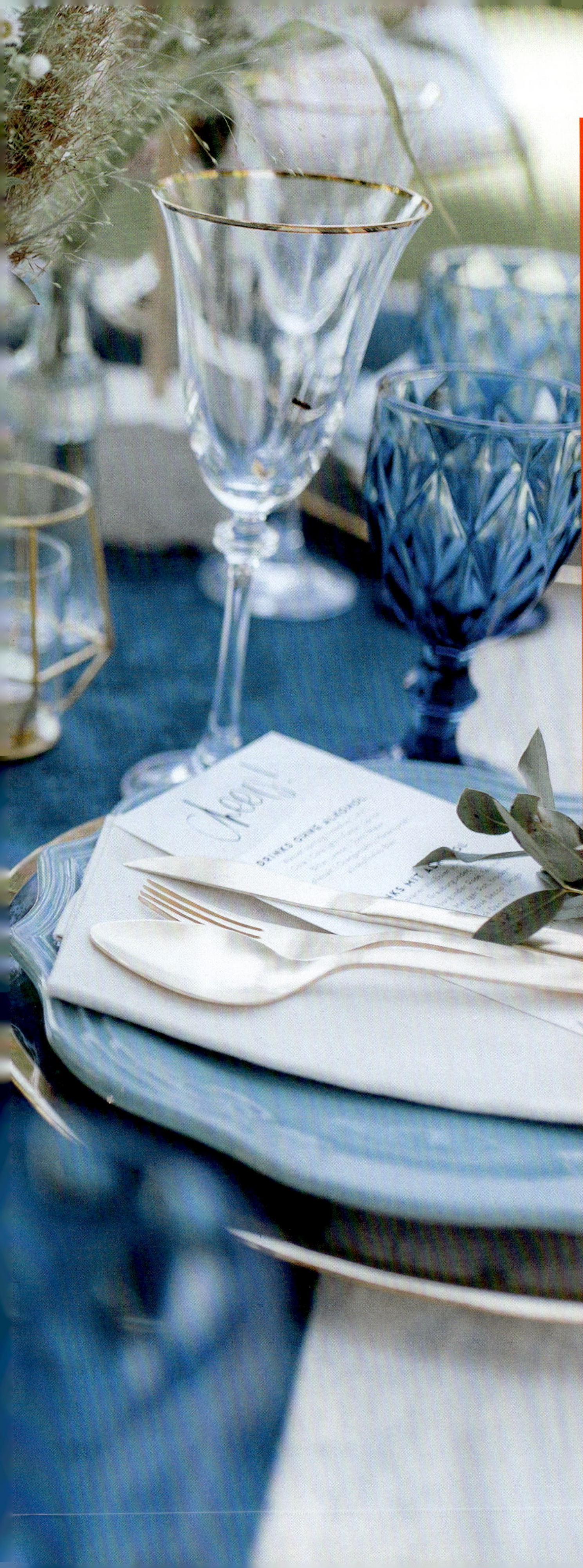

Freitagfrüh

Maya und Nina sind wirklich lieb, erst laden sie mich zu einem Frühstück ein und dann geben sie mir auch noch ein Paket mit auf den Weg. Damit ich auf der Tournee nicht friere und auf trübe Gedanken komme. Aber von vorne. Alles begann mit einem Anruf von Nina.

- Katja, wir wollen dir zu deinem Geburtstag eine Freude machen. Und vor allem wollen wir dich vor deiner Tournee morgen noch einmal sehen. Ausgiebig!
- *Nina, das ist so lieb, aber ich fürchte, ich habe gar keine Zeit mehr.*
- Das wird dennoch klappen, Maya und ich haben schon alles geplant. Wir kommen zu dir und stellen dir einen supergesunden Brunch hin. Du kannst dann deine Gitarre packen und losziehen.
- *Echt, das würdet ihr tun?*
- Wir bringen dir auch noch was mit, was dich begleiten wird.
- *Ihr seid verrückt!*
- Du konntest bei all unseren schönen Wochenendaktionen nicht mitmachen, weil du immer unterwegs warst. Da brauchst du was, das dich an Zuhause erinnert.
- *Ich freu mich auf euch.*

Auch wenn das wahrscheinlich dennoch stressig werden wird, weil meine kleine Tournee morgen Mittag beginnt, freue ich mich riesig. Ich hatte keine Idee, was die beiden vorhatten.

Freitagmorgen

Die beiden kommen mit Gläsern und Tellern mit Goldrand, einer ganzen Ladung Glas- und Porzellangefäßen mit essbarem Inhalt, Windlichtern, Servietten und sogar Blumen – alles wunderschön in Blau gehalten. In Nullkommanichts haben sie meinen langen Holztisch gedeckt. Und mittendrin eine Tüte platziert.

- Du darfst das erst aufmachen, wenn wir wieder weg sind. Und du musst die Tüte mitnehmen. Und wenn du wiederkommst, wollen wir was sehen!
- Was habt ihr euch ausgedacht? Jetzt hab ich Angst …
- Quatsch, du wirst quasi mit jeder Handbewegung an uns denken, außer, wenn du Gitarre spielst.
- Ooops?

Wir essen uns durch ein köstliches Crumble mit Himbeeren, eine Rote-Bete-Lasagne, Tomaten mit Mozzarella und eine Chia-Samen-Bowl. Das Rot der Speisen kontrastiert herrlich zum Blau der Dekoration. Und ich fühle mich gestärkt für meine kleine Tournee, die mich an vier Tagen in vier Städte führen wird mit vielen Zugfahrten dazwischen.

Freitagmittag

Die beiden haben sich tatsächlich so spurlos verabschiedet, wie sie es angekündigt hatten. Schmutzige Gläser, Teller, Schüsseln, alles verschwindet wieder in ihren Kisten – nur die Tüte bleibt da. Ich bin so neugierig, habe aber keine Zeit mehr. Ich packe die Tüte in meinen Rucksack, schnappe meine Gitarre und mache mich auf den Weg zum Bahnhof. Vier Stunden Zugfahrt liegen vor mir, dann ist Soundprobe und schließlich heute Abend das Konzert. Im Zug öffne ich die Tüte und blicke auf einen Berg leuchtend roter Wolle, so leuchten rot wie Tomaten, Rote Beete und Himbeeren zusammen! Dazu eine Anleitung für eine Stola.

- Liebe Katja, wenn du auf den Zugfahrten ein wenig das Lampenfieber bekämpfen willst, dann strickst du an deiner Stola. Sie soll dich nicht nur Masche für Masche an uns, deine alten Freundinnen, erinnern, sondern auch ein kuschelweicher Rück-

Crumble mit Himbeeren

150 g Mehl, 50 g brauner Zucker, 50 g weißer Zucker, 1 Prise Salz,
100 g Butter, 2 EL Pistazien, 500 g frische oder TK-Himbeeren, etwas Butter für die Förmchen, nach Belieben etwas Vanilleeis

Backofen auf 200 Grad (Umluft: 180 Grad) vorheizen. Mehl mit braunem und weißem Zucker und Salz in einer Schüssel mischen. Butter würfeln und mit Pistazien zugeben. Mit den Händen kurz zu einem krümeligen Teig verkneten. Himbeeren waschen und trocken tupfen. Sechs Auflaufförmchen oder Gläser (Ø ca. 8 cm) fetten. 1/4 der Streusel auf dem Boden verteilen. Beeren auf die Streusel verteilen, üppig mit den übrigen Streuseln bedecken. Ca. 20 Min. backen. Am besten warm servieren. Nach Belieben mit Vanilleeis und weiteren Pistazien servieren.

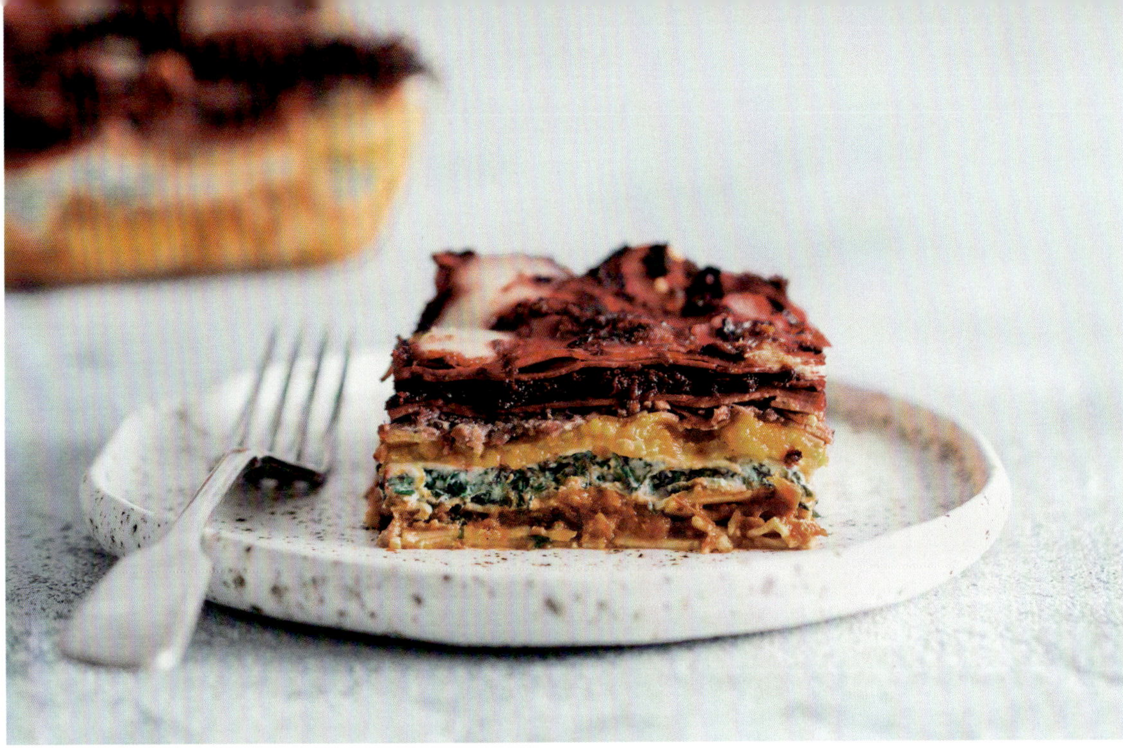
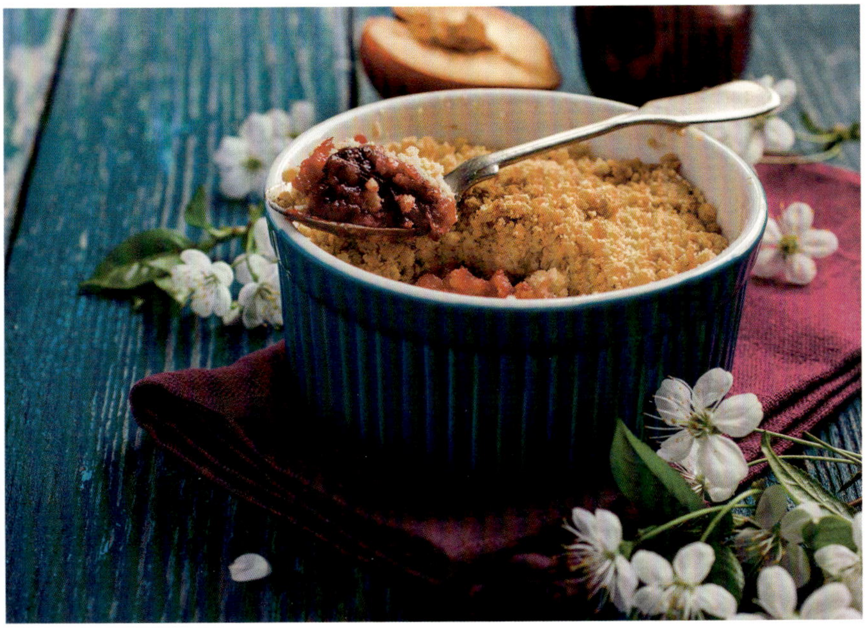
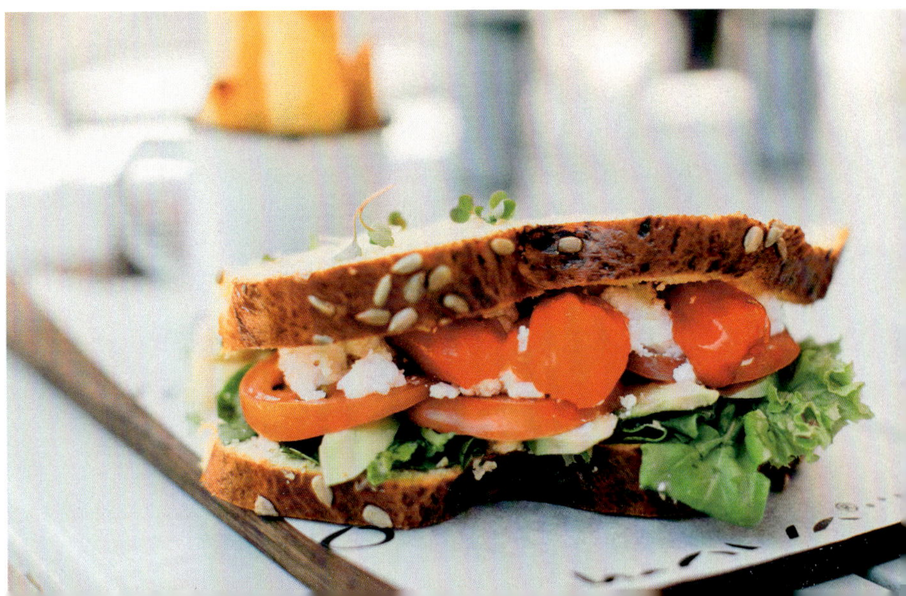

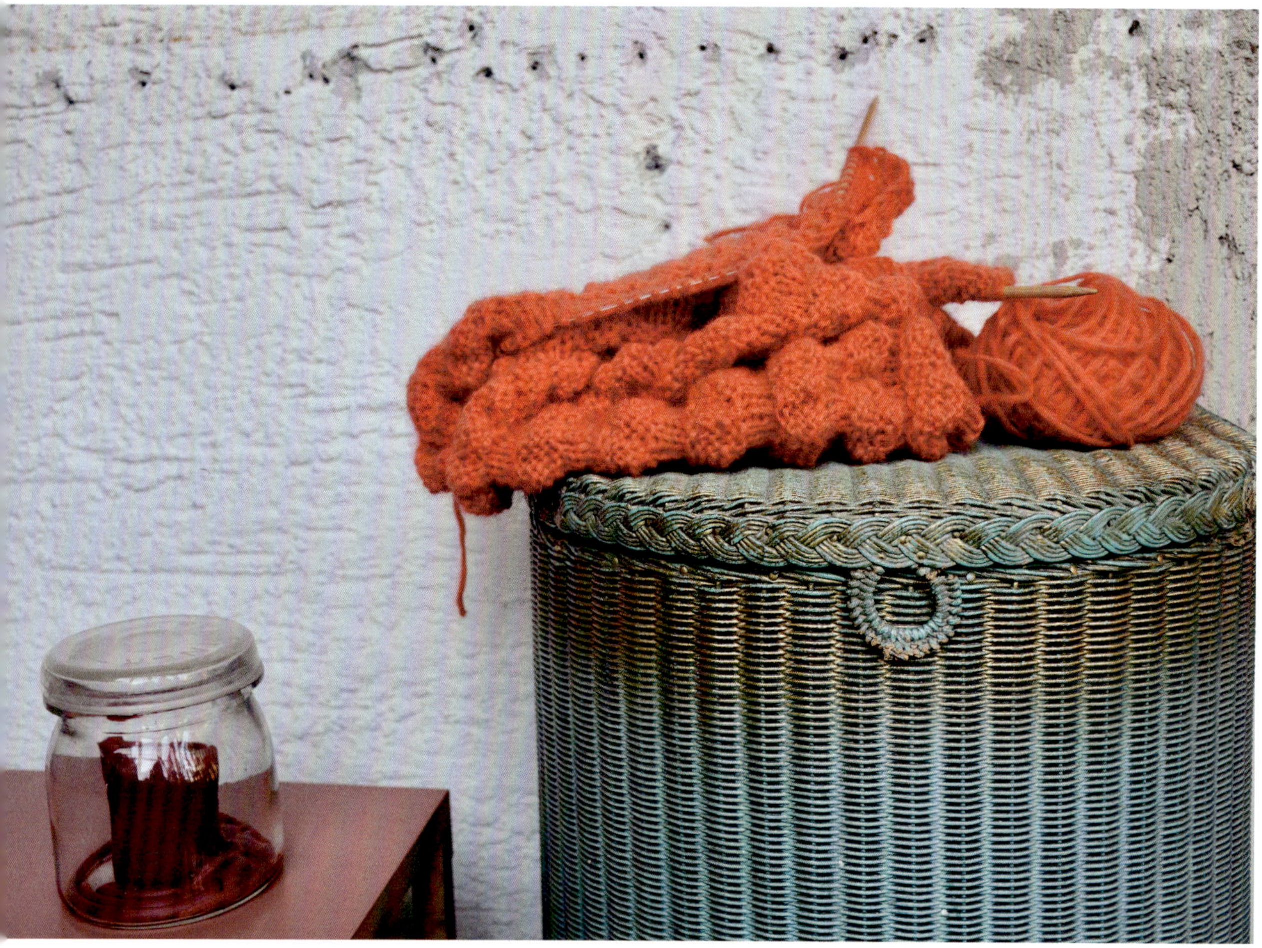

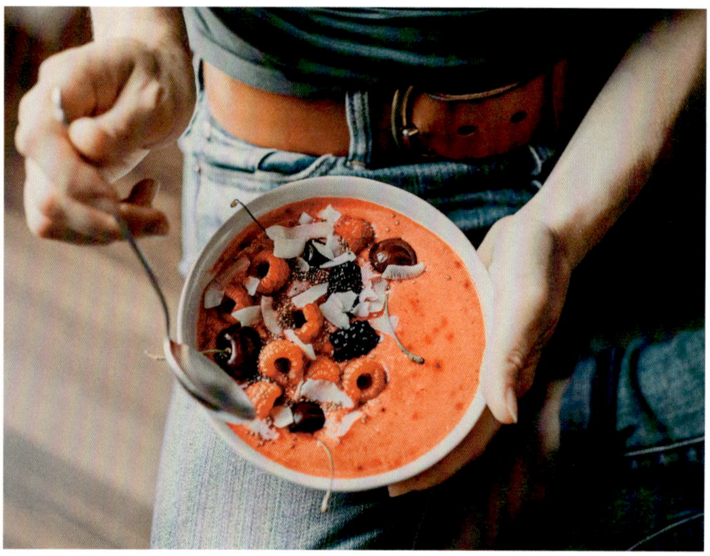

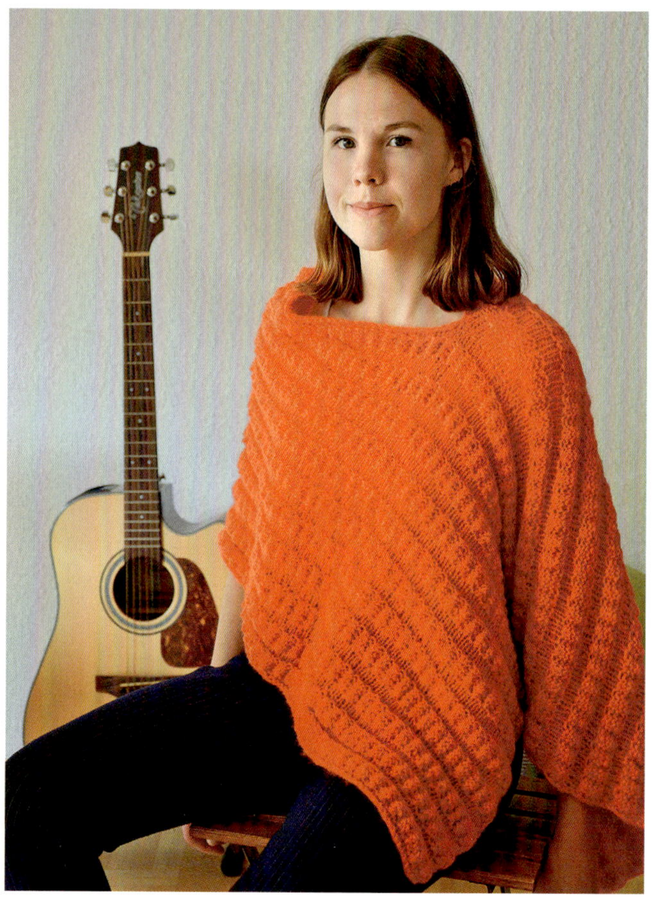

zugsort für dich werden. Ein Stück Zuhause, das du auf Reisen mitnehmen kannst.

Ich fühle mich schon jetzt geborgen und fange noch auf der Zugfahrt an zu stricken. Ein raffiniertes und doch gut strickbares Muster, das in diagonalen Bahnen verläuft und dem Strickstück einen ganz besonderen Fall gibt.

Freitagabend

Ich habe mein angefangenes Strickstück im Probenraum liegen gelassen. Die Kollegin vom Mischpult hat es sich angesehen und spontan beschlossen, auch mit dem Stricken zu beginnen. Aber die rote Wolle lag auch zu verführerisch auf der kleinen Korbkommode. In jeder Pause stricke ich daran und kann es kaum erwarten, bis das Halsstück eingearbeitet ist und ich das Ganze mal probieren kann.

Samstagmorgen

Erneut ein Erfolg gestern Abend und die Veranstalter haben zum Frühstück ins Cafe eingeladen. Die Croissants sind federleicht krümelig und mit Vanillecreme gefüllt. Trotzdem kann ich es kaum erwarten, mich in die gemütliche Hotelhalle zu setzen und meiner roten Stola, die ich spontan Lola nenne, den letzten Schliff zu geben. Noch ein Konzertabend und sie ist fertig, morgen Abend kann ich mit ihr auftreten, sie wird perfekt zu meinen Liedern passen.

Samstagabend

Wir haben erneut ein volles Haus gehabt. Und ich bilde mir ein, meine rote Lola hat noch ein wenig den Glanz des Abends erhöht. Sie fließt federleicht an mir herunter, leuchtet geheimnisvoll, erinnert an Hippie-Zeiten und an eine Opernaufführung zugleich. Sie ist das perfekte Outfit für eine Musikerin.

Rote-Bete-Lasagne

40 g Butter, 20 g Mehl, 20 g Kartoffelstärke, 500 g Milch, Muskatnuss, 120 g Feta, Salz, Pfeffer, 8 Lasagneplatten, 200 g Blattspinat, 1 Knoblauchzehe, 1 EL Natives Olivenöl extra, 200 g Rote Bete (gekocht)

Für die Béchamelsauce Butter in einem Topf schmelzen, Kartoffelstärke und Mehl hinzufügen, Milch erhitzen und hinzugeben. Einrühren und mit etwas Salz aufkochen. Topf von der Herdplatte nehmen und den Feta einrühren, bis er sich aufgelöst hat. Mit Salz, Pfeffer und Muskatnuss würzen und beiseitestellen. Die Lasagneplatten in leicht gesalzenem Wasser blanchieren.
In kaltem Wasser abkühlen lassen. Dann herausnehmen, abtropfen lassen und in zwei Hälften schneiden.
Blattspinat waschen und in einer Pfanne mit der geschälten Knoblauchzehe und einer Prise Salz andünsten. Beiseitestellen.
Die Rote Bete schälen und in dünne Scheiben schneiden.
Ofenform einfetten und abwechselnd etwas von der Béchamelsauce, etwas Blattspinat, einige Scheiben Rote Bete und Lasagneplatten aufschichten, bis alles aufgebraucht ist. Die letzte Schicht besteht aus Sauce und Blattspinat. Die Lasagne im Ofen bei 180 °C ca. 20 Min. backen.

Sonntagmorgen

Meine Freundinnen bekommen als erste das Foto geschickt, das meine neue Autogrammkarte wird. *Katja mit Stola, Katja und Lola*, so wird auch mein neues Programm heißen. Diese Stola hat mich inspiriert zu neuen Liedern – ich werde sie alle eingehüllt in Rot schreiben!

Sonntagmorgen

Noch ein Auftritt und dann ein kleiner Abstecher nach Hause, die Koffer neu packen für die nächste kleine Tournee. Nina hat geschrieben:

- Wann kommst du, Katja? Ich will diese Stola, kannst du sie entbehren?
- *Leider zurzeit nicht, sie ist meine Inspiration für meine neue Platte.*
- Das verstehe ich total. Dann leih sie mir bitte nur – für ein Foto. Dieses Rot und der Schnitt sind der Hammer. Ich hole dich vom Bahnhof ab und wir machen nur schnell irgendwo ein Foto, ja? Wenn ich gewusst hätte, wie toll diese Stola wird, hätte ich mir die Anleitung kopiert.
- *Die kriegst du von mir. Ich kann dir nur sagen: Du wirst sie nicht mehr ausziehen. Ich komme um 18 Uhr an.*
- Ich werde da sein, freu mich auf dich!

Sonntagabend

Das Bild ist im Kasten und Nina sieht wirklich zauberhaft damit aus. Vielleicht müssen Nina, Maya und ich mal ein Gruppenfoto mit Stola machen, denn ich bin sicher: Maya will die Stola auch.

Chia-Samen-Bowl

6 TL Chiasamen, 150 ml Mandelmilch, 500 g Himbeeren, 1 reife Kaki, 2 große Bananen, 1 Kiwi, ein paar Brombeeren, Kokoschips zum Garnieren

Chiasamen in die Mandelmilch rühren. Ca. 1 Stunde in den Kühlschrank stellen, dabei mehrmals umrühren. Noch einmal ca. 1 Std. kaltstellen, damit die Chiasamen noch mehr aufquellen können.
Für die Smoothie-Masse 300 g Himbeeren durch ein Sieb streichen, Kaki schälen und würfeln. Bananen schälen und klein schneiden. Alles ca. 30 Min. einfrieren und anschließend mit dem Stabmixer fein pürieren, in eine Schüssel füllen und die Chia-Mandelmilch nach und nach unterrühren.
200 g Himbeeren und die Brombeeren verlesen. Kiwis schälen, halbieren und in Scheiben schneiden. Die Chia-Smoothiemasse in zwei Bowls füllen. Die frischen Früchte darauf verteilen. Mit 1 TL Chiasamen bestreuen, mit Kokoschips verzieren und servieren.

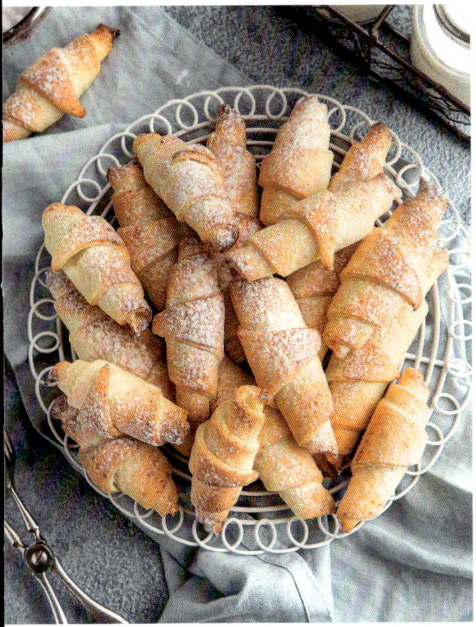

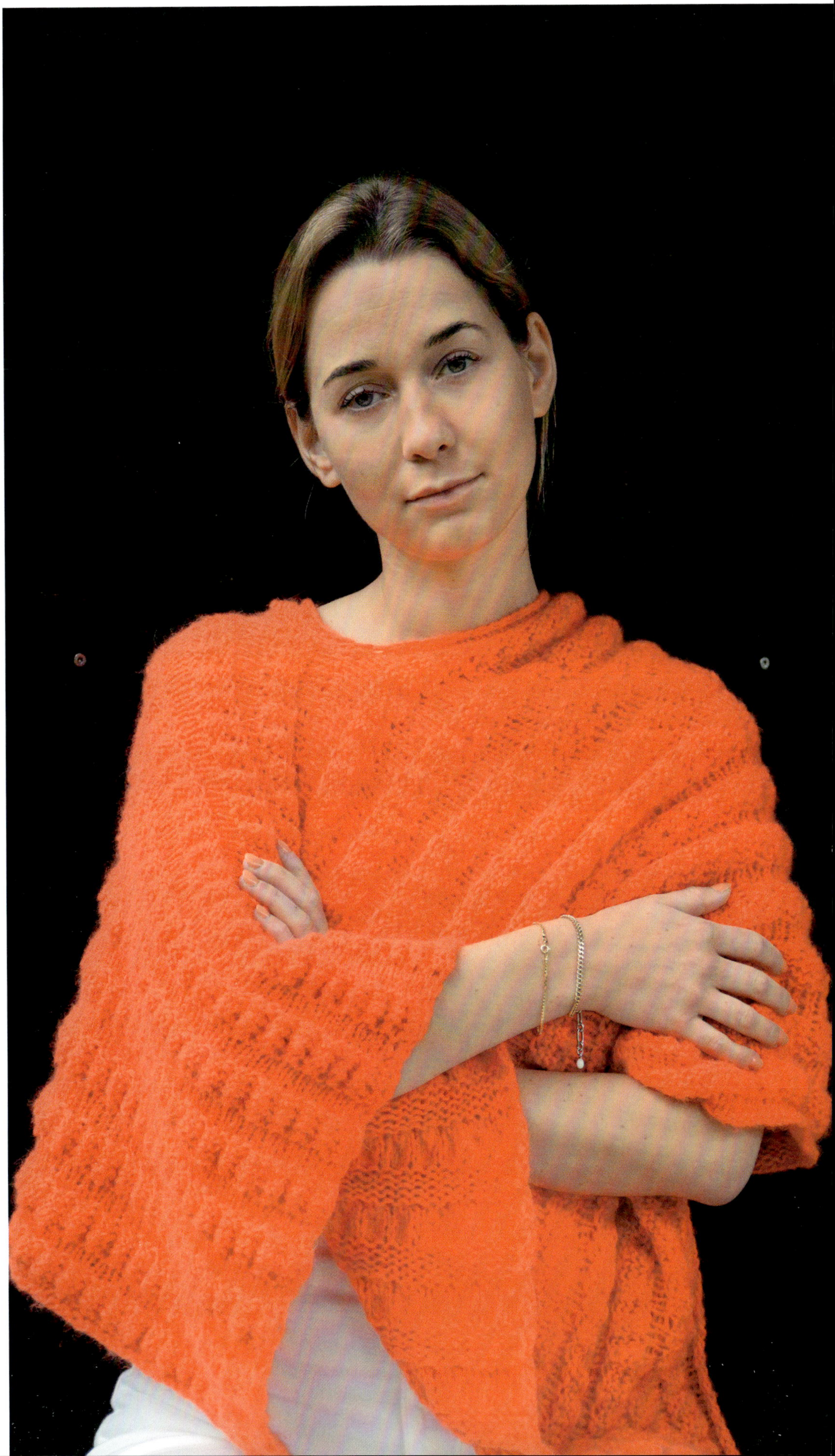

Frühstück mit Stola

Flauschige Hippie-Stola

GRÖSSE:
Einheitsgröße von Größe 36 bis 46. Aufgrund der Form passt das Modell für alle angegebenen Größen.

MATERIAL:
Lana Grossa-Qualität **„Brigitte No. 2“** (47% Alpaka, 45% Baumwolle, 8% Schurwolle, Lauflänge = ca. 140 m/50 g), ca. **350 g** Koralle **(Fb 25)**; Rundstricknadel Nr. 6,0 in 80 cm Länge.

KETTENRAND-MASCHE:
Die 1. M jeder R rechts stricken. Die letzte M jeder R wie zum Linksstricken abheben, dabei den Faden vor der M weiterführen. Beide Ränder mit Kettenrand arbeiten!

GLATT RECHTS:
Hin-R rechte M, Rück-R linke M stricken.

GLATT LINKS:
Hin-R linke M, Rück-R rechte M stricken.

QUERRIPPENSTRUKTURMUSTER:
1. – 5. R: Zwischen den Rand-M glatt rechts stricken.
6. R [= Rück-R]: Rand-M, 1 M rechts, * aus 1 M 3 M [= 1 M rechts, 1 M rechts verschränkt, 1 M rechts] herausstricken, 1 M rechts, ab * stets wiederholen, Rand-M.
7. – 9. R: Zwischen den Rand-M glatt links stricken.
10. R [= Rück-R]: Rand-M, 1 M re, * 3 M rechts zusammenstricken, 1 M rechts, ab * stets wiederholen, Rand-M.
In der Höhe die 1. – 10. R fortlaufend wiederholen.

MASCHENPROBE:
15 M und 28 R Querrippenstrukturmuster mit Nadel Nr. 6,5 = 10 cm x 10 cm.

HINWEIS:
Der Pfeil im Schnittschema gibt die Strickrichtung an.

VORDER- UND RÜCKENTEIL:

Quer in einem Stück stricken. Mit dem **Vorderteil** beginnen. Dafür 85 M mit der Rundnadel anschlagen. Zunächst 1 Rück-R rechte M stricken. Dann im Querrippenstrukturmuster in der gegebenen Einteilung weiterarbeiten.

Nach 168 cm = 466 R [= 1 Rück-R + 46x 1. – 10. R + 1x 1. – 5. R] ab Anschlag in der folgenden Rück-R rechte M stricken. Dann die M locker rechts abketten.

AUSARBEITEN:

Das Teil spannen, anfeuchten und trocknen lassen.

Nun zur Hälfte legen und an einem Seitenrand die Naht über 52 cm lt. Schnittschema schließen. Die 32 cm links der Naht bleiben für den Halsausschnitt offen, sodass der Ausschnitt rundum 64 cm groß ist.

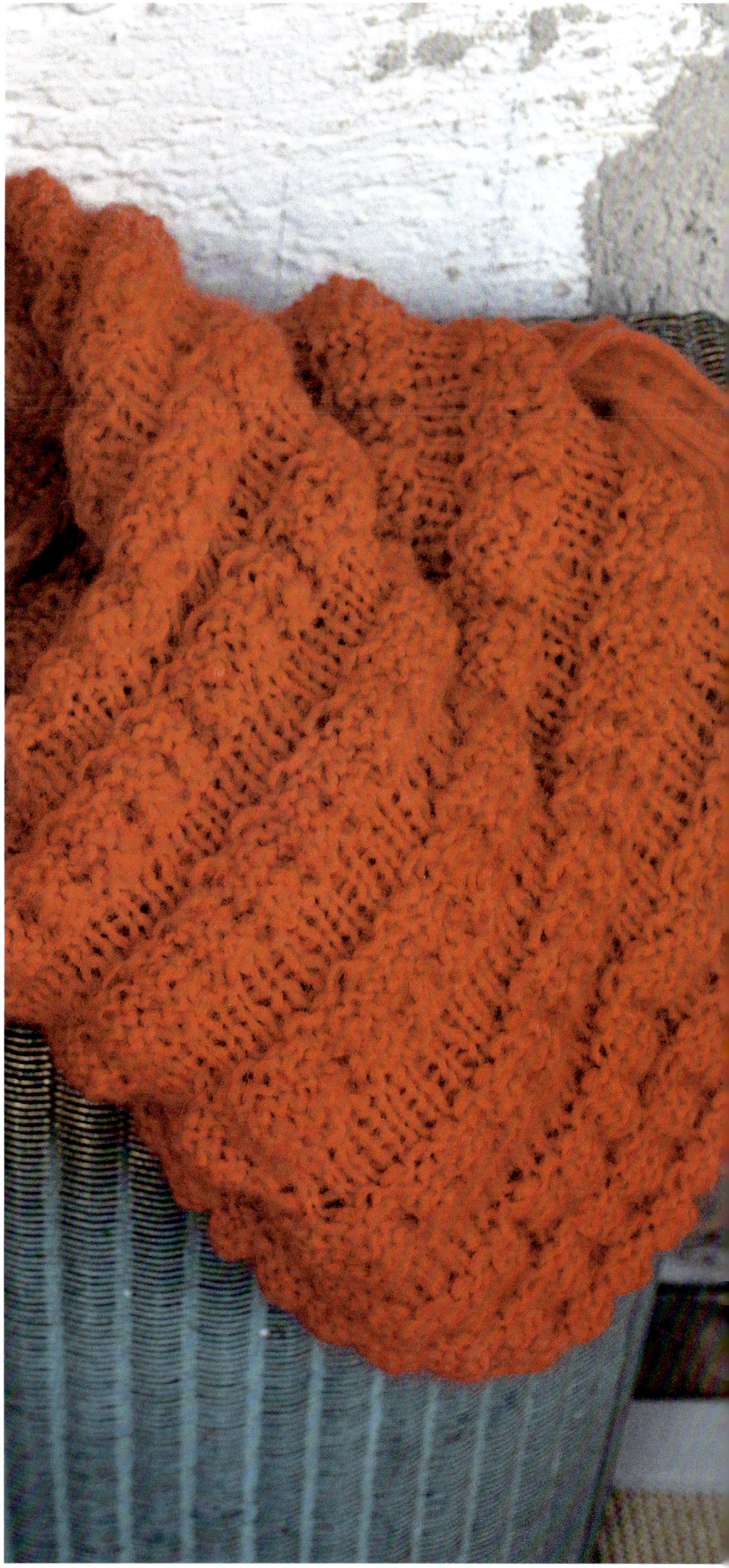

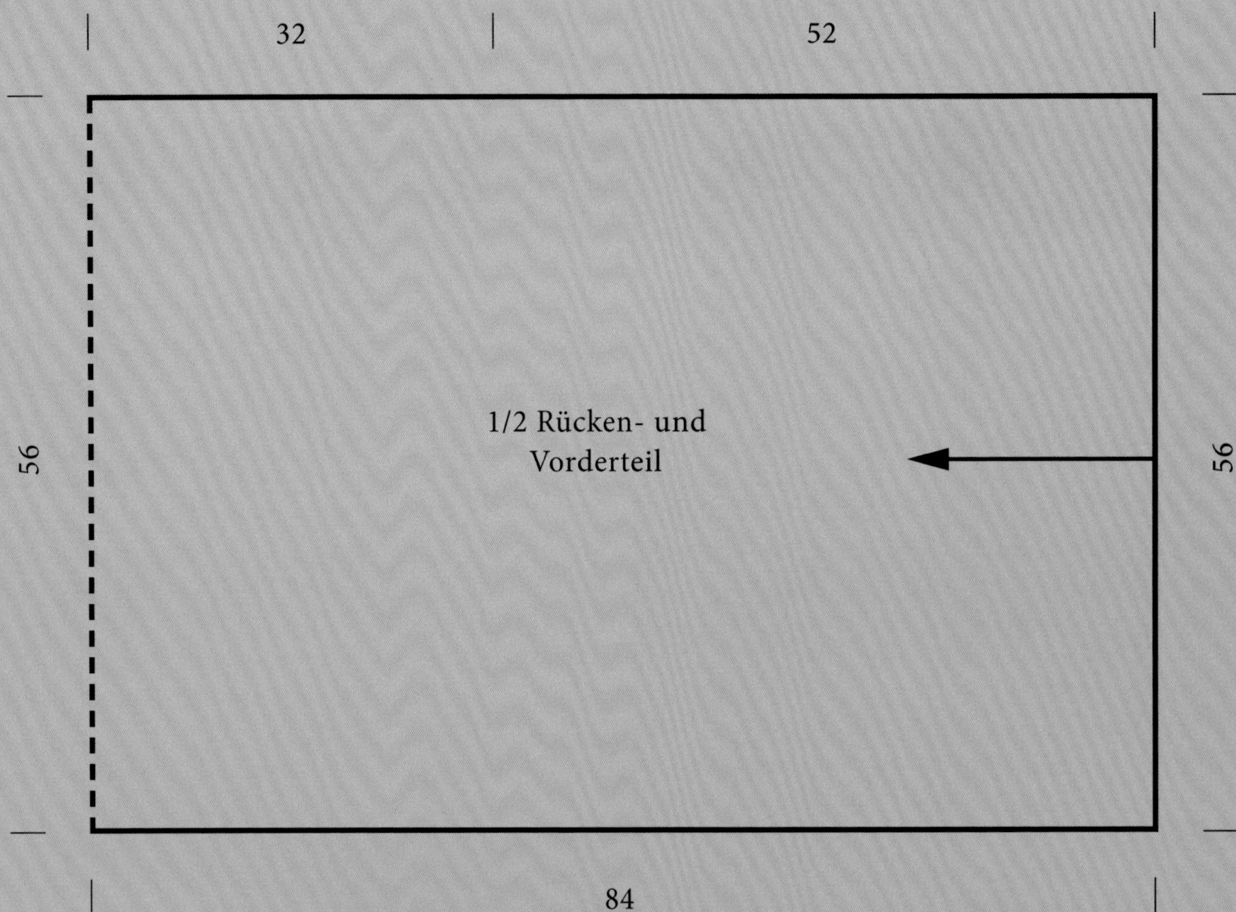
32
52
1/2 Rücken- und
Vorderteil
56
56
84

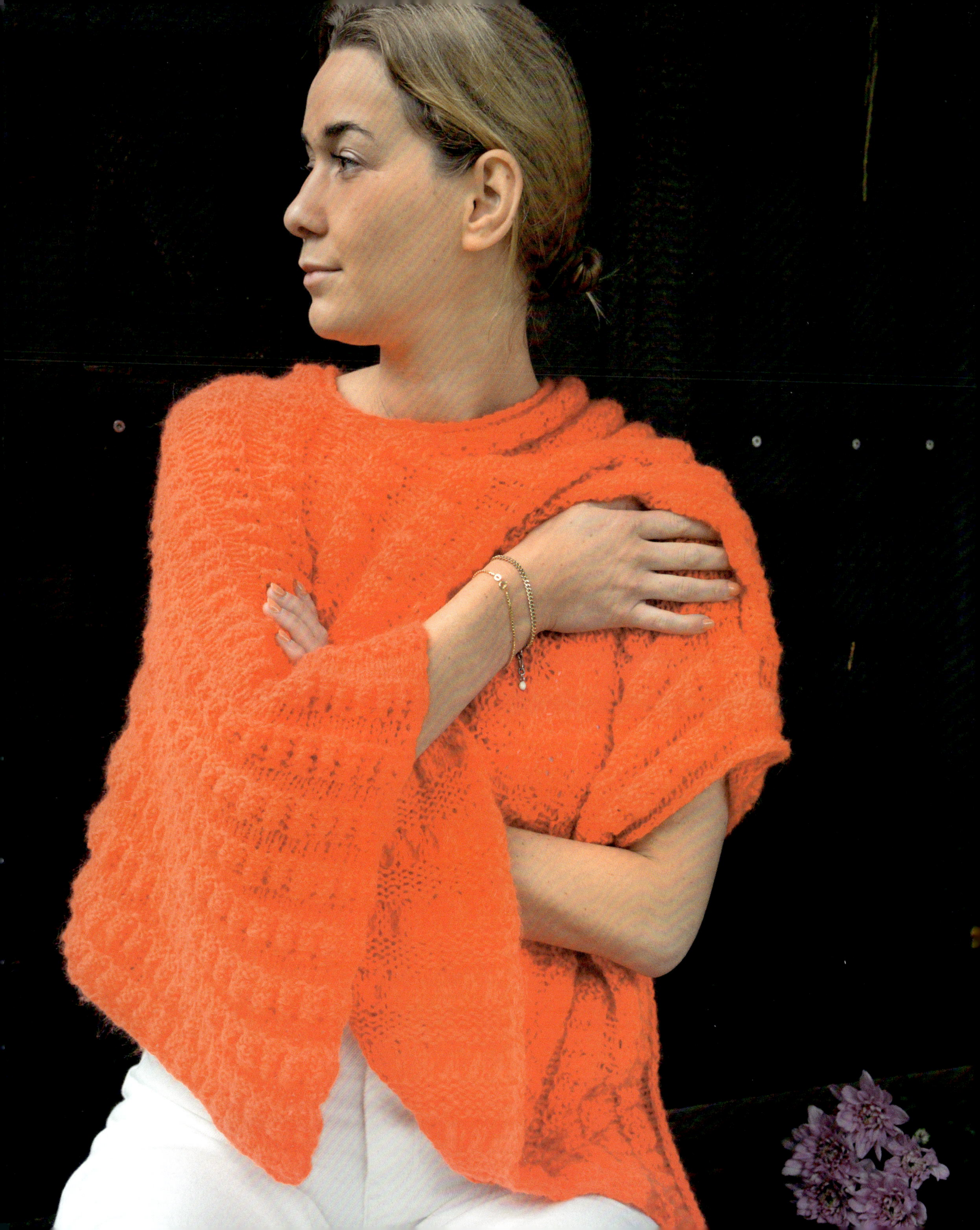

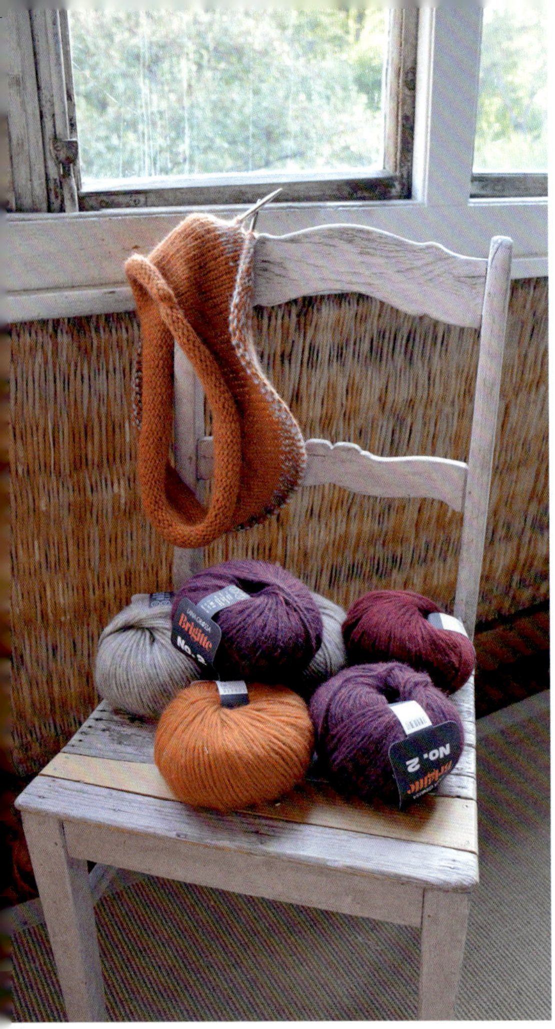

Making of

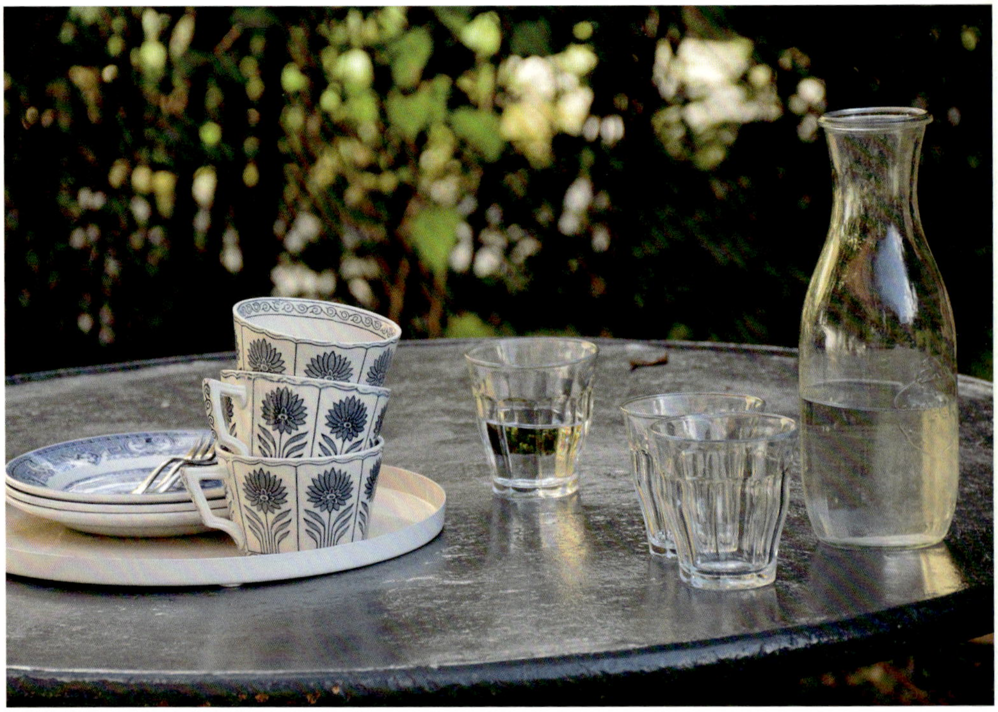

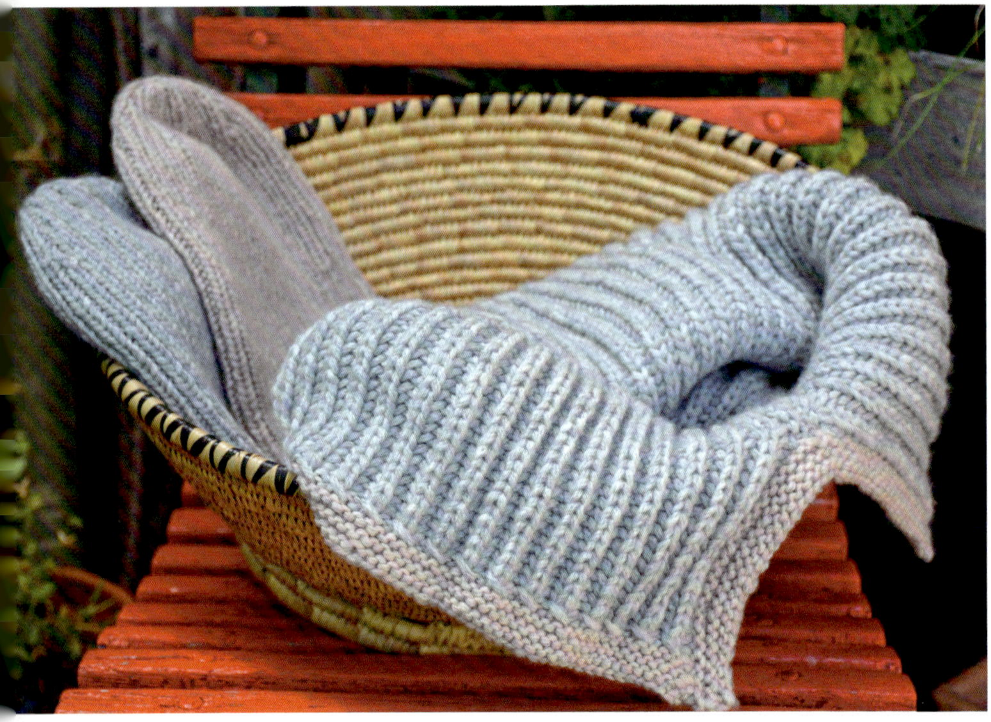

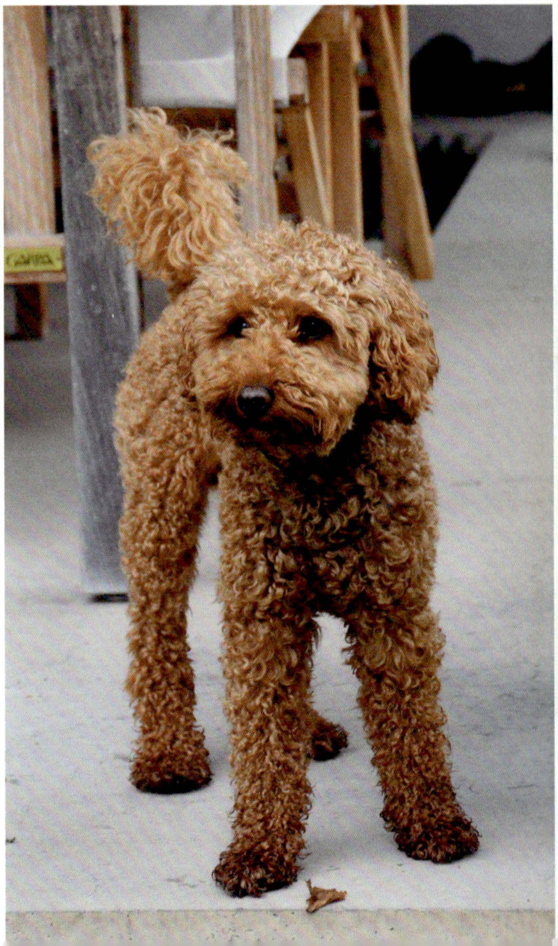

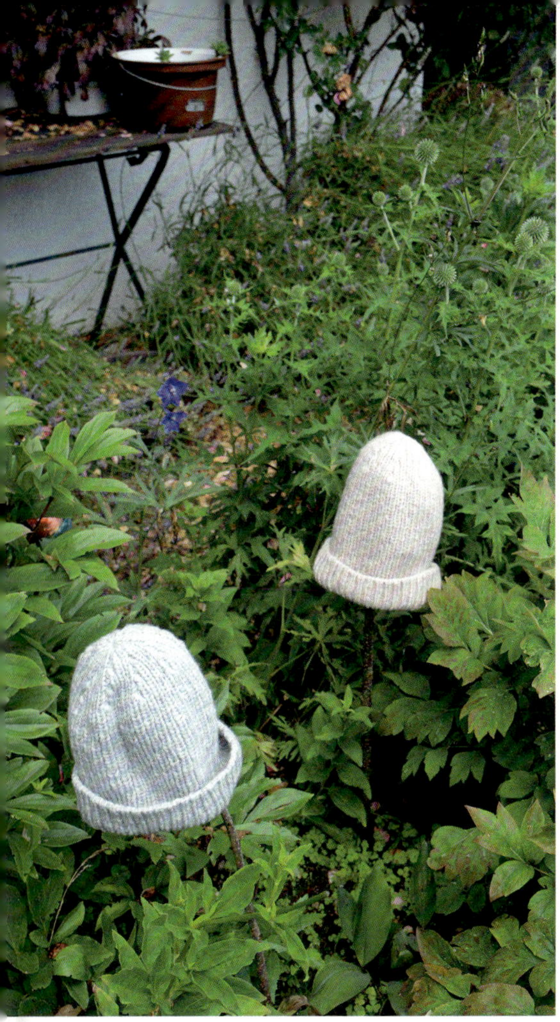

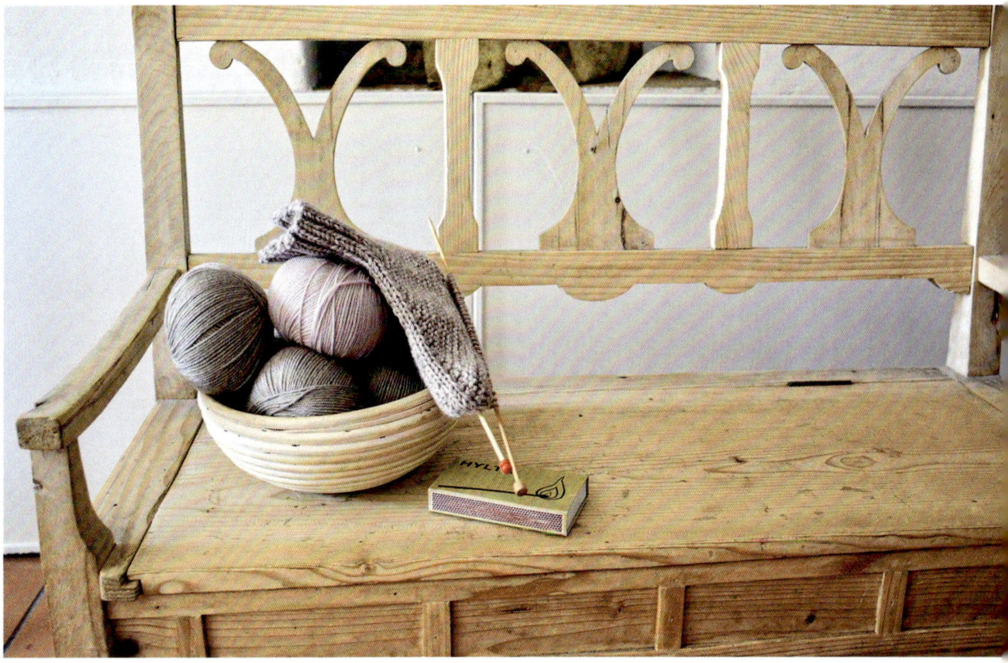

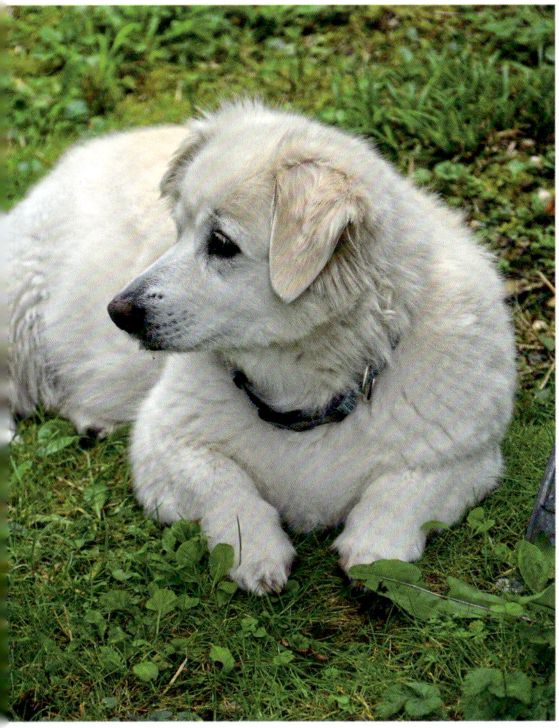

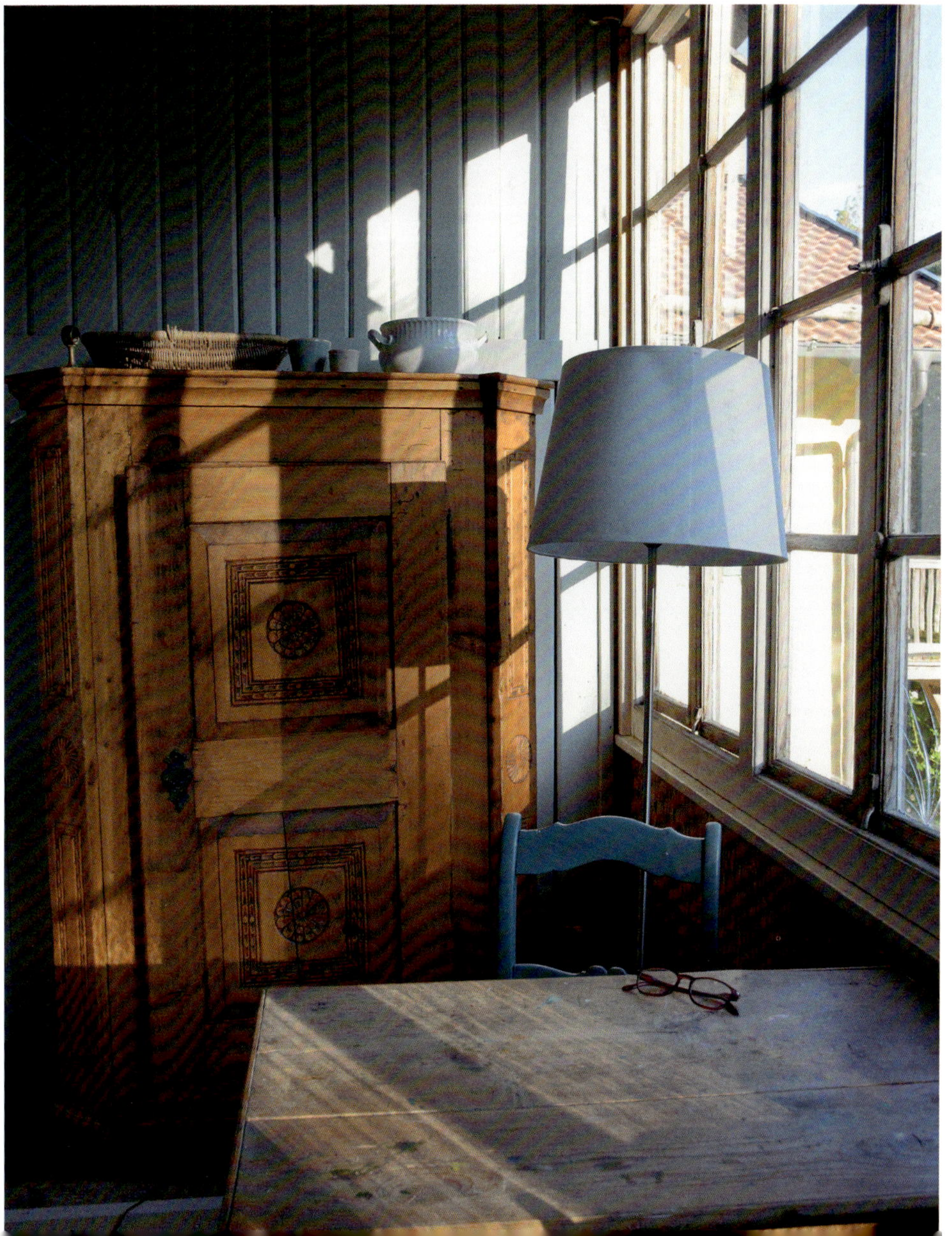

Anhang

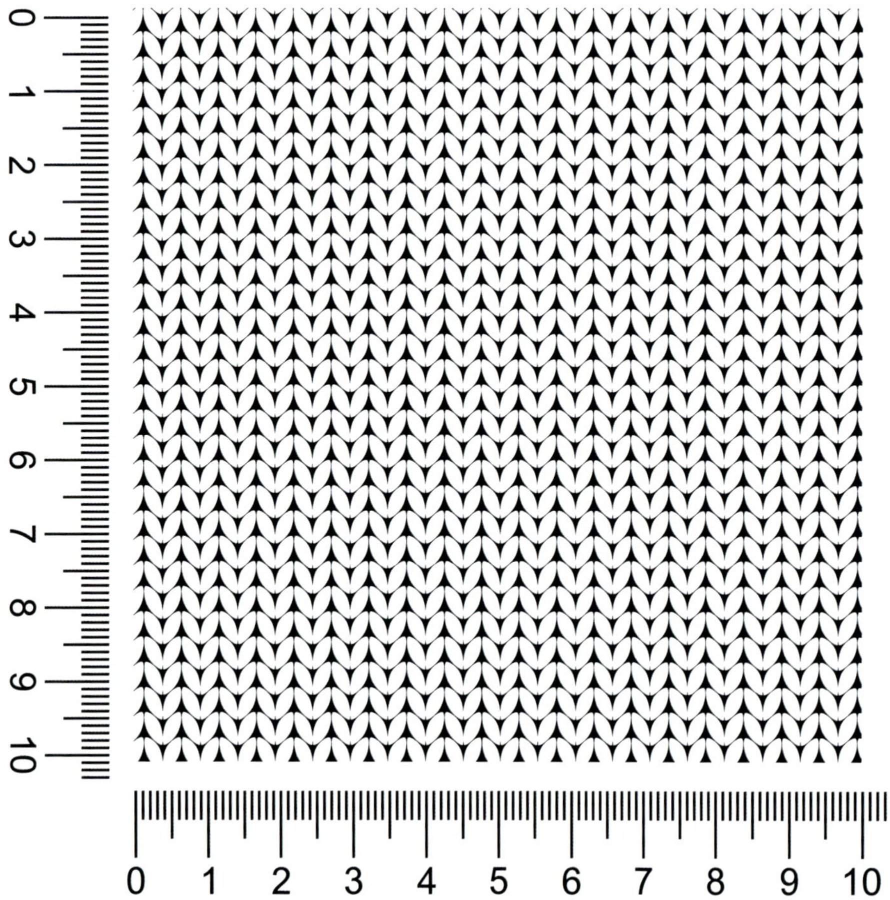

Ganz wichtig

Strickarbeiten fallen immer unterschiedlich aus, denn jeder Mensch strickt anders – das ist auch das schöne am Stricken – jedes Teil ist individuell, auch wenn die selbe Anleitung verwendet wird.
Dennoch Vorsicht: Die Angaben auf den Banderolen der Wollen sind immer ca.-Angaben, die auf der Basis glatt rechts gestrickter Maschen entstehen. Für ein optimales Strickergebnis ist also die Maschenprobe eine gute Hilfe, schließlich soll das Ergebnis schön aussehen und auch noch passen!

Gebräuchliche Abkürzungen

abgehob = abgehoben
abh = abheben
abk = abketten
abn = abnehmen
arb = arbeiten
abw = abwechselnd
beids = beidseitig
Fb = Farbe(n)
fe M = feste Masche(n)
folg = folgende
Kettm = Kettmasche(n)
Lftm = Luftmasche(n)
li = links
lt = laut
M = Masche(n)
mittl = mittleren
R = Reihe(n)
Rd = Runde(n)
re = rechts
restl = restliche
Stb = Stäbchen
str = stricken
U = Umschlag /Umschläge
wdh = wiederholen
zun = zunehmen
zusstr = zusammenstricken

Ebenfalls erhältlich ...

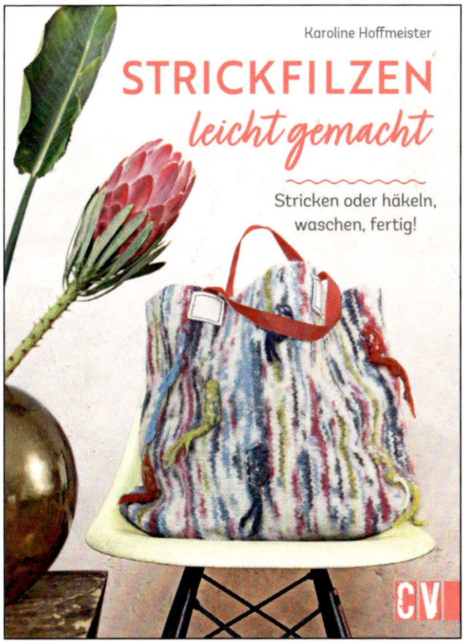

ISBN 978-3-8410-6653-4

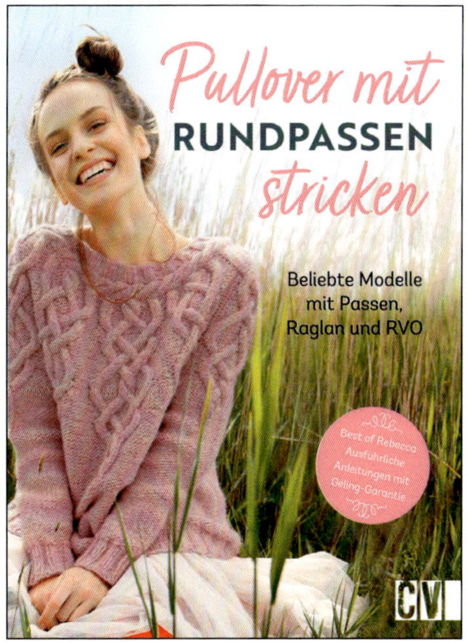

ISBN 978-3-8410-6662-6

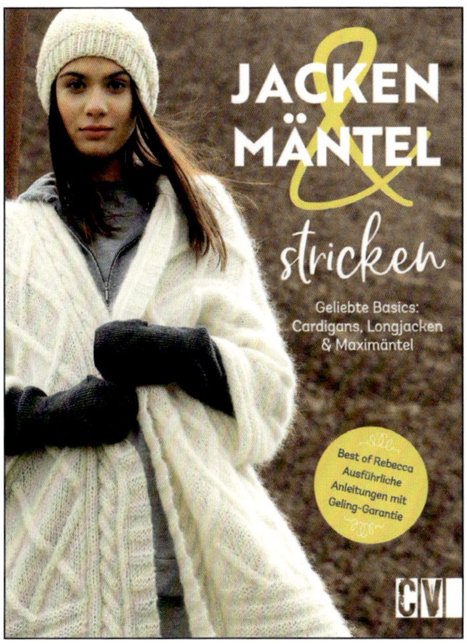

ISBN 978-3-8410-6663-3

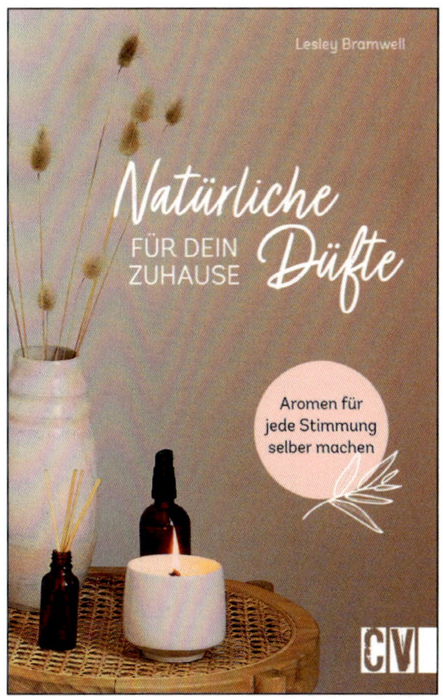

ISBN 978-3-8388-3790-1

www.christophorus-verlag.de

Impressum

Autorin: Christine Paxmann
Design & Realisation: Christine Paxmann
Fotos & Styling: Christine Paxmann
Produktmanagement: Helgrid van Impelen
Lektorat: Sylvia Mucke, Ulla Roeder
Korrektorat: Stephanie van der Linden
Umschlaggestaltung: Regina Degenkolbe unter Verwendung einer Fotografie von shutterstock.com/PV productions
Layout & Satz: Christine Paxmann
Layout & Satz, Überarbeitung: Christophorus Verlag
Repro: LUDWIG:media
Herstellung: Kathleen Baumann
Printed in Slovakia by Neografia

★★★★★

Sind Sie mit diesem Titel zufrieden? Dann würden wir uns über Ihre Weiterempfehlung freuen. Erzählen Sie es im Freundeskreis, berichten Sie Ihrem Buchhändler oder bewerten Sie beim Onlinekauf. Und wenn Sie Kritik, Korrekturen oder Aktualisierungen haben, freuen wir uns über Ihre Nachricht an Christophorus Verlag, Postfach 40 02 09, D-80702 München oder per E-Mail an lektorat@verlagshaus.de.

Unser komplettes Programm finden Sie unter

www.christophorus-verlag.de

Bildnachweis
Adobe Stock: 13 u re, 17 u re, 19, u li, 27 o, 27 u re, 28 u, 31 o, 33 o li, 38, 56, 59 Mi li, 59 li u, 66, 79 o, 79 u li, 87 re, li, 97 re u, 98 u, 109 re u, 11 li, 116, 119 u re, 123 o li, 128, 131 u
Shutterstock: 10,13 o, u li, 14, 17 o, 19 o li, 24, 28 o, 31 u re, 33 li u, 40 o, 43 o re, 48, 51 o, 53 li u, 59 o, 61 li, 69 li o, 71 o re, 76, 79 u re, 84, 87 u re, 89, 94, 97 li o, 97 li u, 98 li u, re o, 101 li, 101 re, 106, 109 o li, 131 o, Mi, 132 li Mi, 135 li
alle übrigen: Christine Paxmann

Danksagung
Wir danken der Firma Lana Grossa, insbesondere Christine Lenz, für die Bereitstellung der Wolle. Alle Garne erhalten Sie im gut sortierten Fachhandel oder in Onlineshops.

Ein besonderer Dank geht an Ulla Roeder und Annette Roeder für die Ausführung der Modelle.

Wir danken unseren Models: Anna Meck, Lisi Burgstaller und Ruth Gratzl.

Wir danken Christoph Pfeifer, Annette Roeder und Katharina Meck-Zahn für die Bereitstellung der Locations.

Die Deutsche Nationalbibliothek verzeichnet diese Publikation in der Deutschen Nationalbibliografie; detaillierte bibliografische Daten sind im Internet über http://dnb.de abrufbar.

ISBN 978-3-8410-6731-9
Sonderausgabe des 2021 erschienen Titels »Cosy Weekend Knits. Stricken Genießen, Entspannen – Projekte für ein perfektes Wochenende« mit der ISBN 978-3-8410-6666-4

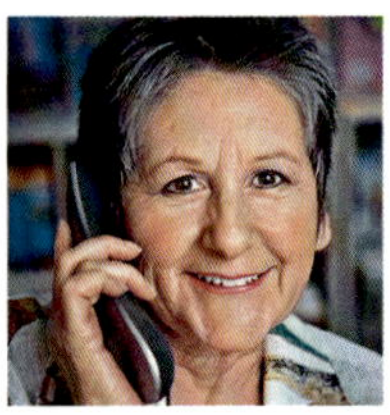

Kreativ-Service

Sie haben Fragen zu den Büchern und Materialien? Frau Erika Noll ist für Sie da und berät Sie rund um alle Kreativthemen. Rufen Sie an! Wir interessieren uns auch für Ihre eigenen Ideen und Anregungen. Sie erreichen Frau Noll per E-Mail: **kreativ-service@c-verlag.de** oder Tel.: **+ 49 (89) 13 06 99 - 577.**

Besuchen Sie uns im Internet: www.christophorus-verlag.de & www.selbstgemacht.de